民國歷史與文化研究

初 編

第 **28** 冊

強種救國：
中國近代體育中的身體政治

潘英斌 著

花木蘭文化出版社

國家圖書館出版品預行編目資料

強種救國：中國近代體育中的身體政治／潘英斌 著 -- 初版 --
新北市：花木蘭文化出版社，2015〔民 104〕
目 2+206 面；19×26 公分
（民國歷史與文化研究 初編；第 28 冊）
ISBN 978-986-404-164-0（精裝）
1. 體育 2. 近代史 3. 中國

628.08   103027675

ISBN- 978-986-404-164-0

9 789864 041640

民國歷史與文化研究
初　編　第二八冊   ISBN：978-986-404-164-0

強種救國：中國近代體育中的身體政治

作　　者　潘英斌
總 編 輯　杜潔祥
副總編輯　楊嘉樂
編　　輯　許郁翎
出　　版　花木蘭文化出版社
社　　長　高小娟
聯絡地址　235 新北市中和區中安街七二號十三樓
　　　　　電話：02-2923-1455／傳眞：02-2923-1452
網　　址　http://www.huamulan.tw 信箱 hml 810518@gmail.com
印　　刷　普羅文化出版廣告事業
初　　版　2015 年 3 月
定　　價　初編 32 冊（精裝）台幣 56,000 元

強種救國：
中國近代體育中的身體政治

潘英斌　著

作者簡介

潘英斌，1981 年生，福建漳州人。1999 年至 2003 年就讀於南京大學歷史系，獲得歷史學學士學位，2003 年至 2006 年就讀於南京大學歷史系中國近現代史專業，獲得歷史學碩士學位。2006 年至今，就職於廣告傳媒行業。

提　　要

　　「東亞病夫」是中西文化在近代開始碰撞後，對中國和中國人形象共同描述的結果。它既指病國，也指病民，是對國家實力地位和國民身體素質的一種屈辱性定型。「東亞病夫」在傳播過程中，往往是國民個體身體與國家身體的互相指代，這又意味著，病夫狀的國民身體隱喻了國家的疾病和衰弱。因此，在救亡圖存的愛國民族主義情緒中，早期啓蒙思想家的求強思索，出現了身體關注路徑。身體不僅成爲反思的對象，而且成爲改造的對象。他們批判病民，其目的是爲了強種救國，在改造國民身體的目標上，寄託復興民族、振興國家的政治目的。體育作爲干預和訓練身體的一種技術性手段，在近代中國的發展，便因爲近代中國救亡圖存主題下的特殊身體關注，而成爲近代中國人身體生成史上的一個重要領域。眾多的體育思想言論，包含著強烈的身體關注和身體改造欲望，它們作爲推動中國近代身體政治化、國家化的「輿論」力量，實際上反映了近代中國人身體在歷史發展進程中受干預、管理的被動狀態。身體時刻處於充滿關照和改造欲望的民族國家政治力量陰影下，是非自主的。在近代的競技體育中也仍然可以看到這種身體政治。擂臺賽、各種運動會，成爲連接身體與民族國家榮辱命運的體育實踐方式，它們不僅充滿了身體關注言論，表現了政治力量對身體的興趣和意圖，更重要的是，它們有時表現了民族國家力量對身體這一場域的直接佔領。

目

次

導　言

一

　　近代體育史〔註 1〕的研究在史學界一直不是很受重視。通史性的著作從上世紀八十年代以來出版了不少，這爲我們瞭解近代體育史的發展歷程提供了粗線條輪廓。〔註 2〕據崔樂泉不完全統計，從 1982 年到 2000 年有關於近代體育史通史性著作如下：《中國近代體育史》（何啓軍等編著，1988）、《中國體育史》（上下冊，林伯原、谷世權，1989）、《中國體育思想史》（喬克勤等，1993）、《中國近代學校體育史》（蘇競存，1994）、《中國體育簡史》（羅時銘、趙淺華等，1996）、《中國近代體育史話》（崔樂泉，1998）、《體育志》（中國文化通志之一，畢世明，1998）、《體育史話》（崔樂泉，1999）、《新民主主義體育史》（蘇肖晴，1999）、《二十世紀的中國・體育卷》（汪智、崔樂泉、丘劍榮，2000）等等。另外從五十年代開始，臺灣的近代體育史研究也取得了不錯的成就。但是從現有的研究成果來看，眞正能讓人耳目一新

〔註 1〕中國近代體育，是指 1840 年到 1949 年這段時期在中國流行和實施的體育。它包含兩個方面：一是中國本身固有的由古代延續下來的體育，即傳統體育；一是由西方傳入的近代體育。本文研究的「中國近代體育」內容主要是「由西方傳入的近代體育」。近代體育是以西方傳入的體育爲主體的，傳統體育是隨著西方體育的傳入而被帶動發展起來的。國術救國也構成近代體育史上救國思潮的一部分。本研究只是少量地涉及國術傳統體育，這不表示傳統體育的發展處於主流體育之外，而僅僅是本文研究設計及筆者研究精力，不容再向更廣的面拓展。

〔註 2〕具體可參見崔樂泉的文章《中國體育史學研究的歷史與現狀》（見《體育文化導刊》2002 年 1 月）的介紹。

的成果寥寥無幾，由於研究方法陳舊，大多數研究顯得重複而缺乏新意。以《體育史料》和《體育文史》（後改名爲《體育文化導刊》）爲代表的體育研究雜誌及其他體育學院學刊，則發表了不少的專題研究論文，這些研究主要集中在學校體育制度沿革、學校體育教育思想、重要思想家教育家體育家的體育思想研究。有關體育思想的研究，不管是通史性的著作，還是那些專題性的論文，因爲研究視角和方法的局限，流於現象的有序陳述，缺乏對體育思想的內在本質的深入剖析。因此中國近代體育史，尤其是體育思想觀念史，確實是一個值得繼續深入研究領域。近代中國體育的發展與擺脫「東亞病夫」屈辱的歷程聯繫在了一起。由於近代以來特殊的國情，使得近代體育蒙上了救亡的政治色彩。體育擔負著救國與救民的使命，大量的體育言論所構成的體育思想充滿了救亡圖存的嚴肅關注，這就使近代體育思想史，相當程度上成了政治思想史中的一部分。這一現象引起了筆者的研究興趣。以往一些體育思想研究，更多的集中在對精英人物（如張之洞、嚴復、梁啓超、康有爲、蔡元培、蔡鍔，及大量的體育家，如徐一冰、馬約翰、吳蘊瑞、袁敦禮、程登科等等）思想的研究，並用這些人物的思想構建了體育思想史。不可否認，這些精英人物的體育思想構成了中國體育思想的主體，他們的思想決定了近代體育的發展路線，並構成了不同時段體育的發展特色。精英的思想最直接地提供了瞭解體育思想發展史的研究範本，然而據之書寫的歷史也因此只能是浮動在歷史表層的思想史。更爲立體化的、豐富多彩的歷史在場者的觀念，是無法用精英的思想史來表述的。因此，筆者做出研究選擇時，與其說是要研究體育思想史不如說是嘗試研究一個時代的與體育有關的觀念史。近代中國人對體育的意義和價值有怎樣的認識，政治追求、愛國的民族主義情緒如何主導著人們對體育的重視和提倡？這是很值得去解答的體育史問題。從更廣泛的領域去使用資料來探究這些問題顯然有助於揭示那個時代的體育觀念史，而這比單純地集中於精英人物的思想研究有趣多了。利用那些精英人物只是工具化地要以之來構造那個時代的觀念史，在筆者這裡，即使他們的言論在本文中佔有多數的篇幅，那也僅僅表示，這些精英的優越地位使得他們所發出的聲音更易於被轉化爲歷史資料而保留下來。筆者嘗試去利用一些至今尚未被使用的資料來完成百年來與體育有關觀念心態的描述，它們除了一些非著名的體育提倡者的言論，還包括少量的無名的平民留下來的文學作品，甚至還有一些漫畫。在文章撰寫過程中，這

些資料所佔的量不多，但在幫助認識那個時代的體育觀念，其價值顯然不比精英們的言論低。另外，體育觀念史的研究，仍然只是個泛泛的說法，它僅是爲研究工作選擇一個具體的範圍，那就是體育史中的思想觀念部分。而筆者眞正要去研究發掘的是觀念中的本質內容，那就是「強種救國」之背後所深藏的體育身體政治。

二

　　要完成這樣的研究任務，顯然不是傳統的體育思想史研究方法所能夠完成的。首先要描述體育史中的觀念及其中所深藏的身體政治，就必須選擇一個全新的視角和切入點，那就是貫穿中國近代體育發展史的根本任務「強種救國」中的「強種」問題。「救國」是使近代體育與政治緊密掛鈎的原因，也就是說，近代以來不斷加深的民族危機，使體育的發展也被納入了救國的政治軌道，成爲救亡圖存的一項要務。而「強種」在近代體育史中，不僅本身就是體育的任務和目標，更是達成「救國」之政治目標的手段。「強種」是近代中國人在國家危亡下，受社會進化論學說「優勝劣汰」的危機意識影響而形成的一種特殊要求。「種」既指人種學的人種，也指民族主義的民族，也指「人種」「民族」這種集群概念下所包含的個體身體。「強種救國」在近代體育史中，還有不同的表述方式例如向武救國、強身救國。它們都包含著身體改造這樣既是手段又是目的的內容，也就是說，近代體育「救國」是根本政治目標，「強種」這樣的目標又根本來說是實現「救國」的工具、手段，或者說是途徑。「強種」也就是說改造身體（改造種族），就是研究體育思想觀念甚至是體育發展史的一個值得一試，而一般研究者尙未認眞對待的切入點：如何干預身體。因此筆者嘗試用身體社會學的視角來介入體育史研究，並且把與體育有關的觀念史描述，進一步深入爲身體生成史的研究，揭示「強種救國」的體育史，如何深藏著身體干預和改造管理的欲望，使近代體育成爲近代身體生成的一個重要領域。

　　用身體的改造來解剖強種救國的體育史，用強種救國的體育史來揭示身體的政治化生成。政治、體育和身體的微妙關係，使得筆者有信心來進行這種研究嘗試。

　　自從尼采及更晚後的福柯以來，哲學關注發生了身體轉向，身體在歷史中被壓抑的情況改變了，「一切身體的煩惱，現在，都可以在歷史中，在哲學

中高聲地尖叫。」〔註3〕笛卡爾所建構的精神主體概念被瓦解了，主體已經不再是自足的「我思」主體，而是被反覆操縱的身體。身體成爲主體的本質，然而在權力的壓力下，身體具有屈從性，是被動的、臣服的、馴順的。福柯的研究讓人們看到身體靜默被動的特徵：「身體總是一種結構和產品。」〔註4〕尼采、福柯揭示了哲學、歷史中身體被操控被干預的眞相。這對後來身體研究產生了根本性的影響。

關於什麼是身體，人類學傳統認爲：「身體只是一套社會實踐……人類身體需要在日常生活中經常地、系統地得到生產、維護和呈現，因此身體最好被看作通過各種受社會制約的活動或實踐得以實現和成爲現實的潛能。」而身體社會學所開啓的第二種有關於身體的研究方法「把身體概念化爲一個符號系統，即把它當成社會意義或社會象徵符號的載體或承擔者。」並且進一步地將「人類身體闡釋成代表和表現權力關係的符號系統。」〔註5〕在此旗幟下的基督教禁欲主義研究、女性主義研究、消費主義驅使下的身體塑造等等，已經從多角度讓人們看到，歷史中的身體「是一個場地，一件工具，一種環境，具有單義性，又具有多樣性。」身體的問題及其所包含的政治意義、權力話語，被定位在社會結構和歷史變化的廣闊框架內。因此如汪民安所說：「身體確實可作爲一個社會、歷史進程的出發點，我們可以從身體的角度考察社會歷史的發展，也可以從社會歷史的角度考察身體，身體和社會互相作爲核心的東西來對待。」〔註6〕與身體有關的各種「權力」對身體的生產的作用，成爲了其他學科，如社會學、歷史學等，新的關注方向。

黃金麟的著作《歷史身體國家：近代中國的身體形成（1895～1937）》，就是這樣一部以身體與歷史互相爲考察對象的研究成果。〔註7〕對身體歷史的

〔註3〕 汪民安：《身體轉向》，汪民安著《身體、空間與後現代性》，南京：江蘇人民出版社，2005年12月，第22頁。

〔註4〕 汪民安：《導言》，汪安民主編《身體的文化政治學》，開封：河南大學出版社，2003年，第11頁。

〔註5〕 布萊恩·特納：《身體與社會》，瀋陽：春風文藝出版社，2000年，第259頁。

〔註6〕 馮珠娣（Judith Farquhar）、汪民安：《日常生活、身體、政治》，《社會學研究》2004年第1期。

〔註7〕 「反纏足運動」是近代女性史研究的一個很重要的身體關注。在有關纏足廢除的爭論中，反纏足論者「把纏足對身體的傷害視爲民族衰弱的表徵，從而把纏足女性的身體，賦予了民族自救的政治內涵。」楊念群認爲：「纏足女性的身體是在政治化的過程中被改造的，它其實是不斷變換的政治需求的載體，這套身體政治化的策略運作與女性的個體自主意識無關。」（楊念群：《從

敘述已經使身體從沉默無語的狀態、隱沒無聞的歷史角落，浮現了出來。身體的存在，不單是生物性的存在；在宏大歷史進程中有關於身體的發現，使身體的意義具有了相當複雜的文化性。身體的發展史，是一直受制於「時間、空間和各種力量交加、互制的影響」的生成史。正是因爲這樣，黃金麟在《歷史身體國家：近代中國的身體形成（1895～1937）》中「以一個身體社會史的方式來探究和表現身體在近代中國的發展與變化。」作者以建構論爲基底的探討方式，「重點在於強調身體不是一種孤立的存在，它的發展和變化深受當下政治、經濟、社會和文化等環境之制約影響」。〔註 8〕作者著力於考察「身體的存在和意義是怎樣在近代中國的歷史演變中，因隨著國族命運的更動而被積澱、塑造出來」。〔註 9〕作者以身體的國家化、法權化、時間化和空間化爲研究近代中國身體發展的不同面向，說明「身體在近代中國已經變成一個非常政治性的場域，一個滿是教化權力與知識交接進入的場域」。〔註 10〕黃金

科學話語到國家控制》，汪安民主編《身體的文化政治學》，開封：河南大學出版社，2003 年，第 7～10 頁）黃金麟根據自己的研究同樣認爲：「不論是就放足、婦女必須具有『知情識義』的能力的講究，或就男子體能的開發、武備教育的講求等而言，這些事關身體官能活動的改革，事實上都有濃厚的爲國保種的政治目的存在。這種以國家存亡作爲身體開發取向的發展，雖然是一個特定時代的產物，卻也造成身體自此成爲國家權力的附屬物。」（黃金麟：《歷史身體國家：近代中國的身體形成（1895～1937）》，臺北：連經出版事業公司，2001 年，第 50 頁）政治化國家化，確實使身體屈從於外來的各種政治力量，這在革命史中尤爲明顯。朱曉東認爲革命中的被動的女人身體已經財產化，「婦女在中國革命中從一開始就與其說是作爲革命主體來行動，毋寧說是作爲革命的目標和戰利品而在場的。男人們在解放婦女中解放自身，然後讓婦女爲他們的解放而奮鬥獻身。從剪髮到放足，從蘇區的身體分配，到延安的鼓勵生育，婦女只是作爲一種被剝離主觀感受和性別需求的身體體現的。在婦女被當作革命精英與革命聯盟者之間利益交換的許諾時，婦女的解放早已從根基上被拖入民主主義和共產主義的男性化政治語境裏，得到陽性的闡釋。」（朱曉東：《通過婚姻的治理——1930～1950 年中國共產黨的婚姻和婦女解放法令的策略與身體》，汪安民主編《身體的文化政治學》，開封：河南大學出版社，2003 年，第 56 頁）歷史中女性的身體是處於男性話語權力的支配下的，朱曉東的研究正是對被動的女性身體的關注。

〔註 8〕黃金麟：《歷史身體國家：近代中國的身體形成（1895～1937）》，臺北：連經出版事業公司，2001 年，第 7 頁。
〔註 9〕黃金麟：《歷史身體國家：近代中國的身體形成（1895～1937）》，臺北：連經出版事業公司，2001 年，第 4 頁。
〔註 10〕黃金麟：《歷史身體國家：近代中國的身體形成（1895～1937）》，臺北：連經出版事業公司，2001 年，第 30 頁。

麟展示了具有時代演變特徵的近代身體形成過程，他對身體的關注是多面向的，因此也就開掘出了那些隱蔽不現，但又確實存在的身體存在圖景。

黃金麟的研究讓我們看到了在近代身體的改造生成歷史中，身體與社會歷史、國家權力的相互關係。從他的研究，我們可以看到身體在歷史中被國家政治權力支配的歷程。身體被時刻地關注、塑造和干預，處處體現國家的控制欲望。黃金麟著力於揭示身體的國家化，法權化，時間化和空間化，這使他在選擇考察身體的「社會歷史」領域上，沒有更多地注意「體育」在表現身體生成史上的價值。實際上，體育作爲身體訓練和管理手段，最容易表現國家的身體控制技術，因此體育足以構成瞭解近代身體發展的一個面向。前面已經說過，「東亞病夫」是理解近代中國體育史的關鍵概念，擺脫「東亞病夫」恥辱是近代體育發展的一個內在政治動力，因此，體育史中的身體存在一個「健康化」的面向。「東亞病夫」本身所包含的病民、病國雙重涵義，意味著「身體既是民族國家的政治經濟對象，也是民族國家自身的隱喻」〔註11〕。擺脫「東亞病夫」的恥辱，不僅僅是追求國民個體身體的健康，而且也是要以國民個體身體的健康爲手段來實現國家民族的健康。健康不僅僅是生理身體意義上，也是國家政治意義的「復興強盛」。「東亞病夫」實際上是我們理解身體與國家之互相隱喻關係的重要切入點。從這個詞在近代史中的存在情況來看，它隱含了國家身體個體身體相互隱喻和指代的內容。身體的國家化、政治化和國家的身體化在這個詞中得到了集中體現，國家身體和個體身體甚至是合二爲一的。汪民安在研究民族國家身體和個體身體「二者之間相互支撐和指代」時說：「國家身體需要借助個人之力才能強化自身，它是個人之力的聚集、表達和再現，只有個人身體得到強化，國家身體才能強化，這二者相互追逐，相互嬉戲，相互吸引，相互聚集。只有個人身體健康，作爲一個整體的國家身體才能在和敵國的較量中佔有上風。同樣，個人之力只有在民族國家內部才能施展，它借助國家身體的強化而強化，國家身體是個人身體的催化劑，是它的框架、氛圍和基石。」〔註12〕個體身體是民族國家身體強健的隱喻，因此，民族國家爲了自身的政治健康就

〔註11〕 汪民安：《身體技術：政治、性和自我毀滅》，汪民安著《身體、空間與後現代性》，南京：江蘇人民出版社，2005 年 12 月，第 34 頁。

〔註12〕 汪民安：《身體技術：政治、性和自我毀滅》，汪民安著《身體、空間與後現代性》，南京：江蘇人民出版社，2005 年 12 月，第 35 頁。

要建立強健的個體身體，這是主導近代體育發展的身體政治學。汪民安認爲只有從國家身體和個體身體合而爲一的意義上，我們才「能夠解釋爲什麼國家身體要不斷地照看、投資、強化和訓練個人身體。同樣我們也能夠解釋，爲什麼個人身體不可抑制地期待國家強壯有力？爲什麼個人身體在國家身體衰弱的時候會發出悲泣的哀鳴？」〔註13〕顯然「東亞病夫」的出現，就是個體身體在國家身體衰弱的時候發出的悲泣哀鳴，而在此哀鳴聲音中出現的體育救國，實際上就是民族國家身體對個體身體進行照看、強化和訓練的「身體管理技術」的應用。體育在努力追求身體的健康化時，因爲身體被納入了政治軌道，所以「健康化」的面向最終又體現爲身體政治化、國家化的面向。汪民安說：

> 現代國家從功能的角度積極地強化身體、訓練身體、投資身體和管理身體。強化身體是爲了將身體納入到國家理性的軌道，並讓身體服從於這種理性邏輯，使身體成爲國家理性實踐的完美手段。身體在民族國家的政治經濟目標內，既是爲了生成，也是爲了同他國競技；既是爲了提高效率，也是爲了提高民族的身體質量；既是國家強化自身目標的一部分，也是抵禦外來侮辱的基本技術要求。國家理性實踐的宗旨和目的就是身體。現代國家，它的最大使命就是要保護身體、完善身體和強化身體。因此，身體既是對象，又是手段；既是目的，又是方法；國家政治經濟活動深陷於目的論的陷阱中。〔註14〕

近代中國體育從身體健康化國家化面向來說，確實成爲了一種國家積極訓練身體控制身體的技術。大量的提倡體育發展言論，專注於訓練身體而使強健的身體服務於國家政治經濟目標的功能。從中我們可以看到，體育以強健身體爲目標，並且以強健的身體爲工具幫助民族國家的政治經濟目標的實現。「強種救國」最集中地概括了體育試圖在身體上達成救國政治目標──在具體的歷史場景中，表現爲救國、復興民族、救亡、抗敵禦侮等等──的特性。

〔註13〕汪民安：《身體技術：政治、性和自我毀滅》，汪民安著《身體、空間與後現代性》，南京：江蘇人民出版社，2005年12月，第35頁。

〔註14〕汪民安：《身體技術：政治、性和自我毀滅》，汪民安著《身體、空間與後現代性》，南京：江蘇人民出版社，2005年12月，第33頁。

　　總之，在近代中國歷史中，任何一個身體都是被動屈服的對象，在共同的歷史命運中，「我們看到各種各樣的政治、經濟、軍事、思想、教育和公共衛生的力量，正試圖透過他們所掌握的細微管道，在肉體已然存在的前提下，主宰或影響身體的建構過程。」〔註 15〕「身體被納入了政治軌道。身體和生命一起被納入到政治學的規劃之中。」〔註 16〕近代體育就是這樣的一種身體政治建構力量，它是近代身體生成過程中一個應該被重新認識的領域。從身體政治的視角，我們可以看到近代體育發展「強種救國」的身體政治和特殊的身體生成歷程；而從近代體育中，我們也可以強烈地感受到身體被干預、塑造、管理、規訓的身體政治。

<h2 style="text-align:center">三</h2>

　　爲了從體育言論觀念史上，來探究近代中國體育中的身體政治，筆者從以下幾個部分逐步完成研究計劃：

　　第一部分，提出東亞病夫的問題。從東亞病夫的來源及生成上來探究其具體涵義，解答以下問題：「東亞病夫」如何在文化上描述和塑造了中國人的身體，近代中國人的身體又如何成爲民族國家的隱喻象徵。

　　第二部分，進一步研究近代知識分子對身體、種族與民族國家之命運關係的關注，瞭解近代中國人如何在身體上寄予了民族國家政治目標，並對國民身體表現出強烈的改造興趣。

　　第三部分，以軍國民體育時期和自然主義體育時期爲例，研究在體育思想言論主張中的強種救國追求，揭示作爲身體改造技術，體育在近代中國如何關注身體，在救亡圖存的整體性歷史話語中如何以身體爲政治化的干預和塑造對象。

　　第四部分，研究具體的體育實踐，主要以運動會爲對象，揭示圍繞在運動會時空中的身體政治化關注及身體被國家佔領和操控的現實。

　　除了第四部分在國際性運動會的相關研究中涉及到具體的國家身體干預實踐外，筆者的大部分研究集中在觀念、體育思想言論層面，試圖從中剖析

〔註 15〕黃金麟：《歷史身體國家：近代中國的身體形成（1895～1937）》，臺北：連經出版事業公司，2001 年，第 6 頁。

〔註 16〕汪民安：《身體的技術：政治、性和自我毀滅》，汪民安著《身體、空間與後現代性》，南京：江蘇人民出版社，2005 年 12 月，第 33 頁。

近代體育中的身體政治。在資料的運用上，主要利用南京圖書館古籍部和南京大學圖書館館藏的有關體育的原始資料，其中包括體育著作、體育期刊雜誌、教育雜誌、報紙等。另外參考了當今體育史研究學者所著的有關體育史的專著和論文，這些爲本文的研究提供了很多的教益和啓發。筆者爲研究所查閱的資料，大多數仍然是精英階層的作品。這些作品構成了體育身體政治研究的主要支柱。前文已經談及資料的選擇問題，大量使用精英階層留下來的文本，僅是因爲歷史記憶更青睞於他們，這絲毫不能降低那些顯得不重要的次要階層、無名人物留下來的文學性資料在構建有關於近代身體政治的知識中的價值。遺憾的是，由於精力和時間的局限，筆者未能更廣泛地收集與體育身體政治有關的資料來使本研究更爲充實完美。一些在體育史中非常重要，但沒有列出章節來專門研究的內容更是本研究未能更爲完美的原因。本文選擇的研究基本可以看成是對近代體育史發展主流的研究，並以之作爲把握近代中國體育發展的身體問題的嘗試。顯然更多的關於身體與體育的問題的研究值得去繼續深入下去，與國術武術有關的內容、體育教學、發展實踐，共產黨治下的體育，甚至僞滿汪僞治下的體育，這些同樣是認識近代中國體育身體政治的領域，希望本文能爲更多的研究拋磚引玉。對身體政治這樣的前沿問題，筆者不敢裝出已經準確把握的姿態，因此事實上在嘗試把它應用於體育史研究時，筆者不能確信研究問題的過程及得出的結論沒有缺憾，所以本文對所有的批評的態度是完全開放的。

第一章　「東亞病夫」：病民與病國

　　1984 年洛杉磯奧運會第一天比賽中，許海峰成爲中國自 1932 年參加奧運會以來的第一個奧運會金牌得主。他的「零的突破」成爲中國體育發展史上具有重大意義的事件。而中國代表團在此次奧運會上取得的獎牌成就，不僅成爲中國藉以激發民族驕傲情緒的資本，而且也讓驚訝的外國人重溫了西方語境中關於中國「先睡而後醒」的預言。中國記者在 8 月 14 日奧運會閉幕當天寫到：「我國體育健兒在奧運會上取得的成就，爲世界注目，得到很高的評價，正如美國奧委會主席威西蒙斯所說，『中國以一個從長期睡夢中覺醒的巨人的姿態突然出現在奧運會上。』」〔註 1〕在同一天國務院致電中國體育代表團：

　　　　中國體育代表團：

　　　　在舉世矚目的第二十三屆奧運會上，我國體育健兒賽出風格，賽出水平，贏得了精神文明和運動成績雙豐收，取得了十五枚金牌、八枚銀牌和九枚銅牌等好成績，增進了與各國人民的瞭解和友誼，展現了中國人民良好的精神風貌，爲祖國贏得了榮譽，爲中華民族增添了光彩，每個炎黃子孫都感到由衷的高興。……

　　　　你們的優異成績，改變了舊中國在奧運會的零分紀錄，是我國體育史上具有歷史意義的重大突破，標誌著我國體育事業的新飛躍。它有力地說明，中國人民有自立於世界民族之林的能力，對於

〔註 1〕梁麗娟、劉曉明、吳驊：《雄姿驚世界 壯志振中華》，《人民日報》1984 年 8 月 14 日，第四版。

正在現代化建設的各條戰線的廣大群眾都有很大鼓舞和推動作用。……〔註2〕

中國政府對這次奧運會的關注，和對體育健兒成績的高度讚揚；體育成績和國家榮譽、民族情感聯繫得如此緊密，這些都緣於體育事業在中國的特殊性。近代以來，中國體育承受了近百年的「東亞病夫」的屈辱。被這種屈辱記憶糾纏了一百多年的中國，迫切地期望用體育成績來證明自己。只要體育不夠強大，國運不夠強盛，相信「國運衰，體運衰；國運興，體運興」的中國人，一定會不斷地強調每次成績在洗刷民族恥辱上的意義。〔註3〕1949年，新中國的成立是一次「國運」的偉大「洗刷」；1984年奧運賽場上那擊碎零記錄一槍和隨後的十五個金牌，也是體育運勢的一次偉大洗刷。《人民日報》評論員寫到：「不堪回首的歷史一頁，已經被我們翻過去了。今天體育的振興，生動地反映了我們祖國在振興，在奮進！」〔註4〕體育的振興，昭示著國運的振興，中國體育在拋掉「東亞病夫」的帽子時，也是中國國家實力和與之相關的形象在拋掉「東亞病夫」的帽子。從國運和體運交織在一起的敘述來看，拋掉「東亞病夫」的意義不僅僅是體育成績上的，也是國家綜合實力上的。在中國民族命運榮辱史中，「東亞病夫」是一個不可迴避的「關鍵詞」。這個關鍵詞意義是複雜的，即使它更多地被應用於近現代體育史的敘述

〔註2〕 《國務院致電中國體育代表團 祝賀我健兒精神文明運動成績雙豐收》，《人民日報》1984年8月14日，第一版。

〔註3〕 汪民安在研究個體身體和國家身體的相互隱喻和指代時，特別研究了競技體育在表現個體身體（運動員）和國家之間互相指代上的特殊性。他說：「爲什麼一場單純的個人身體之間的體育競技會讓整個國家瘋狂？爲什麼一場象徵性的體育賽事——它對政治經濟沒有任何影響——會令競技雙方的國家民眾產生強烈對峙？個人身體的對峙——即便是象徵意義上的——總是國家身體的對峙。就此，我們同樣能夠解釋：爲什麼軍事和體育這些競技領域才是國家訓練和干預個人身體最重要的領域。……體育競技是國家間象徵性的對抗，軍事衝突則是國家間事實性的對抗。它們都是身體衝突的形式，它們具備完全相同的氣質，能夠彼此替代。體育絕非是對戰爭的克服，友誼在體育中一再被強調，恰好是爲了掩蓋體育的戰爭本性。」（汪民安：《身體的技術：政治、性和自我毀滅》，汪民安著《身體、空間與後現代性》，南京：江蘇人民出版社，2005年12月，第35～36頁）在中國的競技體育中，運動員通過身體的對抗獲得的成績總是被國家的榮辱聯繫在一起，運動員的身體和國家是合而爲一的，身體被國家政治佔領，競技比賽實際上是國家通過身體在場進行競技。

〔註4〕 《登高望遠 奮發進擊——熱烈歡迎我國體育健兒凱進》，《人民日報》1984年8月14日，第一版。

中後，也不能減弱它的複雜性。在「國運」和「體運」被認爲互相影響的近代體育發展史中，「東亞病夫」既是指國——病態的國家身體，也是指中國人——不健康的國民身體。它是「華夏民族到了近代體質衰弱的實情，又是近代中國綜合國力低下的代稱」。瞭解「東亞病夫」的來龍去脈及其豐富意涵，顯然是把握近代身體與近代國家關係的關鍵。

第一節　被描述和自我描述的病國

據鄭志林的研究，「東亞病夫」一詞最初是「病夫」，而後又有「東亞病夫」「東方病夫」的稱謂，其出現最早在戊戌變法時期的中外雜誌報刊上。〔註5〕有關於這個在中國近現代史中具有「關鍵詞」地位的「東亞病夫」的來龍去脈，至今仍然不是很爲人所瞭解。鄭志林在《識「東亞病夫」》中，列出了幾個可查實出處的資料試圖理清「東亞病夫」的由來。

1895 年 3 月，嚴復在天津《直報》上發表《原強》這篇文章中寫到：「蓋一國之事，同於人身。今夫人身逸則弱，勞則強，固常理也。……今之中國非猶是病夫也耶？」

1896 年 10 月 17 日，《字林西報》上刊登了一篇「中國實情」的文章，文章說：「夫中國——東方病夫也，其麻木不仁久矣。然病根之深，自中日交戰後，地球各國始患其虛實也。」1896 年 11 月 30 日《字林西報》載「天下四病人」一文：「今尚有患病四人……一爲土國……二爲波斯……三爲中國，其病情固與土國、波斯皆不相同。地廣戶繁，甲於天下，牽聯之勢，驟難分裂，立法亦未嘗不善，惟官無韜略之智，民無少勇敢之氣，一旦強敵驟至，未有不棄甲而走矣。昔中日之役，若無人干預，聽其自然，中國不爲其所滅者幾希。今俄、英、法、德，不論何國，果爾出師，不入中國之境則已，既入其境，則長驅直進，隨意要求，無不如願以償者。雖然中國弱則弱矣，而其自主權，目前猶可無患！……」〔註6〕

從這些材料看，「病夫」是用來描述國家的，是對國家強弱狀況進行身體化描述的形象比喻；「東亞病夫」同樣是在描述中國，描述中國這個處於東亞

〔註5〕鄭志林：《識「東亞病夫」》，《浙江體育科學》第 21 卷第 2 期，1999 年 4 月。

〔註6〕轉引自鄭志林：《識「東亞病夫」》，《浙江體育科學》第 21 卷第 2 期，1999 年 4 月。

地區的國家。

　　從關於「東亞病夫」的幾個早期「出處」又可以看到，「東亞病夫」首先是一個西方關於中國形象〔註7〕的重要概念，中國人對這個概念的使用具有被

〔註7〕關於什麼是「中國形象」，周寧在《中國形象：西方的學說與傳說》叢書總序中定義道：

「首先，中國形象不同於中國觀或漢學。中國觀或漢學，僅指西方精英圈子內對中國的研究，它假設是一種知識，甚至是專業化的知識。而『中國形象』則是流行於社會的一整套關於『中國』的『表現』或『表述』系統，其中同時包含知識與想像、真實與虛構的內容。中國形象是大眾化的，由不同類型文本，從通俗文學到政論、新聞、學術研究，共同構築的，在不同歷史時期不斷稍加變異地重複的，某種具有原型性的形象，其中包含著對地理現實的中國的某種認識，也包含著對中西關係的焦慮與期望，當然更多的是對西方文化自我認同的隱喻性表達。中國形象作為表現或表述性的文化「他者」，與其說明中國，不如說明西方；與其認識中國，不如認同西方，它隨著西方文化自身的變化以及中西關係的變化而變化，並非決定於中國的現實。

其次，『中國形象』作為一種話語方式或思維方式，有著自身的歷史以及傳統。在七個世紀的漫長過程中，西方文化將無數連續性的個體經驗，包括探險、傳教、商貿與軍事活動中零星地積澱下來的有關信息，創造轉化為集體心理原型，其意義並不在指涉形象之外的現實世界，而在自身結構通過觀念與形式的關係而創造的意義。『形象並不代表形象之外的任何東西』。西方文化中創造了一個普遍接受的『西方之中國』也並不指涉現實中國，而是表現西方文化心理結構中他者想像的方式與角度，並為表述特定異域提供觀念、意象和詞彙體系。

最後，中國形象作為一種表述體系或話語，一旦形成，就以某種似是而非的真理性左右著西方關於中國的『看法』與『說法』，為不同場合發生的文本提供用以表述中國的詞彙、意象和各種修辭技巧，體現出觀念、文化和歷史中的某種權力結構，並開始向政治、經濟、道德權力滲透。所謂西方的中國形象，不再是關於世界上某個特定國家的知識，而變成一種象徵，一個可討論發揮的主題、一個觀念群或特徵群，一種虛構性敘事，而決定該敘事的並不是某作為話語對象的中國，而是某種西方關於中國主題敘事的共同的歷史、傳統和話語體系。」

本文基本上遵循這個意義來使用「西方的中國形象」，並且把「東亞病夫」歸入「西方的中國形象」中去。但筆者在研究「東亞病夫」的問題時，發現作為西方文化中的一種「中國形象」或者「中國人形象」，「東亞病夫」在被使用時，被描述和定義的對象「中國」或者「中國人」，並不是完全被動的。中國文化試圖去反抗這種形象的塑造，但更多地則是接受這種形象話語，並形成了中國有關於反思自身的話語體系。也就是說，中國參與了有關於中國形象和中國人形象的塑造過程。「東亞病夫」不僅僅是西方文化在表述自己的異域想像，而且已經內化為中國文化心理結構中的一部分，成為中國想像和表述自己的一種方式。雖然西方文化自始至終都在起主導作用，但是，不能不認識到作為想像與描述的對象──「中國」，在參與中國形象生成與傳播過

動性的特徵，是在被迫思考國家命運時使用的。〔註8〕程登科在 1934 年發表的《今後民眾體育應有之動向》中解釋了中國之東亞病夫的來源：「『東亞病夫』的雅號，是歐美人士共同的贈品，吾人顧名思義的考慮一下，就可以推想到我們全中華民族的健康衰落到什麼程度，全民族的死亡率增高到什麼樣的地步。致被外人視為病夫，而且在病夫之上冠以『東亞』二字，這就是說中國整個民族都是衰弱的，萎靡不振的。諸位！這是事實，無可諱言。吾人除內心自愧自慚而外，只是拱手接受而已。」〔註9〕因為是別人的恥辱性「賜予」，所以中國一直迫切希望能拋掉這頂「外國人扣在我們頭上的帽子」。西方的中國形象在 1750 年前後，隨著西方整個的東方主義話語的轉變發生了巨大的轉變。〔註10〕啟蒙時代的西方學者，把東方的中國想像成理想中的烏托

程中的「主動性」。「中國形象」不僅僅是「西方的中國形象」，而且還有在西方的中國形象文化殖民下「中國的中國形象」。

〔註8〕 朱家驊在 1930 年第六屆全國運動大會期間寫的一篇文章《大會的意義》中，分析中國之「東亞病夫」的狀況。他說：「列強說我們是病夫，固然是一種嘲笑的話，其言也是給我們一種良好的的針砭。我們該知道，要有健全的精神，必先有健全的體格，集合千千萬萬具有健全體格的國民，才能造成一個健全的民族，亦惟健全的民族，才能創造健全的文化。我們中華民族，本是一個富有創造精神的民族，只因文弱之風歷代相沿，致國民體育日就衰靡，由肉體波及精神，遂使整個的民族，陷於苟且偷安。……這幾年來，因和別的強健民族相接觸，受他們的壓迫，才悟到我們國家衰弱的原因，最大的還是因為國民體力的衰弱。」（見《全國運動大會特刊第一號》，《申報》中華民國十九年四月一日，第十一版。）按照朱的觀點，「東亞病夫」是「列強」對我們的敘說，是在我們民族和西方強健民族相遭遇時，遭受西方壓迫的情況下，被動的「省悟」時接受這種敘說的。（請注意，在這裡東亞病夫的意義是雙重的，時而是指國家，時而又是指國民的身體。）

〔註9〕 程登科：《中國今後民眾體育應有之動向》，江蘇省鎮江公共體育場《體育研究與通訊》第二卷第二期，中華民國二十三年五月。

〔註10〕 周寧：《西方的中國形象史研究：問題與領域》，http://www.cc.org.cn 2005 年 9 月 10 日 20：20。有關於「西方的中國形象」的出現及其演變歷史，周在該文中已經理清了基本的脈絡。由他主編的《中國形象：西方的學說與傳說》叢書「將中國形象作為西方文化表現『他者』的話語，探討馬可·波羅時代以來七個多世紀西方的中國形象的生成演變的意義過程；觀察西方視野中的中國形象，作為一種有關『文化他者』的話語，是在何時又如何生成的，在什麼社會語境下發生演變、斷裂或延續、繼承的；分析它作為知識與想像，是如何在西方文化中規訓化、體制化，滲透權力並發揮權力，並構成殖民主義、帝國主義、全球主義意識形態的必要成分的。」這套叢書共八部，前四部《契丹傳奇》、《大中華帝國》、《世紀中國潮》、《「龍」的幻象》，討論從 13 世紀到 20 世紀西方不同時代不同主題的中國形象；後四部《鴉片帝國》、《歷史的沉

邦。然而，隨著西方在物質與文化上完成向資本主義的邁進後，西方殖民擴張軍，親歷中國這個東方世界國家的使團、傳教士、旅行家、記者，開始用西方文化中心的眼光收集東方世界的異樣資料，塑造中國新的形象，恐怖愚昧、墮落邪惡的中國代替了烏托邦中國，構成了西方人關於中國的新的知識體系。「啓蒙運動以後，西方的中國形象發生了巨大的變化，否定性形象占主導，中國不再令人仰慕而是令人鄙視，中國不再是欲望之地而是懲戒之地。」〔註11〕馬格爾尼使團使華，可以看成是西方有關中國形象發生逆轉的轉折點。西方的「中國夢結束了，西方攻擊中國的時代開始了」。〔註12〕中國逐漸成爲西方人眼中停滯、僵化、衰落、殘暴的專制帝國，中國人也由有優雅禮儀與良好素養的人，變成傲慢無知、卑鄙無能、邪惡無恥而又野蠻好戰的民族。中國人的負面典型特徵蓋過了正面的品質，成爲了「嘲笑的對象」。〔註13〕這些負面的品質，和不可救藥的鴉片鬼形象等等，構成了與整個國家實力相襯的中國人特徵。軍事上的殖民者和經濟上的殖民者，形成對中國負面形象的建構；他們用驕傲的眼光，蔑視著病態的羸弱的中國人。

中國形象是西方文化話語的產物，是西方文化投射的一種關於文化他者的幻象，揭示出西方社會自身所處的文化想像與意識形態空間。東亞病夫，作爲西方文化話語中的「異域形象」，「作爲一種文化隱喻或象徵，……其中內容包括三個方面：一、對地理現實的中國的某種認識與想像；二、對中西關係的焦慮與期望；三、對西方文化自我認同的隱喻性表述或象徵。」然而這種「隱喻或象徵」並不全是「對某種缺席的或根本不存在的事物的想像性、隨意性表現」〔註14〕，它的出現「與西方現代擴張過程中中西之間力量關係的結構變化緊密關聯」，反映了東西方之間的權利關係、支配關係、霸權關係。「病夫」或者「東亞病夫」、「東方病夫」，暗示著某種東方性，是一種政治文化隱喻。這種隱喻基於現實的權力關係。這種權力關係，迫使中國也進

船》、《孔教烏托邦》、《另類中國人》則討論貫穿不同時代中國形象的同一主題。

〔註11〕周寧：《中國異托邦：二十世紀西方文化的他者》，《書屋》2004年第2期。

〔註12〕俞祖華：《近世來華西人視野裏的兩種中國人形象》，《煙臺師範學院學報（哲學社會科學版）2003年6月第20卷第2期。

〔註13〕俞祖華：《近世來華西人視野裏的兩種中國人形象》，《煙臺師範學院學報（哲學社會科學版）2003年6月第20卷第2期。

〔註14〕周寧：《西方的中國形象史研究：問題與領域》，http://www.cc.org.cn，2005年9月10日20：20。

入了關於中國形象的塑造過程中，「東亞病夫」的描述便不只是西方話語的獨角戲了，而是以中國的自省性回應，變成了一個即有「被描述」的聲音也有「自我描述」的聲音、意義複雜的象徵。可以這樣說，「東亞病夫」是在中西衝突與碰撞的歷史背景中，在西方殖民主義強勢話語主導下，西方對中國的診斷與定位。這個具有特殊文化政治意義的稱呼，反映了中西在近代形成的國際關係的真實格局。處於「病夫」狀態的國家地位，被中國人自己接受，中國人在使用「東亞病夫」時，不斷地重複著描述中國所被描述的。在「風狂雨驟，大廈其危，既折我棟，復崩我榱，恨綢繆之已晚，歎哲人其已萎銷滅兮國魂，破爛兮國旗」〔註15〕的時局中，不少有識之士，在陰鬱的敘述中，充滿了對東亞病夫國之前途的深深憂慮。

例如：

陰雲黯澹……其二十世紀亞洲大陸必起之風潮乎？彼白人執其帝國侵略主義，以群起馳驟於世界競爭之劇場，日進而不已……蓋彼白種人之勢力範圍根基已固，特張其餘威，以為滅人國、滅人種之大經營、大業務，是以紛然為前途之奔赴而精神益壯，志氣益雄，且咸注意於為睡魔為病夫之我國。……則為我中國者，不知將來果至於如何地位，其將終步印度波蘭等國奴隸之後塵以入昏黑之陰暗永無天日之地獄乎？〔註16〕

吾國近年以來現象之危險極矣。以奄奄一息之東方病夫，沉沉待斃之老大帝國，受人宰割，聽人壓制，當此之時，吾同胞於呻吟沉醉之中，猶有一絲一毫之希望者，日將有所待也。何所待？曰待立憲……〔註17〕

自四國協約成立以後，中國國際上之事項乃紛起。如間島佔領，如日僧傳教，如滇越鐵路，如蘇杭甬借款，如西江緝捕，如惠州劃界，……即歐美之老於外交者當之，恐亦未能因應咸宜。而況乎以顢頇顢唐之外部，東方病夫之弱國？〔註18〕等等。

〔註15〕《悲中國》，《大公報》大清光緒二十九年十月十六日。
〔註16〕《論中國之前途》，《大公報》大清光緒二十九年十月十七日。
〔註17〕《告今日之同胞》，《申報》光緒三十二年八月初二日，第二版。
〔註18〕《四國協約後之中國》，《申報》光緒三十三年十月廿四日，第一張第二版。

這些都是在病國的意義上來使用「東亞病夫」，是在對國家之政治經濟軍事、社會狀況、國民素質進行總體把握後來使用「東亞病夫」的。「東亞病夫」作為國家意義來使用，還普遍地表現在那些具有政論意味的文學作品中。例如《申報》上的《東亞病夫自述病狀記》裏，作者在用病人的各種病狀來描述東亞病夫時寫到：「病夫根於病種，出自病狀。……弊病生於一處，繼也，通病及乎四方。百病由此而生，一病幾乎不起，膚敲髓吸；既已病民，唇寒齒寒，又傷病國。……嗟嗟病容，怕照對半壁之殘燈。病勢已沈，屬一絲之微。聊供病狀，非誇競病之吟。倘識病源，或收治病之效。」〔註 19〕這顯然是用擬人的文學表現方式，來暗示處於危急狀態下的國家的各種弊病。而《東方病夫致西方美人書》中，將中國形象地表現為一個「東亞病夫」，把西方列強表現為「西方美人」，其內容則顯然暗指中國這個弱國在一戰時的國際處境。作者用這篇文章來表達中國在內憂外患的情況下，面對西方國家要求參加一戰時，應採的政策態度。其文如下：

> 東方病夫寓書於西方美人曰：春風紅豆，半時繡卷有餘。夜雨青燈，此際情懷無已。結同心於萬里，馳遠夢乎中宵。願言乞懷，良不可任。乃者僕病顛連，苦難罄述。內而肝腸癥結，形神漸覺相離，外而肌體痿痹，動作多難自主。視聽錯迕，意旨昏迷。蟻走於熱鍋，心緒不寧者累歲；魚遊於炙釜，可保者幾時。弱不禁風，愁以度日。方將息心而修養，固難與世以周旋。不謂一紙書來，纏綿悱惻，聆厥旨趣，有如下云：禍起於鄰家，眾女振妍，各挾私報怨，波及於空谷，蛾眉被謗，獨結氣而難宣。行將致詰彼姝，辯其冤抑，是用通辭下走，徵其同情。僕聞命之餘，自覺心心相印，待時既至，還須著著進行。得西子之垂鄰，在病軀其奚惜；慨東陽之瘦損，沾芳澤以增光。原慚愧乎鬚眉，隨於裙衩，發揮韜略，當勞紅粉以先驅，振策取駒，應許青衫以後駕。本澤同袍之義，竭相維相繫之忱、織箔同居，願要盟於紅玉，指梁為約，休失信於尾生。〔註 20〕

〔註19〕 《東亞病夫自述之病狀》，《申報》大清宣統三年十二月二十日，第一張第三版。

〔註20〕 《東方病夫致西方美人書》，《申報・自由談》中華民國六年二月二十四日，第四張第十四版。

第二節　被描述和自我描述的病民

　　在西方殖民者的鄙視語氣和中國人的自卑情緒並存的「東亞病夫」協奏曲中，「東亞病夫」從弱國的形象意義，擴展出弱民的身體意義。〔註21〕「東亞病夫」實際上也是西方文化關於中國人形象的話語。

　　西方人形象與中國人形象的對立，同樣是在東西方二元對立的歷史語境中產生的；病夫化的中國人形象是中西之間不平衡的權利關係下西方建立「種族主義世界秩序」〔註22〕的結果。「鴉片戰爭後，大批的西方人，主要是商人、傳教士、士兵，進入中國，對這個失敗的國家與民族，他們中絕大多數人既無新鮮感又無親切感。他們是帶著政治與經濟知識和道德上的優越感來的，這種優越感使他們很容易高傲冷漠，自信到輕率，甚至心胸狹窄。」〔註23〕是他們創造了中國的形象，並且發明了一個「中國人的異類原型」〔註24〕。周寧的《中國形象：西方的學說與傳說》叢書的第七冊為《第二人類》，該書正是研究了西方的中國形象中的關於「中國人的形象」的問題。其研究認為：從十九世紀開始「西方一邊在否定的立場上不斷發現中國人性格的複雜多面性，一邊也試圖將中國人的形象與性格簡化、固定化、類型化。其方法是異類化、另類化、醜化與漫畫化，將中國人固定在集體想像中的某種『原型』……對西方人來說，此時重要的不是認識現實中的中國人，而是為在知識與實踐中將中國人確定為可排斥可駕馭的『他者』。」〔註25〕顯然，在十九世紀末齣現的「東亞病夫」也是西方人對中國人的形象進行異類化、類型化的結果。西方人把中國人異類化，是「將中國人確定為可排斥可駕馭的『他者』，西方人將中國人定位為「東亞病夫」時，同樣地「其文化可能不是拉近中國人與西方人的距離，而是加大這種距離並確定這種距離；不是認識現實中的中國人，而是使現實中的中國人出現在非現實的、怪誕的形象

〔註21〕李寧在《「東亞病夫」的緣起及其演變》中，考察了「東亞病夫」一詞的來源和詞義的演變，也認為：「『東方病夫』早期並非單純指中國國民體質之弱，而是從國家政治具體時勢來講，即中國『麻木不仁』、『國虛』、『兵敗』、『民弱』。」「隨著時間的推移，『東亞病夫』的含義逐漸由指國力衰弱，政治麻木不仁，轉向指國民的體質、體力虛弱，以致後來演變為外國人稱中國人體質衰弱的專稱和中國體育落後的代名詞。」（見《體育文史》1987年第6期）。
〔註22〕周寧：《第二人類》，北京：學苑出版社，2004年，第98頁。
〔註23〕周寧：《第二人類》，北京：學苑出版社，2004年，第101頁。
〔註24〕周寧：《第二人類》，北京：學苑出版社，2004年，第101頁。
〔註25〕周寧：《第二人類》，北京：學苑出版社，2004年，第4頁。

中，賦予中國人以某種不可理喻性，從而拒絕理解中國人。」〔註26〕「東亞病夫」作爲國家地位的象徵，有現實政治權力關係的意義，但是，當「東亞病夫」被用作中國人的普遍特徵時，確實包含有幻想成分。麥高溫牧師就不認爲中國人是病態的，他在《中國人生活的明與暗》的「醫生與行醫」一章中稱讚中國人的健康。他說：「一個生病的中國人，隨時準備服任何藥，聽取任何人提供的意見。儘管有那些沒受過訓練的大夫、江湖郎中、業餘醫生和一些欺騙性的手段，但是整個帝國的人們卻與今天的人一樣健康、強壯，這一點無疑證明了中國人的體質是良好的。中國就是一個顯著的例證——中國人維持健康靠的是強大的自然力，而不是那些沒受過訓練的醫生和那些曾過早奪走他人性命的愚鈍粗魯的治療方法。」〔註27〕而 E.A.羅斯在 1911 年出版的《變化中的中國人》第二章「中國人的體格」中，同樣認爲「中國人的身體素質卻比西方強得多」。「即使白種人的孩子與中國孩子出生時具有相同的生命力，但在所有的幸存者中，中國人的身體素質總比西方人強。這是因爲如果把西方生存下來的 70%的嬰兒放在中國人艱苦的環境中，可能只有 20%的身體素質較好的嬰兒能夠忍受這種艱苦的環境而生存下來，其餘的 50%則會因爲環境的惡劣而夭折⋯⋯」〔註28〕爲了瞭解中國人的身體素質，羅斯認眞請教了在中國各地的教會醫院中工作的三十三位白人醫生。「其中只有一位在青島工作的醫道高明的德國籍醫生認爲，中國人在體質方面沒有任何比白人優越的地方。⋯⋯其中，在華工作已經二十五年，甚至更多年頭的另外三名醫生認爲，白種人與黃種人在體質上沒有什麼不同⋯⋯剩餘的二十九名醫生一致認爲，中國人的體質中表現出了某種比他們祖國人的身體素質優越的東西⋯⋯」〔註29〕然而這些對中國人身體素質的稱讚，並不能替代更多的人對中國人的負面描述。羅斯或者麥高溫的文字其出發點在於爲他們同胞的「錯誤」認識糾偏，但是立德夫人的描述可能更符合西方人對中國人的想像需要：「這些老百姓，肌體不全，身上長著瘡，衣服破破爛爛，僅能勉

〔註26〕周寧：《第二人類》，北京：學苑出版社，2004 年，第 96 頁。

〔註27〕〔英〕麥高溫著，朱濤、倪靜譯：《中國人生活的明與暗》，北京：時事出版社，1998 年，第 200 頁。

〔註28〕〔美〕E.A.羅斯著，公茂虹、張浩譯：《變化中的中國人》，北京：時事出版社，1998 年，第 31 頁。

〔註29〕〔美〕E.A.羅斯著，公茂虹、張浩譯：《變化中的中國人》，北京：時事出版社，1998 年，第 32～33 頁。

強蔽體，卻用他們的保守和落後去抵制任何改變他們處境的努力。」〔註30〕就是稱讚中國人身體素質的羅斯，也看到這樣的現實：「八旗子弟在設防的要塞裏享受特權……這些懶惰的八旗子弟雖然在軍隊裏受訓，但是他們意志薄弱，沒有什麼戰鬥力，在二十英里的一般行軍中就會被累跨。他們在遺傳權利下變得自私、懶散、邪惡。他們的體格很弱，肌肉鬆散。」〔註31〕而那些知識分子，那些「缺乏適當體育鍛鍊，而忙於緊張的腦力工作的學者」，「虛弱成為這些知識分子的附屬品」〔註32〕。在廣州，西方人所見到的紳士完全是一幅病態的形象：「……即便你沒注意到他白皙的手及病態的外表。他們與健康的下層人的褐紅色皮膚截然不同。實際上，就我見到的中國士紳來看，他們幾乎都是一幅令人厭惡的病態象，天朝居民的上層階級臉上顯露出來的不僅僅是一種女人氣，許多陌生人甚至一瞥見他們就會覺得噁心和討厭。」〔註33〕在中西二元文化對立的現實中，「一方從另一方獲得意義同時又排斥另一方，二元對立的雙方並不是平等的，有優劣之分。」〔註34〕西方人更傾向於接受那些有助於他們「漫畫化與醜化」中國人的信息，他們希望看到中國人的「異類特徵」。通過西方人留存下來的早期中國人文字還有影像資料，不僅在當時，即使在現在，也是塑造中國人形象的絕佳材料。而這些「清末民國時代的人物舊影，……不同程度地帶有『病夫』相，猥瑣、無神，說不上乾淨利索，更不要提精氣神。」〔註35〕西方的中國人形象將中國人固定為集體想像中的某種「原型」，中國人也開始用西方人的原型思考自身〔註36〕。有一部分人試圖框正視聽，陳季同、辜鴻銘、林語堂都曾在這方面做過努力。陳季同最早地向西方讀者介紹中國，在西方極度歧視中國的情況下，他寫了一系列的書，「欲消除他們對中國的那些片面的認識、深藏的

〔註30〕 〔英〕阿綺波德・立德著，王成東、劉雲浩譯：《穿藍色長袍的國度》，北京：時事出版社，1998 年，第 5 頁。

〔註31〕 〔美〕E.A.羅斯著，公茂虹、張浩譯：《變化中的中國人》，北京：時事出版社，1998 年，第 265 頁。

〔註32〕 〔美〕E.A.羅斯著，公茂虹、張浩譯：《變化中的中國人》，北京：時事出版社，1998 年，第 36 頁。

〔註33〕 約・羅伯茨：《十九世紀西方人眼中的中國》，北京：時事出版社，1999 年，第 94 頁。

〔註34〕 周寧：《第二人類》，北京：學苑出版社，2004 年，第 97 頁。

〔註35〕 王昊：《影像中的蔡元培和張伯苓》，《讀書》，2005 年第 8 期。

〔註36〕 周寧：《第二人類》，北京：學苑出版社，2004 年，第 144 頁。

誤解和可笑的偏見」〔註37〕。陳季同自己在《中國人自畫像》序言裏說：「我
打算在這本書中實事求是地描述中國 —— 按照自己的親身經歷和瞭解來記
述中國人的風俗習慣，但卻以歐洲人的精神和風格來寫。」〔註38〕陳季同試
圖站在西方文化的視角，用西方人的思維方式和眼光來告訴西方人準確的中
國人形象。陳指出了西方人對中國人好奇心在認識中國上的局限性：「從這
種好奇和驚訝來看，人們可能把我們中國人想像成了一種被馴化了的類人動
物，在動物園裏表演著各種滑稽動作。他們總喜歡把我們置於幻燈之中。我
們完全瞭解這種通常都伴隨著展覽的所謂真實描繪意味著什麼。在展覽中，
中國人的形象大如屏風上畫著的人物，小如糖漿上浮著的梅乾，這即是四萬
萬中國人？他們對中國這塊土地的瞭解僅限於此！」〔註39〕陳季同實際上已
經指出了中西方之間描述與被描述的關係，西方正是在「幻燈」下觀察認識
中國的。正是這樣，為西方提供素材的重要手段 —— 旅行筆記，沒有比它「更
不完備和不可靠的了：對旅行者來說，第一個遇到的傻瓜往往就代表了一個
民族的眾生相……這些筆記都將因此受到致命錯誤的歪曲和污染。毫無真實
與準確性可言。」〔註40〕所以陳季同為了「揭示真相」，努力地向西方介紹
以糾偏為目的的中國知識。和陳季同的目的一樣，林語堂寫《吾國與吾民》，
試圖「處處願為此東亞病夫做辯護」。這些主動向人介紹自己的努力，仍然
是在西方話語主導下的。為中國人身體進行辯護，認為中國人身體並非衰疲
的言論一直都存在。在《中華民族體質之研究》中，作者「羅羅」顯然受了
羅斯的影響，認為中國人的身體素質並不比其他種族弱：「吾民以堅忍耐勞
著聞於世界，亦正以不善養生，故體質之抵抗力，常較他種為強大。」〔註
41〕他甚至對那些從西方傳入中國，旨在改善中國人生活狀況提高中國人身
體素質的衛生持懷疑態度，認為「衛生防病」正在逐漸使中國人的抵抗力喪
失、體質下降。〔註42〕聶紹經則在《體育的社會觀》中，認為中國人的身體

〔註37〕 黃興濤：《一個不該被遺忘的文化人 —— 陳季同其人其書》，陳季同：《中國
人自畫像》，貴州人民出版社 1998 年版，第 VII 頁。

〔註38〕 陳季同：《中國人自畫像》，貴州人民出版社，1998 年，第 5 頁。

〔註39〕 陳季同：《中國人自畫像》，貴州人民出版社，1998 年，第 1 頁。

〔註40〕 陳季同：《中國人自畫像》，貴州人民出版社，1998 年，第 4 頁。

〔註41〕 羅羅：《中華民族體質之研究》，東方雜誌社《東方雜誌》第十五卷第七號，
中華民國七年七月。

〔註42〕 羅羅在文章中說：「近世以來，歐美人士之神經過敏者，每有黃禍之懼。若就
華人體質論之。則黃禍之實現，殆亦意中事。惟近世中國人之後，力謀物質

並不虛弱，恐怕比歐美人還要強些。他說：

> 外國人常說中國人好像病夫，大都是文弱的樣子，以為中國人的身體不強健。這卻未必。若按天演淘汰的公例論來，中國人的身體必不虛弱，恐怕還要比歐美人的強些。不過他們保養的好，若是同中國人一樣，恐怕他們的死率比中國的還要高。請由婦女方面看來，可見中國人的身體要比歐美人結實些。歐美因物質文明，如人們家庭操作的負擔不及中國的難重，而猶覺力不勝任。著者嘗見有中國婦女生產後三日即起而操作自如，生過四子，筋力也不十分見得衰。而歐美婦人生成後月餘，猶覺神色憔悴，氣力不加。這樣看來，中國人的體質並不弱，不過普通的人沒有受過體育的訓練，致使體格不雄罷了。〔註43〕

《華年》雜誌的一篇長短評《體育會議後》，甚至認為在中國人和西洋人之間進行體格比較並下強弱的判斷是不可行的。該文作者的看法也是中國人的體格並不比外國人差。〔註44〕這樣的對中國人身體持正面看法的觀點，在

之進化，諸如衛生防病，以及食物之精選，居屋之軒敞，飲水之清潔，日益講求，有與西人同化之勢。數百年以後，中國民族且倒行逆施，重蹈歐美之覆轍，而使其體質日趨於退化，揆之公例，有不可幸逃者。故在今日，以中華民族體質之強健，而引為他日征服白種之證，究未免為過慮。所可懼者，今日華人生活較西人為簡單，體力較西人為強健，在經濟競爭上，歐美工人，恐不免受其壓迫耳。」（羅羅：《中華民族體質之研究》，東方雜誌社《東方雜誌》第十五卷第七號，中華民國七年七月）

〔註43〕 聶紹經：《體育的社會觀》，學生雜誌社《學生雜誌》第十卷第四號「體育研究號」，中華民國十二年四月五日。

〔註44〕 《體育會議後》，華年周刊社《華年》第一卷第二十期，中華民國二十一年八月廿七日。

在這篇長短評中，作者說：「近人動輒以中國人的體格和西洋人的相比而輕易下好壞的斷語。這種人可以說是沒有生物的與歷史的意識的。一個民族的體格狀況一部分是種族的遺傳性所賦予的，一部分是歷史期內種種自然與文化勢力此推彼挽的產果。一部分是當代營養功夫的成績。……如果拿中國人和西洋人比，就不知從何說起了。在種族與文化背景很不相同的兩個民族之間，體格的比較非絕對不可以，但比較的結果，只能有大小長短遲速的記載，而不能有優劣強弱的判斷，……用賽跑的馬搬運東西，或用運貨的馬加入賽跑，結果都是一樣的錯。民族體格的不便相提並論，更不便驟下好壞的斷語，其理由正復相同。以中國人的體格對付二十世紀機械世界的生活，固然是力有未逮，叫英國人到中國來，在三年兩年頭在疫癘饑荒中，他的死亡的機會一定要比中國為大。雙方的體格究竟誰好誰壞，又誰敢下一句斷語呢？」

近代史上總的來說比較「另類」。他們之所以對中國人的體格質量持樂觀的態
度，很大原因在於他們把身體生存的環境因素加入體格的質量的評定中了。
從人體的生存環境來判定身體素質，雖然不失爲一種可行的方法，但問題是
這說服不了那些更相信直觀的感覺的人的看法。更重要的是，他們和那些批
評自身的中國人一樣，面臨著西方人的話語，而這種強勢的話語顯然不是他
們輕易能夠扭轉的。在近代「東亞病夫」成了主導性話語，成爲大量有關於
身體言論的話語背景。對中國人的「東亞病夫」的定型，最終深入了中國人
的文化和心理，成爲中國人在那個時代一種對自身身體的病態身體觀，也影
響了歷史有關於近代中國人身體的記憶。中國人的身體形態，在西方人的描
述與中國人的自我描述過程中定型化了。1906 年，大學堂舉辦了第二屆運動
會，《大公報》以《京師大學堂運動會記》對其進行了報導，在結論部分，作
者對「東亞病夫」國民身體的一番論述，爲我們理解「東亞病夫」如何在中
西文化角力過程中生成，中國人如何無奈地接受這種污辱性「描述」，並因之
而對國民身體產生認識和關注興趣，提供了很好的文本。在這篇文字中我們
可以看到，西方人對中國人的描述和定型化塑造，以及中國人對這種描述進
行默認、接受，甚至以自我批判的方式去尋找病態身體以達到確認「東亞病
夫」的「自我描述」。其文如下：

> 嗚呼，東西各國罵吾國爲老大爲病夫。吾聞其言，初而怒，
> 繼而痛，終而感。何怒乎？怒其言無禮也。何痛乎？物體必先腐而
> 後蟲生。我不老大，誰得而老大之；我不病夫，誰得而病夫之？外
> 人既老大我矣，病夫我矣，必我先自居於老大，自居於病夫無疑。
> 何感乎？外人既口直心快而老大我矣，病夫我矣。我聞之宜如何自
> 悔，宜如何自勵，宜如何去其老大而少年之，去其病夫而狀夫之。
> 假使外人內以我爲老大爲病夫，而外反諛我曰「子少年，子壯夫」，
> 而我聞之亦毫不解悟，欣欣然自得曰：我少年，我壯夫！嗚呼，是
> 終老大矣，是終病夫矣，是終不可救藥矣。吾聞其言，吾安得不怒，
> 安得不痛，安得不感。吾因此而反觀我國四萬萬同胞中，見有纏足
> 以傷天和者，非老大耶，非病夫耶，則去二分之一。吸鴉片煙而骨
> 瘦如柴者，非老大耶，非病夫耶，則去二分之一之三分之一。開牌
> 呼麼，花天酒地，至而死不悟者，非老大耶，非病夫耶，則去二分
> 之一之四分之一。好談清靜無爲，日坐家中而一事不知者，非老大

耶，非病夫耶，則去二分之一之六分之一。由此計之，四萬萬人中有三萬萬七千五百萬爲老大爲病夫，其餘不老大者不病夫者，僅二千五百萬人矣。而此二千五百萬人中，爲游民，爲乞丐，爲賊盜者，又大概居三分之一，則中國之人數不老大不病夫者，僅一千六百餘萬矣。使除此一千六百餘萬人外，餘者皆已死去，猶留此一千六百餘萬人，在此東亞大陸，自食自護衛，則中國未使不可以自強。而無如除此一千六百餘萬人外，餘者皆不死不活，自居於老大，自居於病夫，非其衣則聽之不老大不病夫之人也，非其食則聽之不老大不病夫之人也，非其護衛則仍聽之不老大不病夫之人也。嗚呼，以一千六百餘萬人，自供給外而復供給三萬萬八千二百餘萬人。國烏得而強，欲人不老大我，不病夫我，可乎？不可！於此而欲求一不老大不病夫之策，非德育智育，體育三者並行不爲功。……〔註45〕

這是一個包含憂慮情緒的身體關注，事實上我們還可以從這樣的身體關注文本中看到，身體認識和身體記憶與國家命運的關注與記憶不可分割地聯繫在一起。事實上中國人身體形象的生成，是與西方的中國形象相伴而生的，中國人的形象和國家形象互相印證著「不健康」的境況。西方人樂意在國際關係中用「東亞病夫」來稱呼中國，也善於從中國失敗的體育比賽中嘲笑中國人「東亞病夫」式的身體。羸弱的中國人身體與羸弱的中國國家，重合在了一起，國家和身體之間建立起了隱喻關係。

第三節 病夫：病民身體的國家隱喻

通過文字、繪畫、攝影，個別被精心地用文字和影像挑選、書寫下來的「病夫」狀身體，成爲普遍的類型，而這樣創造與傳播開來的中國人形象，又最終成爲一個國家的象徵。中國人的身體預示著國家的現實與命運。例如，羅斯就說，八旗子弟在走向毀滅，「預示著中國的早期崩潰」〔註46〕；而作爲文明支撐的「知識分子的虛弱，在積極好戰的脈搏跳動中像一塊濕毛

〔註45〕 《京師大學堂運動會記（三續前稿）》，《大公報》清光緒三十二年四月十三日，第一千三百七十五號。

〔註46〕 〔美〕E.A.羅斯著，公茂虹、張浩譯：《變化中的中國人》，北京：時事出版社，1998年，第265頁。

毯一樣，阻止了民族的雄勁力」〔註47〕。個別身體的特徵，被轉化為一個群體、一個種族、一個國家、一種文化的根本特徵。國家與個體之間互相決定和隱喻著。於是文本中記錄下來的中國人的身體，代表著一個可以用身體的體貌特徵、行為氣質來描述的國家。「東亞病夫」的中國人身體形象，成為「東亞病夫」的中國國家的象徵，國家的描述可以簡化為中國人的身體描述，甚至可以抽象為中國人的漫畫形象。中國征戰奧運會，外國人以東亞病夫的漫畫來諷刺中國人，其實不僅僅是在諷刺中國體育的失敗，也是在借用漫畫形式來諷刺中國人身體在競技上的失敗，並以之諷刺衰弱的國家。中國在奧運會史上的失敗歷史，最好地說明了中國人身體承載國家之命運的事實。在 1907 年 11 月 4 日（清光緒三十年九月廿九日），《申報》上登出了一幅漫畫，題為「東亞病夫」。漫畫的正中就是一個病弱的中國人，圍著它的是各種提出救治方案的人。

（該漫畫見《申報》光緒三十三年九月廿九日，第十版）

　　漫畫作為一種視覺文化形式，和很多新聞照片一樣，是由作者「精心構建起來的、內涵豐富的一個符號系統」〔註48〕。這裡的這幅漫畫充滿了現實

〔註47〕〔美〕E.A.羅斯著，公茂虹、張浩譯：《變化中的中國人》，北京：時事出版社，1998 年，第 280 頁。
〔註48〕黃順銘和陸勇用符號學方法和身體政治的方法對一張反映美國對伊拉克戰爭的照片（此照片為普利策新聞獎照片，其內容為美軍第 3 步兵師第 3 作戰

的政治衝突因素，而它所體現的身體政治也是很典型的。畫面居中是一個病臥老者，圍著病夫的是六個健康者。這些身體，構成了國家象徵性的在場。病人是「東方病夫」，即中國，而那些試圖各自提出救治方案人，又分為本土精英和「西方人」。他們最終爭執在於，是應該為病人施與劇烈（革命）還是緩刻（保守）的醫治方案。也就是說，漫畫以身體為「能指」，表現了國家政治變革與國家命運的「意指」。

通過這樣的漫畫，「東亞病夫」的雙重意義得到了充分表達，國家用病人的象徵形式展示在閱讀者面前：國家就是漫畫中那樣的身體，漫畫中人像的身體又是國家的象徵，國家身體化，身體也國家化政治化 —— 弱國與弱民在畫面中同時出場。

總之，文本中的中國人既是國家化政治化的身體 —— 身體特徵暗示著國家的命運，更是一個在向閱讀者展示的、抽象化的身體化國家。類型化的中國人身體，等同於類型化的中國，文本創造出來的被閱讀的身體形象，就是國家在知識建構中的形象。「東亞病夫」是國民個體身體與國家身體的雙重描述，國民個體身體的病態成為國家實力的一種表徵。「東亞病夫」被更多地用來描述身體時，它依然擺脫不了國家政治意義對國民個體身體的攻佔。身體的健康或疲弱狀態，不僅僅是生理意義的，也是政治意義的，因為它們意味著國家政治的某種狀況。這也就造成了在近代史中，對國民身體的關注，常常地籠罩在與國家政治時局和民族長遠命運的憂慮中。身體實際上就是國家的隱喻，身體的疲弱就是國家的疲弱，身體的健康也將意味著國家健康。身體的生理意義被抽離，它成為國家政治的一種抽象存在。正如前面所說，「東

旅 2－69 裝甲師特遣部隊的安迪·麥克萊恩上尉及其同事在挺進巴格達時，一個伊拉克平民以吻手的方式，另一個伊拉克平民以微笑的方式來表示對美軍的熱情和歡迎）進行了精闢的分析。黃順銘和陸勇在分析了這張照片後總結：「作為一種非常典型的視覺文化形式，新聞照片也許並非只是簡單地對現實進行證實，只是證實某個新聞事件確實是發生過的。其實很多新聞照片都是一個由記者進行構建起來的、內涵豐富的一個符號系統。我們認為，對於這樣的照片，讀者應該保持一種批判性的認知。」（黃順銘、陸勇：《救贖神話·身體政治 —— 對一副普利策新聞獎照片的評析》，《新聞愛好者》2005 年第 7 期）這對筆者進一步去深入認識漫畫的價值及如何解讀漫畫中符號象徵體系、身體政治內涵極有啟發。新聞照片和時事漫雖然在藝術表現手法上有很大差別，但它們作為視覺藝術形式，卻也有共同之處。它們都由一定的畫面構成，在畫面中都包含一套符號，它們都不僅是對現實簡單反映，而且包含了創作者的各種意圖。

亞病夫」作爲一種異域形象，體現了西方強勢話語對中國人的身體和中國國家實力的想像。作爲中國人認識自己國民身體及民族國家身體的一種先入爲主的觀念，「東亞病夫」則體現了中國人在救亡圖存的意圖支配下，對自己身體充滿了政治想像和渴望。這種在國民個體身體寄存國家政治想像和欲望的現象一直存在於近代史中，尤其是我們所熟知的喜歡重複「東亞病夫」的言說的體育史，更是充滿了對身體的政治性關注。

> 我國是久被列強嗤爲「東亞病夫」的國家，但是這也是無足自諱的，只看我們國內的青年有幾個不是面黃肌瘦、弱不勝衣，青年尚且如此，其他的更不必談了。假使以我國四萬國民和列強的來比較，便要立刻看到「相形見絀」。列強說我們是病夫，固然是一種嘲笑的話，其言也是給我們一種良好的的針砭。我們該知道，要有健全的精神，必現有健全的體格，集合千千萬萬具有健全體格的國民，才能造成一個健全的民族，亦惟健全的民族，才能創造健全的文化。我們中華民族，本是一個富有創造精神的民族，只因文弱之風歷代相沿，致國民體育日就衰靡，由肉體波及精神，遂使整個的民族，陷於苟且偷安。……這幾年來，因和別的強健民族相接觸，受他們的壓迫，才悟到我們國家衰弱的原因，最大的還是因爲國民體力的衰弱。〔註49〕

這是朱家驊在全國運動大會期間所寫的《大會的意義》中的開篇一段。在近代體育史文獻中，我們可以找到大量的與此文大同小異的有關於「東亞病夫」的論述。在這裡「東亞病夫」，就是在國家與國民的雙重內涵下使用：「東亞病夫」時而是指國家，時而又是指國民的身體。病民和病國共同構成了「東亞病夫」的內容。從這段文字中，我們還可以看到更爲具體的關於身體被國家俘獲的內容。對國民的生理身體狀態的批評直接聯繫著建設健康的民族的問題。身體和國家的相互隱喻有一個根本的指向，國家政治主導著對身體生理狀態的政治化解釋，也是國家政治主導著身體健康改造的國家政治意義——復興民族或者救國強國。

「病夫」既是中國人，也是中國。對病國和病民的雙重體認，決定了中國近代病夫心態的形成。伴隨病夫心態的形成，出現了「救治」的歷史現象。

〔註49〕 朱家驊：《大會的意義》，《全國運動大會特刊第一號》，《申報》中華民國十九年四月一日，第十一版。

「救治」和喚醒「睡獅」一樣都是一種政治行動。紛紛出現的各種應對危局的救國主張，不得不從「東亞病夫」這個病根上來設計方案。他們把「病夫」的國民身體的敘述和貧弱的國家民族的分析，聯繫在了一起，並且以強種作為救國的先決條件，把身體的改造作為國家改造的必由之路，身體在這裡是目的也是工具手段。維新運動時期出現的反纏足運動，便是一次中國啓蒙者震動於國家的貧弱，對中國人身體的一次審視。像張之洞，認爲纏足使「母氣不足，弱之未生之前，數十百年後，吾華之民，幾何不馴致使人人爲病夫，家家爲侏儒」，而病夫，是不足以和西洋國力競爭較量的。而受「西醫傳教士話語的影響」，維新派在反對纏足時，「極力從生理上刻畫纏足的醜陋形態」。〔註50〕他們同樣強調纏足對身體的傷害，並把這種受傷害的身體視爲國家民族衰弱的表徵。從國家遭受屈辱的時候起，身體已經被中西的共謀力量推入了屈辱的形象生成過程中了。批評「病夫」身體的人認爲，羸弱的身體應該爲國家民族的恥辱負責，正是病夫的存在才造成了「病夫化」的國家。身體上病態的特徵是國家「病弱」的表現，病弱的國家充滿了病態的身體或者本身已被想像成病態的身體：身體在剛被診斷爲病態的瞬間就被國家化了，而國家在被描述出種種身體上才有的病態特徵時被身體化了〔註51〕。「東亞病夫」的出現，表明了這種充滿了符號意義的身體和國家的重合。身體化的國家，被不斷地診斷，不斷地開出藥方，不斷地實施治療；而國家化的身體，

〔註50〕楊念群：《從科學話語到國家控制》，汪安民主編《身體的文化政治學》，開封：河南大學出版社，2003年，第7頁。

〔註51〕例如前面提到的《東亞病夫自述之病狀》和《瘧疾國》（見《申報》中華民國四年一月十五日第二版「時評」）同樣都是把國家作爲身體來描述的。《瘧疾國》裏這樣寫到：「人稱中國爲病夫國，中國果何病乎？以我潛觀默察，而深悉中國之病者，乃病瘧也。……瘧之爲病也，忽寒而忽熱。寒熱反對也，而唯於瘧時，則相連而驟變，中國之政也，忽新而忽舊，變法而又復古，而又變法，其間之終始，無異循環而無端。故曰病瘧也。」正是在這樣的比喻中，完成了對國家的診斷。在診斷的過程中，把國家現實的經濟政治困境交織進去，使作者以特別的方式表示對時局的關注和見解。下面這一篇文章《論東亞病夫》也是如此：「嗚呼……我觀於近時中國之現狀，而知東方病夫之徵兆，固非易得也。……中國人不死不活致病之源，繫乎國體。……今者我國之病亟矣。償外債則挖肉以醫瘡，取民財則敲骨而吸髓。官吏貪墨，中飽之症以成。上下隔閡，麻木之象又現，近且神經錯亂，患在心腹之間矣。當代醫國手，將進以安神之劑，施以返生之術乎？抑亂投虎狼藥，致東方病夫嘔吐狼藉，有以斲喪其元氣，而患入膏肓乎？凡我國民延頸企足而待之矣。」（《申報》中華民國四年十月十二日，第十四版）

是一個可以容納各種力量的空殼，各種文化政治力量隨時準備進入，實施改造。而國民個體身體與國家身體的重合，個體身體的國家隱喻，使得那些診治國家身體的方案從改造個體身體入手，以創造出「健康」的身體來支持健康強大的國家。解決這樣的問題，前面提到過的羅斯，提供了一種方案：「⋯⋯利用標語激勵年輕人『全面發展 —— 體格、智慧、道德和宗教 —— 不但爲了自己，也爲了他人』，這樣的思想是醫治黃種人那種病懨懨的氛圍最好的醫生。」〔註 52〕羅斯稱讚那時已經在中國興起的教會學校體育，並說：

> 黃種人對體育的熱烈反應證明了體育運動有著普遍的吸引力。⋯⋯中國人現在組織了運動會，從總督到縣官都去參加並熱烈鼓掌。正如在婆羅洲的一個内部足球隊裏，熱情是英國人和馬來人的共同之處一樣，年輕的中國體育熱情使中國人和盎格魯 —— 撒克遜人聯繫了起來。中國人絲毫不懷疑我們努力使他們年輕人的身體健康發達發展的誠摯之心，運動員的身體強勁起來，中國也會強大起來。〔註 53〕

毫無疑問，熱情於體育的人，無不相信羅斯最後的一句話，正是最後一句話所預示的身體與國家強大的關係，成爲中國體育發展的一個矢志不渝的信念。程登科在 1934 年發表的《今後民眾體育應有之動向》中，敘述了中國的「東亞病夫」的現實，及應該有的行動：

> 東亞病夫的雅號⋯⋯自接受以來，執政諸公，教育當局，深引爲恥，力圖自強，改換民氣，洗此奇恥大辱，尤希將此「東亞病夫」之名，一變而爲「東亞勇士」，故已三申五令，加重體育訓練注意全民健康及衛生，希於最短期普及全民。他如召集全國體育會議，決定體育實施方案，及各省市縣聘請體育專員，開闢體育場所，訓練或補習幹部人才等等，均足以證明執政諸公早下決心，挽弱爲強，不願永居人後。教育當局早已頒佈三育並重爲教育宗旨，亦不願使民眾自居病夫之名。〔註 54〕

〔註 52〕〔美〕E.A.羅斯著，公茂虹、張浩譯：《變化中的中國人》，北京：時事出版社，1998 年，第 280 頁。

〔註 53〕〔美〕E.A.羅斯著，公茂虹、張浩譯：《變化中的中國人》，北京：時事出版社，1998 年，第 311 頁。

〔註 54〕程登科：《中國今後民眾體育應有之動向》，江蘇省鎮江公共體育場《體育研

　　作爲強種救國的方案，軍國民主義的興起、軍國民體育的提倡，以及後來不斷發展的體育救國思想、運動，無不是在國家化的身體、身體化的國家上作文章。近代體育的發展，情有獨鍾地盤根於「東亞病夫」的敘述中，體育家們把對身體的批評與改造，和國家命運的興衰聯繫在了一起，他們要使中國人擺脫「東亞病夫」的恥辱狀態，更要讓國家擺脫「東亞病夫」的屈辱境地。脫掉「東亞病夫」的帽子，既是強種（改造身體），也是救國，這是在近現代對身體的關注的歷史語境中發生的另樣體育故事。

　　總之，「東亞病夫」這個在西方話語和中國話語下生成並且傳播的，國民身體與國家身體互相隱喻的詞彙，成爲主導中國反思國民身體、憂慮民族國家前途重要話語力量，並成爲建構國民身體與國家政治命運之政治關係的起點。本文接下來將探討身體與民族國家的關係如何在知識思想領域被繼續建構的問題。

第二章　頭等身體頭等國家：身體、健康與民族國家的命運

　　「東亞病夫」的生成，其背後是「確定民族特徵的競爭，沒有脫離歐洲和中國間競爭的背景」〔註1〕。其結果是，中國被「囚禁」了，中國在爭奪定義中國的權力爭奪上，喪失了話語權。在囚禁中，「中華民族成爲另一個民族審視的對象，逐漸失去了大膽評判自己的信心。」〔註2〕費約翰在分析中國民族主義者反抗這種文化囚禁時說：

　　　　18 和 19 世紀，當中國遭到了西方列強的敲詐勒索時，中國人的自我形象也被囚禁了。歐洲遊客用文字、繪畫和相片記錄了中國的人情風貌，捕捉到無數典型的「中國佬」標本，將它們釘在自己的人種誌標本簿上，帶著它們周遊歐洲各地……當 19 世紀末的中國民族主義者在閱讀和旅行中碰到這些關於「中國佬」的諷刺漫畫時，雖然其特徵依稀可辨，但他們強烈憎恨這種諷刺漫畫目前在歐洲社會中所導致的嘲笑。他們立下誓言，不僅要解放自己的國家，而且要解放歐洲人想像中的「中國佬」。〔註3〕

〔註 1〕　〔美〕費約翰：《喚醒中國：國民革命中的政治、文化與階級》，北京：生活‧讀書‧新知三聯書店，2004 年，第 160 頁。
〔註 2〕　〔美〕費約翰：《喚醒中國：國民革命中的政治、文化與階級》，北京：生活‧讀書‧新知三聯書店，2004 年，第 163 頁。
〔註 3〕　〔美〕費約翰：《喚醒中國：國民革命中的政治、文化與階級》，北京：生活‧讀書‧新知三聯書店，2004 年，第 158～159 頁。

　　有關中國人及中國形象的知識是在西方的文化語境中生成的，是西方話語的一種表現方式，它們又通過中國人返銷回中國，並對中國人、中國的變革產生影響。在這個返銷過程中及之後，起決定性作用的是那些對民族國家命運有責任感，因而對政治民族主義人種學有特殊興趣的民族主義愛國者。他們或者從政治角度，或者從文化角度，期望對民族國家的歷史進程起有益的干涉作用，其手段之一，就是對中國及中國人身體進行病理學診療的身體救治。

　　東亞病夫的屈辱，既包含著對中國人身體素質的懷疑，也包含著對中國國家之境況與命運的憂慮。在近代史中，不乏思想冷峻的有識之士，深究中國致病的根原；也不乏熱血之士，披荊開路，摸索著治病強國的良方。「然此日吾國之國民，尚在醉生夢死之中也。」〔註4〕在近代中國救亡史上，有人發此感慨，而其感慨之後所要實行的不是洋務派的實業機械，不是維新派的制度，也不是革命派的共和，也不是新文化運動中的科學民主。他們關心中國人的身體，在中國人的人種、民族、身體的健康與國家富強民族復興的關係上，有著自己一套獨特的關懷。

第一節　一個案例：魯迅在日本的看「畫片」經歷〔註5〕

〔註4〕　《人種衰弱即國家之危機》，《申報・國民常識》中華民國十年一月二十一日，第十六版。

〔註5〕　葛紅兵和宋耕兩人合著關於身體與文學關係問題的著作《身體政治》（上海三聯書店2005年10月）。該書的第三章第一節「作爲近代政治場域的『身體』」中，作者也通過對魯迅作品的分析，研究魯迅早年和五四時期對身體關注角度的轉變。筆者和葛、宋一樣集中注意魯迅《吶喊》自序中的那段富含身體影像的學醫經歷。葛、宋在分析魯迅的思想變化後，認爲「人的身體疾病不是一個生物學問題，魯迅放棄醫生職業選擇文學、政論，就是出於這個看法。在魯迅看來，中國人的身體疾病不可能通過醫學來劇除，而必須通過一場徹底的政治革命來劇除。魯迅認爲一把醫生的手術刀顯然對於中國（民眾）的病體已經毫無意義，魯迅要拿起的是政治的手術刀，他要把身體問題當作政治問題來對待。醫生這個職業和文學這個職業之間怎樣互換的呢？醫生治療人的肉體，文學也能治療人的肉體，在魯迅的意識中醫生的治療沒有文學家的治療有效。」（葛紅兵、宋耕：《身體政治》，上海三聯書店2005年10月，第50頁）這個結論值得商榷。從身體政治的角度來研究魯迅的思想，葛、宋忽視了魯迅思想在人生不同時期的變化，因此對魯迅青年求學時期的思想的評價分析，摻雜了魯迅五四時期及其後的思想內容。例如，關於在《吶喊》自序中魯迅從學醫到決定學文的思想轉變，雖然確實體現了魯迅對中國國民

　　中西共同描述出來的中國身體，引起了啓蒙者的深切關注。從某種意義上說，啓蒙者確實從他們所凝視的身體中發現了許多國家、民族文化的秘密。魯迅就是這項工作的傑出代表。他對中國國民性的批判力度與深度，是其他人難以企及的。而他在開始他的文化啓蒙工作的思想準備階段，促使他發生重要轉變的，正是那讓他憂憤的中國人身體。

　　童年時期，父親的疾病，使魯迅和醫學、疾病、身體發生影響深遠的接觸。「進了 K 學堂」後，魯迅第一次看到「那些木版的《全體新論》和《化學衛生》之類」的書，隨後他對中西醫做出了自己的價值判斷。魯迅從閱讀到的醫學書籍裏「知道了日本維新是大半發端於西方醫學的事實」。日本得以振興的維新，和以研究身體爲根本內容的醫學的聯繫，使魯迅找到了一條促進中國維新事業的途徑：救治病弱的身體。於是魯迅「因爲這些幼稚的知識」，

身體的認識的轉變，但這種轉變，結合魯迅早年思想的特徵來看，未必如葛、宋所分析的那樣魯迅從醫療技術手段上來救治病人的想法轉爲「人的身體疾病不是一個生物學問題，而必須通過一場徹底的政治革命來剷除。」事實上，從魯迅自序中可以看到，魯迅是從對國民之肉軀的關注，轉移到懷疑國民的精神健康。或者說，魯迅把對生理身體的注意力，轉移爲對文化身體的關注。這就決定了，魯迅從醫學轉入文學，從對國民身體的批判，昇華爲對國民性的文化反思。魯迅之後所著力去做的，是揭露和呼喚改造國民性，而不是追求「徹底的政治革命」。追求政治革命，是晚年魯迅思想又逐漸發生轉變，在成爲毛澤東所稱譽的「革命家」後思想趨左的結果。所以，以其說從醫學轉爲文學的魯迅，拿起了「政治的手術刀」，不如說魯迅拿起的是「文化解剖刀」。致力於文學的魯迅在人文精神世界所扮演的啓蒙者角色，更重要於他在政治場中所扮演的革命家的角色。至於葛、宋認爲的在魯迅思想中「醫生治療人的肉體，文學也能治療人的肉體」，筆者也不贊同。正如前面的分析所說的。魯迅轉入文學後，畢其一生精力所奮戰的是批判和反思國民性，是在文化精神領域瓦解舊文化舊傳統對人的精神束縛。魯迅已經把摻雜著其個人早年經歷的對病態身體的關注，轉移到對病態國民的精神的關注了。他要用文學治療的不是「人的肉體」，而是國民的「國民性」，是人的精神。這也就決定了魯迅在諸多小說中，所創造的「人物」的身體病態形象，不是爲了批判生理身體（肉軀），而是要用文化的手段來批判這些人物所象徵的民族國家、政治文化。這些文化身體，是被民族國家命運、文化政治力量充斥的場域，是被舊文化佔領、新文化預謀攻佔的政治文化角力場，是類型化的民族文化象徵。總之，如果僅就魯迅在仙臺的那段學醫經歷來看，葛紅兵、宋耕對魯迅思想的闡釋，有過度之嫌。魯迅所追求的政治革命不見於求學時期的思想，魯迅在短暫的關注身體之病後，已經迅速地轉入對國民精神之病的關注。在《吶喊》自序中所見的魯迅「將他對中國人身體的觀察上昇到『國民性』理論的高度。」既然如此，魯迅是否仍然執著於對病態生理身體的療救，魯迅是選擇政治或者文化手段療治國民，就已經很清楚了。

留學日本，到「日本一個鄉間的醫學專門學校」學習醫術，以實現他的理想：

> 我的夢很美滿，預備卒業回來，救治像我父親似的被誤的病人的疾苦，戰爭時候便去當軍醫，一面又促進了國人對於維新的信仰。〔註6〕

魯迅希望在中國人的肉軀之強健上有所作為，以促成維新救世的理想。然而接下來的事使他前所未有地震動，並徹底改變了他的人生方向。

> ……有時講義的一段落已完，而時間還沒有到，教師便映一些風景或時事的畫片給學生看，以用去多餘的光陰。其實正當日俄戰爭的時候，關於戰事的畫片自然也就比較多了，我在這一個講堂，便須常常隨喜我那同學們的拍手和鼓掌。有一回，我竟在畫片上忽然會見我久違的許多中國人了，一個綁在中間，許多站在左右，一樣強壯的體格，而顯出麻木的神情。據解說，則綁著的是替俄國做了軍事上的偵探，正要被日軍砍下頭顱來示眾，而圍著的便是來鑒賞這示眾的盛舉的人們。

> 這一學年沒有畢業，我已經到了東京了，因為從那一回以後，我便覺得醫學並非一件緊要事，凡是愚弱的國民，即使體格如何健全，如何茁壯，也只能做毫無意義的示眾的材料和看客，病死多少是不必以為不幸的。〔註7〕

這次「畫片」的觀看，是魯迅一次集中的對中國身體的審視。他所獲得的不是讀圖的愉悅，而是啟蒙者的精神震撼。他在看畫片時，是在注視一群「國民」身體，而「許多站在左右」的身體在看一個被示眾、展示的身體──所有的身體以集中的方式闖進魯迅的視野。可以從魯迅的記述解析出這樣的兩個「畫片」，一個是魯迅所看到的「畫片」，在這個畫片中，有被示眾者，有參與圍觀的看客，他們構成了一個示眾場景。另一個「畫片」就是魯迅也參與進去的「歷史畫面」，魯迅作為這次課間休息觀看戰爭畫片的事件親歷者，留下了他個人痕跡的史料記錄，這為後來研究者提供了一個研究魯迅的關於魯迅的歷史畫面。在魯迅也成為構成單元的這個歷史畫面中，那個教師提供的「畫片」相當於「示眾」的材料，圖片是被示眾者，包括魯迅和魯迅的同學在內的「學生」，成為觀看被示眾的中國人（畫片中所有的

〔註6〕 魯迅：《吶喊・自序》，北京：人民文學出版社，1979年，第2頁。

〔註7〕 魯迅：《吶喊・自序》，北京：人民文學出版社，1979年，第2～3頁。

人物影像）的「看客」。魯迅是我們所能知道的這次觀看畫片事件唯一一個留下個人內心體驗的人。我們通過魯迅極富批判力的帶著情感宣泄的記錄，可以看到，在魯迅的記錄所形成的歷史畫面中，相對於魯迅所凝視的那些畫片，他是一個精神性的存在。我們在看魯迅的凝視，魯迅也在凝視畫片中的人，而畫片中的身體影像又構成了看與被看的關係。魯迅的看，是精神批判的凝視。而畫面中那些看客對被示眾的身體的看，是鑒賞；在魯迅的眼中，畫片中的身體影像分成了兩組，一部分身體對另一部分身體進行集中注視和鑒賞，構成了一個充滿「健壯的體格」的「盛舉」。然而盛舉中的身體，又無一例外地「顯出麻木的神情」。在深以為恥的魯迅的眼中，看客的身體和被示眾斬首的身體同樣地健壯，同樣的麻木不仁 —— 而這些就是他「久違的許多中國人」、愚弱的國民。在魯迅的意識裏，看客們所欣賞的被展示斬首的身體，何嘗不就是他們自己的身體！這才是觸動魯迅之所在。他從畫面中的看客及被斬首的人的身體上看到了類型化的「愚弱國民」。「愚弱國民」身體之間互相嘲弄取悅的麻木不仁，使魯迅看到了身體所深藏的麻木不仁的靈魂，和導致身體集體麻木不仁的國民性。被斬首的身體和那些看客的身體同質，即將被斬首的不僅僅是那個「軍事上的偵探」，麻木不仁的看客「中國人」也在圍觀鑒賞中被拉上了刑場了。而這個以許多中國人的身體影像構成的「畫片」，又隱喻了一個即將被斬首的國家衰亡的場面。

於是魯迅把塑造強健身軀的理想，轉換到了文化事業上來，試圖創造有著健康國民性的精神之軀：「所以我們的第一要著，是在改變他們的精神，而善於改變精神的是，我那時以為當然要推文藝，於是想提倡文藝運動了。」

回國後，經過短暫的寂寞和悲哀後，他開始作為「在寂寞裏奔馳的猛士」，在文化事業中「不憚於前驅」。魯迅用小說開始了吶喊。魯迅以他深邃的解剖之筆，創造了阿Ｑ、狂人、孔乙己、祥林嫂這樣的中國病軀，通過他們來揭露、批判國民性劣根。〔註8〕文學的典型形象集中了魯迅的批判力量，

〔註8〕葛紅兵和宋耕在《身體政治》中對魯迅文學作品中創造的典型身體形象也做了相關研究，認為：「不僅僅是在隱喻的層面上，而且是在更直接的層面上，魯迅相信政治革命和思想覺悟可以治病救人：魯迅筆下，狂人、阿Ｑ、祥林嫂的疾病（迫害狂、癲癇頭、憂鬱症）是社會壓迫和個人覺悟導致的身體症候，他們是政治問題，應當通過政治方式來解決，而不是通過醫學治療，狂人、阿Ｑ、祥林嫂在魯迅筆下是政治病人，而不是生理病人。」（葛紅兵、宋耕：《身體政治》，上海三聯書店2005年10月，第51頁）葛紅兵和宋耕從階級政治革命的思路上來理解魯迅創造文學典型形象的思想意義存在一個問

那些沒有個性的群體也同樣地包含著魯迅對不幸不爭之國民的憂憤。無論是《示眾》中那些充滿肢體細節的看客，還是《阿Q正傳》、《藥》中那些模糊不清的人群，這些國民身體無疑都是破敗國家、不幸時代的象徵。這些身體即使是茁壯的，在精神上也是愚昧的，他們無非是日本醫學學校課間休息時，愉悅日本學生的那些中國身體在空間上的複製轉移。醫學校的畫片充滿了身體的影像，魯迅的文字中閃閃爍爍的也是晦暗的身體，而這些身體的存在又是充滿役使這些身體的力量的存在。身體是國家實力、民族氣質、文化品格在畫面文字中的投影。在作為醫學校學生的魯迅的眼中，本應「看到」的是一塊塊肌肉、一件件臟器、一根根骨頭，然而這些血肉全部在這些身體中消失，只有健壯和麻木並存，並且構成了全部的形象和意義，國家、民族在其間魅影浮動。《狂人日記》裏，歷史書本中只有「吃人」兩個字，人的身體在歷史中被吃了，而吃者正是孕育歷史的傳統文化；在魯迅眼中，這就是全部文化歷史的真實：身體被侵吞和奴役。〔註9〕對「吃人」的揭露，創造了一個民族文化的寓言，魯迅揭露了「人」——身體——與文化之間的奴役與被奴役關係。「吃人」的吶喊與《藥》中的人血饅頭，所迸射出來的民族寓喻，是啟蒙者在身體上追問與審視的結果：吞噬身體的吃人文化必須被清除，咽下人血饅頭的身體必須被拯救出來。拯救的目的，是身體的自由，是使人能夠支配自己的身體，真正成為自覺的自由個體。在現在看來，新文化運動——從身體政治學上來講，可以認為是解放身體的運動〔註10〕——所倡導的信念必

題，那就是忽視魯迅在當時對國民性進行文化審視，「哀其不幸，怒其不爭」的精神工作特徵。魯迅批判國民性的目的，就是希望改變國民性，而不是改造肉軀。所以魯迅筆下的典型文學形象以其說是政治病人，不如說是文化病人。這些藝術形象反映的不僅是個體的生存問題，而且是國民的文化生存問題，所以至少在五四時期魯迅思想中所孕育的解決方法不是政治性的，而是文化性的。

〔註9〕 葛紅兵和宋耕認為有關於「吃人」的思想，是魯迅思想中最深刻的部分。「甚至魯迅對中國封建歷史的認識也來自於一個著名的身體隱喻『吃人』——這是魯迅思想中最深刻的部分。魯迅終其一生都在追求『立人』，概在於魯迅認為中國人都在病中。」（葛紅兵、宋耕：《身體政治》，上海三聯書店 2005 年 10 月，第 54 頁）

〔註10〕 從身體政治學上來理解五四是一個自由主義的時代，其原因就在於「這是由某種身體政治的『個人主義』意識決定的」。葛紅兵和宋耕認為五四時代最有分量的口號，是魯迅在小說《傷逝》中借主人公喊出來的話：「我是我自己的，他們誰也沒有干涉我的權利！」由這句口號，「我們來理解『五四『時代狂飆突進的個人主義運動，為什麼那麼多女性走出了家門？為什麼那麼多青年知

須佔據從傳統文化的役使中解放出來的身體，這是一場在身體這個場域進行的政治文化戰爭。解放身體的目的是使身體成爲新文化的載體。新文化運動的啓蒙者決不會讓身體游蕩於他們的文化干預力量之外，身體仍然是他們眼中可以進行重塑改造的對象，是他們的新文化的必然宿主。魯迅的「救救孩子」，是從舊文化手中救出身體，使身體擺脫奴役的鎖鏈，這個口號是從鴉片戰爭以來一代代啓蒙者與舊文化爭奪身體主導權的戰鬥號角的匯合。「孩子」，正如道家思想者老子所認爲的，是赤子，是空白的、文化空缺的場所，可以往裏面填充文化政治理念的軀體。救出這樣的身體的目的，是使孩子的身體成爲陳獨秀等人所高聲讚頌的承擔著國家民族希望的「新青年」。青年是希望之軀，是高度國家化政治化的身體。

謝有順深讚《金瓶梅》和《紅樓夢》這些古典小說在爲「中國歷史保存了一個個活生生的身體」上的偉大意義。〔註 11〕或許，我們也應該從這個角度來進一步地理解魯迅的小說在記錄中國近現代身體上的意義。和魯迅同樣關心著時代命運的知識分子，用他們各自的筆記錄下了那個時代的身體，這些身體不僅讓我們能瞭解當時的日常生活，而且能讓我們解讀出滲透在這些身體中的各種權力的隱喻。栩栩如生或模糊的身體形象與活動，隱藏著國家民族的命運。從這些身體，我們能看到記錄者的思想，也能看到國家、民族、時代的獨特狀況，看到使這些身體塑像得以雕琢出來的政治經濟文化力量激蕩澎湃的時代印記，看到啓蒙者改造這些身體的種種努力。

本章節花了不少的篇幅來分析魯迅有關於身體之思想的轉變。魯迅在青年求學時代從對肉軀（生理）身體的關注轉變爲對主宰身體的民族文化（國民性）的反思，這是在中國現代思想史上一個最具解剖精神的思想家的特殊

識分子從封建家族中脫胎而出？全因爲這身體政治上的個人主義宣言，這樣，『五四』個人主義的時代流風就非常容易理解了。我們爲什麼會說『五四』是一個自由主義的時代？這個隱秘就在這裡，這是由某種身體政治的『個人主義』意識決定的。如果一個人他自覺自己的身體權屬的背後只有『個人』，那麼在國家政治問題上，他就不可能不是一個自由主義者，他就不可能不把個人自由主義置於國家政治的核心，把它放在最優先的地位來加以考慮。」（葛紅兵、宋耕：《身體政治》，上海三聯書店 2005 年 10 月，第 68～69 頁）葛、宋的從身體解放的意義上來理解五四的自由主義特徵，是很新穎和富有啓發性的。

〔註11〕謝有順：《文學身體學》，汪安民主編《身體的文化政治學》，開封：河南大學出版社，2003 年，第 198 頁。

思想歷程。然而其思想歷程的個體特殊性，又具有相當的普遍性，魯迅在國民身體上的圍繞著肉軀與文化精神的徘徊，也是中國近現代史中那些啓蒙者共有的關於國民的多面審視的反映。實際上，從早期那些啓蒙思想家開始，對國民的關注，就在對「國民性」的反思之外，始終進行著對肉軀之身體的關注。

第二節　新民：國民改造與民族復興

　　魯迅的啓蒙價值在於引起了對文化精神之身體的深切關注和改造努力，而他的前輩啓蒙者像嚴復、梁啓超對身體的注視，不僅僅是開拓魯迅之國民性批判的源流，也有對肉軀之身體的改造與管理的嘗試。我們確實可以從身體生成的角度來認識新文化運動；而新文化運動之前的深受嚴復、梁啓超思想影響的軍國民運動，及由軍國民主義教育倡導下發展起來的軍國民體育，在近代身體史上更具有身體管理的特徵。黃金麟在對軍國民和新文化運動進行比較後說：

> 　　以軍國民和新文化運動的開展而言，這兩個活動都隱含了一個為國家作育人才，以人才解決國難的順序和目的存在。……唯一較為不同的是，新文化運動希望能以人的解放、個性的解放和身體的解放作為起始，來達到國家的最終獨立解放。而軍國民運動則是試圖透過國家生存能力的集體優先培養，來達到個體能力的抒發和對立。為了達到這個目的，身體的機械化發展和精神意識的一致培養成為後者的主要工作。這個人在前，國家在後，或者國家在前、個人在後的發展順序，是新文化與軍國民運動在面對身體的存在時，具有的主要差別。〔註12〕

　　身體並不是從一開始就與國家興衰、民族存亡聯繫在一起的。兩者聯繫的產生，需要各種條件的共同作用。中西接觸打破了傳統社會的平穩結構，鴉片戰爭後，中國在西方的壓力下，進入了頹厄的發展進程，中國在政治經濟和軍事上的失敗，是導致身體成為朝野人士關注點的重要時勢背景。「作為回應鴉片戰爭而產生的自強運動，和作為回應甲午戰爭失敗而產生的維新運

〔註12〕黃金麟：《歷史身體國家：近代中國的身體形成（1895～1937）》，臺北：連經出版事業公司，2001年，第68頁。

動，都清楚刻畫了帝國主義入侵對中國造成的政治、經濟、軍事和心理衝擊。特別是甲午戰爭的落敗，與東北、山東的相繼淪陷為俄國與德國的勢力範圍，更是令許多朝野人士和知識分子體悟到人的改造對國家生存的影響。這股因緣著戰敗和亡國情緒而來的焦慮，不但使國權這個概念在中國獲得前所未有的重視，同時也開展出一系列有關身體改造的運動來。女學的提倡、纏足的禁絕、尚武精神的講究、學制的更張和各種學會在甲午戰後的陸續出現，無非就是希望通過一些至終關乎身體改造的活動，來達到振衰起弊的效果。這種希望將主權、政府和領土的完整建立在人民身體開發上的努力，正是所謂『開民智、鼓民力、新民德』的基礎思想所在……身體開始成為國家和各種知識議論試圖直接干預的對象。」〔註13〕

　　早期的啓蒙思想家，對國家民族命運的擔憂，往往是和對國民之身體狀況的關注聯繫在一起的。在他們的思想邏輯裏，身體承載著現有國家民族之卑弱狀況的信息，也寄託著國家民族的興衰命運。因此，對國民身體的境況進行干預和如何干預，就成了嚴肅的問題。最早將西方德智體三育並重的教育觀念引入中國〔註14〕的嚴復在其著名的論文《原強》中，提出了「鼓民力、開民智、新民德」的主張。嚴復將「鼓民力」放在開民智、新民德之前，可見在他的思想中，增強國民身體的特殊重要性。嚴復在《原強》裏同樣把國家喻為身體，用生理身體的強弱來類比國家的強弱命運：「蓋一國之事，同於人身。今夫人身，逸則弱，勞則強者，固常理也。然使病夫焉，日從事於超距贏越之間，以是求強，則有速其死也。今之中國，非猶是病夫耶？」〔註15〕病夫狀的國家，緣於病夫狀的國民。嚴復認為，國民「民力已荼，民智已卑，民德已薄」，即使有「富強之政」，也不可能推行。所以，當下最緊迫的任務是「一曰鼓民力，二曰開民智，三曰新民德。」〔註16〕這三個是治本的關鍵，

〔註13〕黃金麟：《歷史身體國家：近代中國的身體形成（1895～1937）》，臺北：連經出版事業公司，2001年，第42頁。

〔註14〕「嚴復在《原強》中，把斯賓塞的『Physical educayation』（體育）轉譯成『力』或『體力』，從而將自孔子以來遭受鄙棄的『力』提高到與『開民智』、『新民』同等的地位，這也是中國關於『德智體』全面發展的第一次理論概括。」（張永新：《簡論嚴復「鼓民力、開民智、新民德」的教育觀》，《教育評論》1997年第1期）

〔註15〕嚴復《原強》，轉引自成都體育學院體育史研究所：《中國近代體育史資料》，成都：四川教育出版社，1988年7月，第357頁。

〔註16〕嚴復《原強》，轉引自成都體育學院體育史研究所：《中國近代體育史資料》，

「夫爲一弱於群強之間，政之所施。固常有標本緩急之可論。惟是使三者誠進，則其治標而標立；三者不進，則其標雖治，終亦無功。此舍本言標者之所以爲無當也。」針對爲何要鼓民力，嚴復說：「今者論一國富強之效，而以其民之手足體力爲基。……古今器用雖異，而有待於驍猛堅毅之氣則同。」〔註17〕嚴復認爲國民的身體是否驍猛堅毅，是國家能否富強的基礎，這是對身體之政治價值的高度定位。對鼓民力的重視，基於嚴復對國民之健康狀況與國家之關係的認識；也正是對國家命運的強烈關懷，決定了他「鼓民力」的改造身體的主張。所謂「鼓民力」，實際上就是要讓民眾有「狀佼長大」的強健體魄和「驍猛堅毅」的尚武冒險精神，在教育上，就是要普及衛生知識，革新禮俗積弊，嚴禁吸食鴉片和女子纏足，從而提高國民體質。嚴復關於「力」的發現，表明了「體育」的發現，這一思想也是 20 世紀初期軍國民教育思潮的淵源之一。蔡鍔曾在《軍國民篇》中深有感觸地說：「嚴子之《原強》，於國民德育、智育、體育三者之中，尤注重體育一端，當時讀之，不過謂爲新議奇章。及進而洋窺宇內大勢，靜究世界各國盛長強弱之由，身歷其文明之地，而後知嚴子之眼光之異於常人，而獨得歐美列強之國之大本也。」〔註18〕嚴復對身體的重視，及因此而形成的體育教育思想，成爲他改造國民性思想的一個組成部分，是近代身體生成過程中的一個思想源頭。

近代啓蒙者中另一位重要人物是梁啓超，他「以敏銳的洞察力在總結戊戌變法失敗的原因及對比中西文化巨大差異的基礎上，對傳統文化深層結構進行反思，提出了改造國民性的時代課題。」〔註19〕他對中國的國家「疾病」同樣進行了診斷，並開除了自己的藥方。受嚴復所引入的西方進化論和社會有機體論的影響，梁啓超也認爲，如同生物有機體的性質、強弱取決於細胞的屬性一樣，一個國家、民族的強弱盛衰取決於社會全體成員基本素質的高下優劣。〔註20〕在《中國積弱溯源論》中，梁啓超對中國進行了病理學的診斷，斷言中國人全體之「腐敗惡劣」乃是中國「積弱之最大根源」，是中國

　　　　成都：四川教育出版社，1988 年 7 月，第 358 頁。
〔註17〕嚴復《原強》，轉引自成都體育學院體育史研究所：《中國近代體育史資料》，
　　　　成都：四川教育出版社，1988 年 7 月，第 358 頁。
〔註18〕蔡鍔：《軍國民篇》，《新民叢報》第一號，光緒二十八年元月一日。
〔註19〕周建超：《梁啓超與〈新民說〉》，《江蘇社會科學》1997 年第 4 期。
〔註20〕周建超：《梁啓超與〈新民說〉》，《江蘇社會科學》1997 年第 4 期。

「病源之源」。〔註21〕因此，必須「新民」。在《新民叢報》創刊號上，梁啓超自號「中國之新民」，之所以要取新民，是因為「欲維新吾國，當先維新吾民」〔註22〕。這是梁啓超在國民個人與國家民族之關係進行思考的結果。從 1902 年開始，梁啓超在《新民叢報》上連載了 10 萬餘字的《新民說》，全面剖析了封建文化所造成之中國人國民性的種種弊端及其根源，闡述了「新民」的必要性以及「新民」的理想模式和實現途徑。梁啓超開創了第一個系統的改造國民性的理論，即新民理論。〔註23〕在《新民說》中，梁啓超以「尚武」的言說方式，表達了和嚴復一樣的對「民力」——即國民身體之素質——的關注。「尚武」是新民的一種素質，決定了一個國家民族在競爭的世界舞臺能否生存。梁啓超說：「尚武者，國民之元氣，國家所恃以成立，而文明所賴以維持者也。……立國者，苟無尚武之國民，鐵血之主義，則雖有文明，雖有智識，雖有民眾，雖有廣土，必無以自立於競爭劇烈之舞臺。」〔註24〕梁啓超舉斯巴達、德意志、俄羅斯、日本為例，認為這些國家正是國民具有尚武精神，所以能夠各霸一方一時。而「中國以文弱聞於天下，柔懦之病，深入膏肓，乃至強悍生成馳突無前之蠻族，及其同化於我，亦且傳染此病。筋馳力脆，盡失其強悍之本性。」「我以病夫聞於世界，手足癱瘓，已盡失防護之機能。東西諸國莫不磨刀霍霍，內向而魚肉我矣。我不速拔文弱之惡根，一雪不武之積恥，二十世紀競爭之場，寧復有支那人種立足之地哉？」〔註25〕基於這種認識，梁啓超大倡中國國民尚武素質的提高。要養成必要的尚武，則需要從「心力」「膽力」「體力」三方面努力。在「體力」這一方面，梁啓超批評了中國人身體的病夫性，指出了國民身體是否尚武強健對國家、民族的存亡的重要意義。

> 體魄者，與精神有切密之關係者也。有健康強固之體魄，然後有堅忍不屈之精神。是以古之偉人，其能負荷艱巨，開拓世界者，皆負絕人之異質，耐非常之艱苦。……

〔註21〕梁啓超：《中國積弱溯源論》（1901 年），《飲冰室合集·文集之六》。
〔註22〕「本刊告白」，《新民叢報》第一號，光緒二十八年元月一日。
〔註23〕周建超：《梁啓超與〈新民說〉》，《江蘇社會科學》1997 年第 4 期。
〔註24〕梁啓超：《新民說十九：第十七節·論尚武》，《新民叢報》第二十八號，光緒二十九年二月廿九日。
〔註25〕梁啓超：《新民說十九：第十七節·論尚武》，《新民叢報》第二十八號，光緒二十九年二月廿九日。

中人不講衛生，婚期太早，以是傳種，種以孱弱，及其就傳之後，終日伏案，閉置一室，絕無運動，耗目力而昏眊，未黃者而駘背，且復習爲嬌惰，絕無自營自活之風。衣食舉動，一切需人以文弱爲美稱，以羸怯爲嬌貴。翩翩少年，弱不禁風，名曰丈夫，弱於少女。弱冠之後，則又纏綿於床底，以耗其精力，吸食鴉片，以戕其身體。鬼躁鬼幽，踥步欹跌，血不華色，面有死容，病體奄奄，氣息才屬。合四萬萬人，而不能一完備之體格。嗚呼！其人皆爲病夫，其國安得不爲病國也。……嗚呼！生存競爭，優勝劣敗，吾望吾國同胞練其筋骨，習於勇力，無奄然頹憊以坐廢也。嗚呼！今日之世界，固所謂『武裝和平』之世界也。列強會議，曰言弭兵，然左訂媾和修好之條約，右修擴軍備戰之議案。蓋強權之世，惟能戰者乃能和。……今日群盜入室，白刃環門，我不易其文弱之舊習，奮其勇力，以固其國防，則立羸羊於群虎之間，更何術以免其吞噬也。嗚呼！甲午以來，一敗再敗，形見勢絀，外人咸以無戰鬥力輕我矣。……柔脆無骨之人，豈能一日立於天演之界。我國民縱闕於文明之知識，奈何並野蠻之武力而亦同此消乏也。〔註26〕

梁啓超的新民理論，系統地提出了將傳統的中國人改造爲近現代的中國人的方案，揭開了道德觀、價值觀和人的現代化深刻變革的序幕。〔註27〕然而「新民」是爲了「新國」。梁啓超是把國民改造的問題，置於國家之改造這樣更宏大的政治目標下的。暨愛民認爲梁啓超的「新民」與「新國」是其民族主義的內在構成的集中表現。「梁啓超對國民素質的高下與民族國家強衰的內在邏輯關聯的認識，更反映了他在近代的歷史景觀下對民族主義的深刻理解。」〔註28〕正是對國民民族之存亡的優先考慮，決定了「新民」的目標是爲了「新國」，決定了新民理論中改造國民素質的設想所蘊藏的民族國家的深遠目的。尚武作爲新民的一個素質，是爲了使國民「一易文弱之舊習，奮其勇力以固其國防」，它包含著對心力膽力和體力的三種要求，其中心力膽力是

〔註26〕梁啓超：《新民說十九：第十七節‧論尚武》，《新民叢報》第二十八號，光緒二十九年二月廿九日。

〔註27〕劉長林：《論〈新民說〉對近現代人格的初步建構》，《學術界》1998 年第 4 期。

〔註28〕暨愛民：《「新民」與「新國」：關於梁啓超民族主義的內涵》，《吉首大學學報（社會科學版）》第 24 卷第 4 期，2003 年 12 月。

精神氣質方面的，而體力則是針對肉軀生理身體的。在新民理論中，對「身體」的關注，對強健體魄的呼求，是爲了救濟國家民族之危境，國家民族的政治需求決定了對國民身體的反思和對「尙武」身體的設計。「民」與「國」的關係，在身體的批判與設計中，成爲身體與國家的互惠關係。梁啓超在《新民說》裏批判現時代中國人的國民性，設計符合新國家之國民的國民性。他也嘗試在歷史中尋找有助於構建新國民的歷史資源。對新民尙武的期望，促使流亡日本期間親身體會日本之尙武氛圍的梁啓超，尋找可以喚醒中國人尙武精神的「武士道」。在《中國之武士道》自序中，梁啓超自述其寫作的緣由：「泰西日本人常言中國之歷史，不武之歷史也，中國之民族，不武之民族也。嗚呼，吾恥其言，憤其言，吾未能卒服也。……中國民族之武其最初之天性也，中國民族之不武，則第二之天性也。……今者愛國之士，莫不知獎勵尙武精神之爲急務……吾故今集我祖宗經歷之事實，貽最名譽之模範於我子孫者，敍述始末，而加以評論，取日本輸入通行之名詞曰：中國之武士道。以補精神教育之一缺點云爾。嗚呼，我同胞興！興！興！……」〔註 29〕作爲一個人文學者，梁啓超在改造國民性問題上，更多的著力點是在國民精神氣質、道德素質等文化層面，即使是對尙武的呼求，他也更多地在精神上對國民應具備的氣質提出要求。雖然缺乏更多的具體的生理身體的設計，但是和嚴復一樣，他的改造國民的思想，已經爲軍國民運動提供了強大的思想理論支持。

　　費約翰說：「圍繞著中國人的體質，殖民主義人種學和民族主義反思之間進行了一個世紀的對話，歐洲的種族主義的影響在對話中逐漸增強，這要歸功於一個新的種族敏感，後者急於爲自身的『困境』找到一條出路。」〔註30〕在近代歷史中，有關改造國民身體的論述，是在東西方對撞的歷史大背景中展開的。嚴復、梁啓超，還有康有爲、譚嗣同等等一批思想先進人士，都不同程度地對國民的身體、國民的康健問題表示自己的關注，並且設計出改造方案。以軍國民主義爲代表的各種思想，事實上都是以強種救國作爲目的的身體議論。「這種朝野同聲一氣，試圖以改造身體作爲改造國家前途的

〔註 29〕　梁啓超：《中國之武士道》（高等小學及中學教科），上海廣智書局出版，宣統三年四月廿二日版。

〔註 30〕　〔美〕費約翰：《喚醒中國：國民革命中的政治、文化與階級》，北京：生活・讀書・新知三聯書店 2004，第 155 頁。

基礎作業的情勢，使身體在十九世紀末和二十世紀初受到嚴肅的凝視。各種針對如何強身、強種、去除文弱體質的知識議論和制度設計，如雨後春筍般出現在中國的知識論領域裏。」〔註31〕嚴復呼籲鼓民力、開民智、新民德，梁啓超力主新民說，蔡鍔和蔣百里等人倡議軍國民運動，這些都是在危局形勢下出現的身體改造設計。「這種以國家和民族的存在為身體發展的主要甚或是唯一的取向，使近代中國的身體呈現出一個明顯的單向度發展趨向。」〔註32〕

　　魯迅對病弱身體的療救欲望最終轉向對國民性的精神文化救治，嚴復、梁啓超，這兩位更早的國民性問題關注者，在新民理想上的對「民力」「尚武」的追求，最終影響了軍國民教育這一極度強調身體（氣質上的尚武，形態上的強健）之型塑的改造運動。精英份子不管是否堅持一慣的身體審視，在改造國民的方案上是否注意肉軀身體的塑造，他們的思想集中地反映了當時社會的身體思考和憂慮。人種、身體的「病弱」與民族國家之衰弱的現實狀況關係的反思，始終是病國病民時代的主題。那些啓蒙思想家，最終把救民救國的努力方向，集中在了精神文化之國民性的啓蒙。然而仍然有相當多的人，繼續關注著中國人身體的健康狀況與民族國家命運的關係。對身體的關注，摻雜在對人種、民族氣質等問題的關注中，並且與民族國家的盛衰、復興的問題聯繫在了一起。

　　在與殖民者不平衡交往中，由於國家政治經濟軍事實力的脆弱造成的挫折感，引起了中國人對民族、人種質量的強烈自卑和懷疑。對身體的審視與改造設計，必然成為這一嚴肅思想工作的內容之一。像前面嚴復梁啓超所開創和代表的、立足於國民性改造的「新民」建設，就包含著對國民生理身體的關注與改造設計。對國民身體健康的關注，也蘊藏在關於人種、種族盛衰問題的思考中。

　　馮客對近代中國種族觀念的研究，實際上已經部分地揭示了歷史中的身體政治。雖然馮客在其著作《近代中國之種族觀念》的前言自序中為「種族」這個關鍵詞進行解釋認為：「『種族』是一種與客觀事實無關的文化構造。」

〔註31〕黃金麟：《歷史身體國家：近代中國的身體形成（1895～1937）》，臺北：聯經
　　　　出版事業公司，2001年，第51頁。
〔註32〕黃金麟：《歷史身體國家：近代中國的身體形成（1895～1937）》，臺北：聯經
　　　　出版事業公司，2001年，第51頁。

〔註33〕但是至少通過他對中國古代至近代的「種族」觀念的研究可以看到，種族意識的形成，相當程度上是建立在對生理身體之差異的認識基礎上的。生理身體在表象上的不同，再加上部分的想像臆造，形成了文化上的種族觀念。這在馮客著作中關於中西方開始接觸到 1895 年這一時段，中國對西方人進行類型化種族界定的研究中，就能看出來。中國對西方人進行種族界定，其主要依據仍然是西方人體貌特徵的種種描述與想像；素未謀面的西方人進入中國，毛髮、鬍子、眼睛等等「客觀事實」的「身體」展示提供給中國人最直觀的認識素材。因此，雖然這些可能是片斷的、零碎的「客觀事實」——身體形象，然而它們對中國形成有關於西方人的類型化種族觀念的作用確卻是決定性的。種族觀念顯然不是簡單的文化想像猜測，它是建立在捕捉身體之生理差異這一客觀事實基礎上的過度文化構造。身體上的差異，不僅使「角色的預期合法化」，而且也成為參與構造文化差異的積極因素。只有把身體生理這樣的客觀條件，看成是形成種族、文化認識之差異的積極因素，我們才能理解為何在中國，不管是在精英文化還是民眾文化，「東亞病

〔註33〕馮客在其「前言」中這樣解釋「種族」：「『種族』是一種與客觀事實無關的文化構造。類型變化如髮質結構或皮膚顏色被社會群體主觀地看待並加以文化上的構造：其中一些人可能會關注皮膚的顏色，而另一部分人則關心眼睛的顏色。這些生理上的差異自身並不引致文化的差異，而是用來使角色的預期合法化：生理特徵被賦予了社會的意義。基於生理現象所作的區分併沒有科學的依據。種族並不存在，它們是被虛構出來的。種族範疇的所指隨著社會文化還環境的變化而變化。種族作為一個識別性的構造，隨著集團運作於其中的符號世界的變化而發展。符號世界中的變更將導致識別性構造的更迭。出於這種看法，一部種族觀的歷史只能採用一種維名論的方式：它描述『種族如何來界定的，以及這些界定的歷史變化。如果不是因為具體操作和文本上的障礙，『種族』這一詞應該始終被括在引號之內。我用『種族』（race，漢語中的族、種、民族、種族、人種）一詞翻譯，與其說是強調不同民族的生理方面，毋寧說是強調它們的社會文化方面。」（馮客：《近代中國之種族觀念·前言》，南京：江蘇人民出版社，1999 年，第 2 頁）

而關於「符號世界」，馮客界定：「（符號世界）就是一套信仰的系統，它整合不同範圍的意義，並在一個符號的整體中涵括制度化的秩序。它可以被看作一個集合的虛幻系統，這一系統賦予社會的結構和價值以合法性；它向人們提供無所不包的參考架構，用以規定現實，並給生活賦予意義。」（馮客：《近代中國之種族觀念》，南京江蘇人民出版社，1999 年，第 31 頁）

馮客把種族作為一種文化構造、文化觀念，強調其在文化的「符號世界」中的生成與演變。因此其研究近代中國的種族觀念，目的是要理出在政治文化不斷變遷的近代歷史中的種族觀念史的動態過程，以及在這一動態歷史過程中，不同的政治文化（符號世界）中的不同類型的種族觀念。

夫」這個包含身體之審視而構造出來的身體觀念，會和民族國家、文化政治的命運有如此緊密的聯繫，因而也是一個沉重的種族、國家、文化觀念。才能理解爲何身體的狀況、人種、種族，被賦予了那麼多的與民族國家有關的政治文化意義。才能理解爲何那些圍繞身體與國家民族命運的言論，最終又都會在身體的改造與訓練上孜孜以求。馮客自言其研究是對精英文化的研究，他展示了精英思想中有關於中國近代種族觀念的變遷脈絡。這有助於我們去瞭解中國近現代史中，各個時期(用馮客的話說就是不同的「符號世界」)種族觀念在精英份子中的形態〔註34〕和政治文化意義。種族觀念中包含著種族改造、人種改造欲望，馮客的研究已經爲我們提供了瞭解的線索。

實際上馮客更多地是去仔細辨析不同時期、不同符號世界中的種族觀念形態，至於那些種族改造復興言論，不在他的研究計劃中。如果我們從身體這個角度來理解，那麼我們能看到馮客所剖析的種族觀念，在歷史上其形成大量地依靠對身體的記錄、評價、定型。因此，實際上可以這樣說，種族觀念很大程度上是關於身體的政治文化觀念。種族觀念是有關於身體、精神氣質的文化構造，這種構造不僅僅是「生成」(種族這個概念如何獲得意義)，而且也包含著特定的「符號世界」中的種族改造、優化的欲求。

種族的觀念出現，是在中西對話的歷史過程中出現的。「與外部集團的熟悉導致了內部集團之宇宙論地位的日益相對化，並使內部集團的同一性越來越具體。」〔註35〕種族觀念形成於面對他者時，對他者和自我的一種確認。馮客根據對中國種族觀念的研究認爲，中國的種族意識「首先出現在那些與外集團有著大量接觸的人中間。特別是廣東地區和沿海區域通常最先產生出種族一致感，這種一致感逐漸傳播到整個國家。知識分子直接面對外國人，對於種族意識的激活也至關重要。」〔註36〕在中國與「外集團」(西方)的接觸中，由於在政治經濟文化姿態上的不平等，中國人對自己的「一致感」其實包含著屈辱自卑感。「東亞病夫」的出現就是這種自卑的「一致感」的表現。

〔註34〕馮客對種族觀念史進行了仔細的劃分，爲：作爲文化的種族(歷史背景)；作爲類型的種族(1793～1895)；作爲宗族的種族(1895～1903)；作爲民族的種族(1903～1915)；作爲種類的種族(1915～1949)；作爲種子的種族(1915～1949)；作爲階級的種族(1949～？)

〔註35〕馮客：《近代中國之種族觀念・前言》，南京：江蘇人民出版社，1999年，第53頁。

〔註36〕馮客：《近代中國之種族觀念・前言》，南京：江蘇人民出版社，1999年，第56頁。

伴隨屈辱感而來的是亡國滅種的憂慮：

> 汝亦知今日中國之人種強健乎？抑衰弱乎？此不難於諸君之
> 儕輩中一考察之。身軀魁梧，精神煥發，腦筋充強者，能有幾人。
> 我固知其寥寥無幾也。試立於通衢大道之旁。而再考察之，則舉目
> 所見之男女大都面黃肌瘦，骨細如柴，或者煙容滿面，或者酒氣熏
> 人，魁梧英偉而挺胸凸肚者，實不多。觀此無他，人種衰弱。實業
> 既如是不振，國勢亦因之而日替，吾故曰人種衰弱即國家將亡之徵
> 兆也。〔註37〕

種族危機意識正在成為一種普遍的情緒，《申報》上的這篇「國民常識」
文章，顯然就是「精英份子」在喚醒、激活民眾的種族意識。「19 世紀末，種
族滅絕是一種許多感受到西方威脅的中國人共有的真實關切。」〔註38〕其實
應該這樣說，從 19 世紀末開始，種族滅絕，和與之相對應的民族國家危機
感，一直是中國人共有的真實關切。（這種關切在像日本侵華這樣的民族衝突
中，表現得尤其強烈。）1934 年陳立夫、蔡元培、于右任發起組織了民族改
造社，其發起的背景仍然是「東亞病夫」這樣的種族屈辱情緒和危機感，及
由此催生的改造欲望。〔註39〕改造社持「研究民族的病態，而謀改造的方針」。
在其成立「宣言中，指出我國民族的生理狀態，為一百病叢生的集團。諸如
駝背聳肩，神虛影弱，態多病態畸形，貌則愁眉苦色，行動迂緩，工作不緊
張，槁木死灰，龍鍾老態，男子乏鬚眉的氣概，女子尚愁病的容態。舉國上
下，不論智賢、不肖，無不暮氣沉沉，氣息奄奄。其餘如行為的病態，則為
虎頭蛇尾，熱度五分，敷衍，虛偽，團結漫似散沙，眼光大如沙豆。」〔註40〕
這樣的民族病態，和前面所引的「國民常識」裏面關於人種衰弱的內容一樣，
其實就是具象的國民身體病態。或者我們可以這樣說：「國民身體的衰弱，是

〔註37〕《人種衰弱即國家之危機》，《申報・國民常識》中華民國十年一月二十一日，
第十六版。

〔註38〕馮客：《近代中國之種族觀念・前言》，南京江蘇人民出版社，1999 年，第 71
頁。

〔註39〕「我國民族素有東亞病夫之稱，這是一個莫大的恥辱！今番陳立夫蔡元培于
右任諸先生，鑒於中國整個民族生理和行為的委靡衰頹，為欲復興民族，特
發起組織一個民族改造社，以研究民族的病態，而謀改造的方針。」（行安：
《復興民族與民族改造》，《申報》中華民國二十三年七月二日，增刊第一版）

〔註40〕行安：《復興民族與民族改造》，《申報》中華民國二十四年七月二日，增刊第
一版。

民族（種族、人種）衰弱的具體症狀。」因此，改造國民，尤其是改造國民的身體狀況，天然地被認為是強種以復興民族、改造民族、強健國家的一個重要手段：「要強國必先強種，沒有強健的民族，要希望有興盛的國家，這無異是癡人的妄想。我國整個民族的萎靡衰頹，已是一個無可諱言的現象。救濟之策，自必以改造民族入手，從各方面，全國一致努力，務使我四萬萬民族，達到智體均衡發展的地步而後矣。」〔註41〕

種族觀念是一種與身體事實有關的文化構造，種族改造也必然地是包含身體改造計劃的強國、復興民族計劃。在「國民常識」《人種衰弱即國家之危機》中，作者介紹了歐美之所以強盛的「身體原因」：「……歐美各國實業之所以發達，國勢之所以隆盛，實有極顯著之原因在焉。蓋歐西各國之國民，人人能講求體育，修養其軀體，而為健全有用之國民。故一入其國門，舉目所見之人民，莫不身體魁梧，精神奮發，腦力充強。因其身軀之魁梧而後能忍勞耐苦，因其精神奮發而後能勇往直前，因其腦力之充強而後能苦心研究，凡百事業，由是而底於成。國勢之隆盛，亦基於斯也。」〔註42〕因此要使中國強盛，必須在身體上使中國人種擺脫衰弱的境地，必須提倡體育這種強身運動：「欲興中國，當自修養個人之體育始。誠哉斯言。蓋國以民為本，民強則國強，此一亙古不易之理也。設國民而能人人修養體育，發達其身心，充實其腦筋，則凡百事業，注吾心思腦力以治之，不患不成。國勢之隆盛，亦指日可待矣。然此日吾國之國民，尚在醉生夢死之中也。閱者諸君乎，汝亦自知今日中國之國民，其正修養體育乎？抑正斫喪元氣乎？欲挽救今日中國人種衰弱則以提倡體育為目前不容緩之急務。」〔註43〕而在為1935年陳立夫等人成立的民族改造社而寫的《復興民族與民族改造》中，「體格改造」和「民族精神改造」，被認為是改造民族、強種強國的必要方法：

> 然今日而言復興民族，改造民族，雖然迫切，但改造民族的工作，則甚艱困。蓋我國民族的萎靡衰頹，由來已久，要加改造，自非一朝一夕所能為力。必須舉國上下，用全力以赴之，才可以希望

〔註41〕 行安：《復興民族與民族改造》，《申報》中華民國二十四年七月二日，增刊第一版。

〔註42〕 《人種衰弱即國家之危機》，《申報·國民常識》中華民國十年一月二十一日，第十六版。

〔註43〕 《人種衰弱即國家之危機》，《申報·國民常識》中華民國十年一月二十一日，第十六版。

其成功。以我個人的意見，改造民族，應該從兩個方面下手。一方面是民族精神的改造，把我國民族消極的，腐敗的，守舊的，迷信的，怯弱的，自私的，狹隘的，退步的精神，改造爲積極的，清新的，趨時的，科學的，勇敢的，寬大的，進取的精神……

　　還有一個方面便是體格的改造，我國民族體格的衰弱，也和精神頹敗一樣，幾爲不可救藥，眞是一百病叢生的集團。這種民族體格若不早圖改造，即將來天不滅我，我亦自滅！且健全的精神，寓於健全的體格。體格不改造，要望精神的健全，實不可能。故改造體格，比改造精神，更爲重要。然體格怎樣改造呢？最要的是提倡體育，我們要使全國人民，無論男女老幼，農工商士兵，每個人都能實行有益的運動，以鍛鍊自己的體格，爲一個體格健壯的國民。其次對於配偶的選擇，子女的生育，亦應緊切研究。至如日常的起居飲食，衛生疾病等又不可不加以充分的注意。〔註44〕

　　1933 年，陳大白《民族中興運動下之民族健康問題》一文，同樣在民族健康與民族興盛相關聯的認識下，把民族中興問題轉化民族健康的問題，再通過民眾個體身體，把民族健康轉化爲如何使民眾個體身體健康的問題。陳大白在文章引言中指出民族健康的必要性：「在國難日亟、民族中興運動發展的現在，我們假使要抗敵禦侮，守土自衛，使民族中興運動得著健全的發展，民族中興精神光輝起來，最要緊的事業就是要充實民族實力和改善民族本質。」〔註45〕至於民族實力怎樣才得充實，民族本質怎樣才能健全，陳大白認爲毫無疑義的是要注重民族健康的問題。陳大白解釋何爲民族健康：「所謂民族健康是個人健康生活之總合，由個人健康生活之總合而成集團之民族健康。」〔註46〕這就把民族健康的問題轉化爲國民個體的健康問題了。民族健康的涵義具體表現爲國民個體健康，其內容包括質和量兩個方面。所謂量就是指「民族實力」的，而質則是指「民族本質」的。

　　在量的方面要注重衛生，藉著預防醫學與公共衛生的效能，以

〔註44〕 行安：《復興民族與民族改造》，《申報》中華民國二十四年七月二日，增刊第一版。

〔註45〕 陳大白：《民族中興運動下之民族健康問題》，江蘇省立教育學院研究實驗室《教育與民眾》第四卷第五期，中華民國二十二年一月。

〔註46〕 陳大白：《民族中興運動下之民族健康問題》，江蘇省立教育學院研究實驗室《教育與民眾》第四卷第五期，中華民國二十二年一月。

防止人口之減退，助長人口之增值，使民族力量膨大擴張，擠於世界民族之平等地位；在質的方面，是改善民族本質，鍛鍊民族精神，及剷除危害民族之毒害。改善民族本質是民族健康之基本工作，根據優生的法則，淘汰心身之低能者，而保存優良種子，使民族質地優秀而健能。其次，有了優秀的民族本質，應該加以嚴格訓練，強壯民族體格，充實民族實力，使民族精神發揚光大起來。」〔註47〕

可以看到，陳大白的質和量關注，實際上都是從優生學角度來設計的，就是要如何在生育這個源頭上，用「優良種子」實現民族整體優化。〔註48〕通過優生獲得優秀的民族本質後，仍然要用訓練的手段，強壯身體和發揚精神。具體的身體健康之鍛鍊，陳大白又論述到：

關於民族健康的鍛鍊，可以分為個人健康和團體健康兩方面。個人健康之鍛鍊，是要提倡中國固有之國術，因為國術可以鍛鍊精神了，強健體格，際此民族中興之時，實為救時良藥。……

其次，關於團體方面，是要民眾自衛。在民眾本身方面來說，是要鍛鍊刻苦、耐勞之習慣，強健偉壯之體魄，以增進民族之質的健康；就團體方面來說是要訓練服從團結之精神，……喚醒民眾意識，努力於民族中興運動。……〔註49〕

對民族健康和國民身體健康的追求一直持續著。一直到20世紀三四十年代，在淪陷區上海，仍然出現「令人費解」的健美運動〔註50〕，以趙竹光為

〔註47〕陳大白：《民族中興運動下之民族健康問題》，江蘇省立教育學院研究實驗室《教育與民眾》第四卷第五期，中華民國二十二年一月。

〔註48〕有關於優生學在現代中國思想界的存在的研究，可以參見馮客的《近代中國之種族觀念》第六章「作為種子的種族（1915～1949）」。優生學同樣是在種族滅絕的恐懼中存在的，它是中國「自我」對外部種族集團的差異的關注，轉移到對「自我」種族內部差異進行關注的結果。優生學使種族內部的一部分被視為「優秀」，而另一部分被視為不合格甚至是「劣等」的。「優生學在有教養的階級中的盛行，既反映了對民族復興的關切，也反映了對集團一致性的尋求。」（馮客：《近代中國之種族觀念》，南京：江蘇人民出版社，1999年，第171頁）

〔註49〕陳大白：《民族中興運動下之民族健康問題》，江蘇省立教育學院研究實驗室《教育與民眾》第四卷第五期，中華民國二十二年一月。

〔註50〕朱萍華在研究近代體育報刊之情況時認為抗戰時期的一個令人費解的現象就是「儘管全國戰火紛飛，但卻相繼有一些鼓吹健美身體的雜誌問世。如：香港的《健與力》（1938）、《健與美》（1941），上海的《健力美》（1941）、《現代體育》（1942）等。」（朱萍華：《中國近代體育報刊考》，《中國體育科技》

代表的一批健美人士，創辦健身學院，發行健美雜誌，並在健康身體的追求
上指向民族主義的目標：

　　　　寄語體育同志：民族復興，乃我輩青年之責任，願一致忠誠毅

　　勇，積極爲體育事業奮鬥，建立「健與力」之新中華民國。〔註51〕

　　趙竹光創辦上海健身學院，並且主編《健力美》，健美運動成爲一時風尚。
健美的提倡，仍然延續著身體鍛鍊改造與民族國家前途之關係的政治思考。
他在《體格鍛鍊與民族前途》中，表示對青年身體的憂慮：「就民族健康的立
場上說，筆者很有點爲中華民族的前途憂。不論在馬路上，或公共場所裏，
我們所見的青年，不是面黃肌瘦，便是駝背彎腰。而從筆者年來所接到無數
的來信中都是問及關於神經衰弱，及夢遺的補救法。而其實手淫夢遺，神經
衰弱，失眠，這一連串的毛病，都是循循相因的。」補救的唯一辦法就是「先
養成體格鍛鍊的風氣」，「假如不急起直追，強行體格鍛鍊，唯有自取滅亡而
已！」〔註52〕爲此，趙竹光設計了提倡體格鍛鍊的計劃，分別從學校、社會、
政府角度實行與體格健康有關的政策。

　　不管是嚴復、梁啓超所開啓的新民改造國民計劃，還是與政治民族主義
人種學有關的改造人種、復興民族建議，都包含著嚴肅的身體關注和身體改
造設計。國民身體之狀況與人種、民族國家的關係，被不斷的強調，「國民身
體→人種（種族）→民族國家」這三者的邏輯關係，使得身體在近代史中始
終處於被特殊照顧的地位。如「東亞病夫」所蘊藏的寓意一樣，（國民的）身
體被定型化——以零碎的材料和大量的文化想像構造出來，並且被認爲顯示

1998 年 10 月，第 34 卷第 10 期）筆者在撰寫論文也查閱了這些雜誌，確實也
感到在日本統治下，出現這些健美運動後，在公開出版的健美雜誌中，大量
的身體鍛鍊言論夾雜了嚴肅的國家命運關注，是一個很奇怪的現象。這種令
人費解的健美現象，或許是淪陷區一個很值得研究的問題。

〔註51〕鄧緝熙：《體育革命之先鋒——廣東省立體育專科學校》，《健與力》第一卷
　　　第五號，中華民國二十八年五月。

〔註52〕趙竹光：《體格鍛鍊與民族前途》，上海健身學院《健力美》第三卷第五期，
　　　中華民國三十六年四月。趙竹光設計提倡體格鍛鍊的步驟如下：「（一）關於
　　　學校方面——列體格鍛鍊爲必修科，聘請專家指導，並列下一定的體度與體
　　　力標準，不合格即不能畢業。（二）關於社會方面——多開闢運動場，使職
　　　工有鍛鍊體格之機會，最好商店用人，必須經過體格檢驗，合格後方錄用。（三）
　　　關於政府方面：（甲）由教育部聘請專家，積極推行『健身運動』（乙）獎勵
　　　或援助現有之健身組織（丙）凡國家考試，必須經過體格檢查，及格方准應
　　　考（丁）身心不健全者，不許結婚（戊）全國一律食糙米。」

了人種衰弱、民族國家頹敗的事實，甚至負有造成這種事實的責任。改變人種、復興民族國家，必須對身體有所改造。

> 強國先強身，國民具有頭等的身體才能造得成頭等的國家。現在我們要求國際平等，自己的身體先要與人平等。抗戰建國是軟文化，一個文化的黃金時代三十年前，必須要有一個身體的黃金時代。〔註53〕

身體被極度地重視，國民被不斷地要求，而這些是為了健康，為了種族、國家。改造國民是為了復興民族國家，對國民素質的要求是政治性，這集中表現在中國近代史上特殊的青年文化現象。

> 我們寧願年輕的人少識幾個字，少讀幾篇書，而吃得下飯，走得動路，都是不能不有的本領，我們要提倡：
>
> 健康第一。

這個針對青年的嚴厲要求，正是近現代中國史上扮演著特殊社會角色的群體「青年」所必須面對的「新」的身體任務。青年作為「青春」的身體與精神存在形式，為了民族國家的政治文化目的，成為負載著民族期望、承受各種指責和面臨干預的對象。青年、身體、健康、民族國家，這些元素的聚合，使青年問題包含了身體政治的內涵。

第三節　新青年：對健康青年的期待

「青年者，人類之中堅，天地之珍寶，而國家之強弱，種族之存亡，亦莫不繫焉。」〔註54〕

在近代史中，「青年」是一個非常獨特的文化現象。青年被作了極高的定位，被賦予了極沉重的歷史使命，成為一個高度角色化的群體。如蔡鍔在《軍國民篇》中所高呼：「夫中國既無青年之人，烏復有青年之國家哉！」〔註55〕青年，作為一個社會中特殊的群體，在社會巨變的過程中，扮演著特殊的角色。在民族國家命運籠罩下的青年，已經不僅僅是生理意義上的青年，它意

〔註53〕周尚：《頭等身體頭等國家》，學生雜誌社《學生雜誌》第二十二卷第二期，中華民國三十四年一月十五日出版。

〔註54〕季雄：《青年之指針》，上海中華書局發行《中華學生屆》第二卷第五期，中華民國五年五月。

〔註55〕蔡鍔：《軍國民篇》，《新民叢報》第一號，光緒二十八年元月一日。

味著社會發展所需的力量，是承載民族國家之崛起希望的歷史創造者。從某種意義上說，近代史上的青年是被建構出來的，生理年齡意義上的青年只是一個外殼，青年之所以成為青年，是因為文化政治、國家民族等等力量不斷地介入青年之形象與意義的塑造，是在特殊的歷史時空中被創造出來的力量和生命象徵。陳映芳專門研究「青年」與中國社會變遷的問題，在一本研究青年文化的專著中，陳說：「年輕人作為一個年齡階層、一個社會類別，出現於 19 世紀末 20 世紀初，中國最初的青年階層是隨著近代教育的產生、發展出現的學生群體。隨著近代西方社會科學知識以及教育體制的引入，『兒童/少年期』、『青年期』的觀念由知識分子從西方引入中國，開始為人們所認知，同時年輕人也逐漸從家庭和傳統共同體中剝離出來，來到新式的學校，來到城市，一個以學生為主體的青年階層開始形成。其後隨著近代產業工人隊伍的發展，青年作為一個社會類別在中國社會中逐漸獲得其相應的地位和角色身份。」〔註 56〕青年作為一個「角色」被「創造」出來後，在近代史上，承擔了極為特殊的歷史使命。「自年輕人這一社會類別在中國社會中形成開始，中國的年輕人就一直扮演著承擔改造社會、拯救中國以及建設中國這樣一種特殊使命的社會角色。年輕人一方面在中國社會獲得了具有著神聖性的獨特地位，另一方面又被高度地角色化，受到來自社會各方面的高度的期待和嚴格的規範。」〔註 57〕近代啟蒙者對青年的重視，表現為不懈的「喚醒青年」的努力。以陳獨秀為代表的新文化知識分子 —— 他們作為啟蒙者群體 —— 實際上就是扮演著喚醒者的角色。可以這樣說，是五四新文化知識分子這些青年導師，喚醒了青年，使青年自覺到自身的使命感，也讓世人認識到青年在歷史中的特殊角色意義與價值。從此被「喚醒」的青年便和近現代中國歷史的發展有了特殊的關係，並且在這一過程中，不斷地被構建出意義和價值。著名的雜誌《新青年》，直接面對國民的核心「青年」，讓人印象深刻，其對「青年」的塑造作用也非同一般。除了《新青年》，之後的很多雜誌，像《教育雜誌》《教育世界》《中學生》《學生之友》等等，都一直在關心青年之責任、青年與國家民族命運的問題。「青年」之被重視，被角色化，其實在五

〔註 56〕陳映芳：《在角色與非角色之間 —— 中國的青年文化》，南京：江蘇人民出版社，2002 年 9 月，第 5 頁。

〔註 57〕陳映芳：《在角色與非角色之間 —— 中國的青年文化》，南京：江蘇人民出版社，2002 年 9 月，第 27 頁。

四知識分子之前就已經存在了。光緒三十一年《東方雜誌》上一篇「社說」題爲《敬告世界青年》，文章中認爲青年乃是人類之精華，是國家的根本；青年在世界邦國中，負有不可逃避的責任。〔註58〕對青年的歌頌、讚揚和呼喚，形成了近代引人注目的青年文化。對那些啓蒙思想家來說，改造國民、拯救國家，其實就是如何充分發揮青年之特質，塑造青年之能力的問題。因爲青年就是民族國家的根本。

在陳獨秀的《新青年》雜誌開篇第一聲的《敬告青年》中，作者寫到：

青年如初春，如朝日，如百卉之萌動，如利刃之新發於硎。人生之最可寶貴之期也。青年之於社會，猶新鮮活潑細胞之在人身。新陳代謝，陳腐朽敗者，無時不在天然淘汰之途，與新鮮活潑者以空間之位置及時間之生命，人身遵新陳代謝之道則健康。陳腐朽敗之細胞充塞人身則人身死。社會遵新陳代謝之道則隆，陳腐朽敗之分子充塞社會則社會亡。〔註59〕

陳獨秀用生理學的術語，來表達「青年」這一社會肌體中的健康細胞對社會之存在與發展的重要性。高語罕在《新青年》第一卷第五號發表的《青年與國家之前途》，同樣器重青年在國家命運中所起的作用。他說：

……雖我國之民眾矣，老者血氣既衰，殆如秋草斜陽，萎謝之期將至；幼者年力未壯，方似青芽初發，鬱茂之日尚早，而國勢危亡，迫不及待，求於此十年之內，能以卓自樹立，奮發爲雄，內以新政治，鞏固邦基，外以雪恥禦侮，振威鄰國，則舍我青年誰屬？蓋民爲國之根本，而青年又民之中堅也。欲國之強，強吾民其可也，欲民之強，強吾青年其可也。〔註60〕

作爲在新文化運動中又一具有巨大號召力的文化人，李大釗在《青春》

〔註58〕 該文是《東方雜誌》轉載自乙巳正月十八日的《時報》。《敬告世界青年》開篇爲青年在邦國中的地位進行定位：「世界何有邦國，何有所以成此世界與邦國者，人類而已矣。老髦何與，童稚何與，所以成此人類之精華者，青年而已矣。然則青年者，世界之原質而邦國之本位也，我欲計我邦國者，我不得不就其近者而先計我青年。……世界者，我青年之舞臺，而邦國者，我青年之產業也，我青年之於世界邦國，有不可避之責任，有不容已之事實者也。……」（《敬告世界青年》，東方雜誌社《東方雜誌》第二年第二期，光緒三十一年二月二十五日）

〔註59〕 陳獨秀：《敬告青年》，《新青年》第一卷第一號。

〔註60〕 高語罕：《青年與國家之前途》，《新青年》第一卷五號。

一文中，同樣把民族國家的拯救作爲青年的責任。他和陳獨秀一樣，把民族國家看作一個有生命的機體，認爲中國已經成爲一個「白首之民族、白首之國家」，所以外國人才把中國看成「老大之邦」、「瀕滅之民族」、「待亡之國家」。在這種情況下，我國青年應該謀「所以致之回春，爲之再造」的方法，來拯救民族國家：

> 吾族青年所當信誓旦旦，以昭示於世者，不在齦齦辯證白首中國之不死，乃在汲汲孕育青春中國之再生。吾族今後之能否立足於世界，不任白首中國之苟延殘喘，而在青春中國之投胎復活。……〔註61〕

「以青春之我，創建青春之家庭，青春之國家，青春之民族，青春之人類，青春之地球，青春之宇宙，資以樂其無涯之生，乘風破浪，迢迢乎遠矣，復何無計留春、望塵莫及之憂哉！」〔註62〕李大釗的話，幾乎可以看成近現代史上中國人對「青年」這一社會角色的諸多政治寄託的集中呼喚。

青年被賦予大量的民族國家責任，但是，青年本身也是一個必須被不斷關注的問題。青年雖然預示著使命和未來，但是現實的青年卻不一定能夠滿足承擔責任的需要。在陳獨秀的眼中，如何辨別青年的重要依據在於青年的心理和生理。也就是說要成爲意味著希望和力量的青年，必須要有健康的心理和生理。和國民中其他群體一樣，生理年齡上的青年其生理身體也可能存在不健康的問題，因此不能成爲陳獨秀所歌頌和呼喚的「青年」。同在《敬告青年》中，陳獨秀這樣描述他所講見到的青年：「吾見青年其年齡而老年其身體者十之五焉。」〔註63〕而在《今日之教育方針》和《新青年》這兩篇文章中，他也寫到青年身體不健康的現象。

> 余每見吾國曾受教育之青年，手無縛雞之力，心無一夫之雄，白面細腰，嫵媚若處子，畏寒怯熱，柔弱若病，夫以如此身心薄弱之國民將何以任重而致遠乎？他日而爲政治家，焉能百折不回，冀其主張之貫徹也；他日而爲軍人，焉能戮力疆場，百戰不屈也；他日而爲宗教家，焉能投跡窮荒，守死善道也；他日而爲實業家，焉能思窮百業，排萬難，冒萬險，乘風破浪制勝萬里之外。紈絝子弟，

〔註61〕李大釗：《青春》，《新青年》第二卷第一號。
〔註62〕李大釗：《青春》，《新青年》第二卷第一號。
〔註63〕陳獨秀：《敬告青年》，《新青年》第一卷第一號。

遍於國中，樸茂青年，等諸麟鳳，欲以此角勝世界文明之猛獸，豈有濟乎。〔註64〕

　　自生理言之，白面書生，爲吾國青年稱美之名詞。民族衰微即坐此病。美其貌，弱其質，全國青年，悉秉蒲柳之姿，絕無桓武之態，艱難辛苦，力不能堪，青年墮落，壯無能爲此非吾國今日之現象乎？且青年體弱又不識衛生，疾病死亡率，日以加增，淺化之民，勢所必至，倘有精確之統計，示以年表，其必驚心怵目也無疑。〔註65〕

　　現實的青年在身體健康上完全不符合陳獨秀的理想要求；陳獨秀認爲這種身體不健康的青年，是不能擔負國家重任的。因此青年爲了要有所作爲，必須改造自己，其中健康合格的身體素質是不可或缺的。陳獨秀在《新青年》這篇文章中說，「新青年」之所以有別於「舊青年」，不在於他們的年齡，「自年齡言之，新舊青年固無以異。」但在生理和心理上，新青年和舊青年，卻有絕對的鴻溝。陳提醒青年，「愼勿以年齡在青年時代，遂妄自以爲取得青年之資格也。」陳舉例德國、英國、美國、日本諸國對青年身體訓練的重視，認爲正是這些國家對體育的重視，才使「其青年健壯活潑，國民之進取有爲，良有以也。」而在我國「盈千累萬之青年中，求得一面紅體壯，若歐美青年之威武凌人者，竟若鳳毛麟角。」〔註66〕陳獨秀認爲，青年具備什麼樣的身體素質對國家民族前途至關重要，因此呼籲青年要在身體上完成眞正「新青年」之資格：

　　人字吾爲東方病夫國，而吾人之少年青年，幾無一不在病夫之列，如此民族，將何以圖存。吾可愛可敬之青年諸君乎，倘自認爲二十世紀之新青年，首應於生理上完成眞青年之資格，愼勿以年齡上自滿也。〔註67〕

　　正是陳獨秀對青年身體的關注，才使他對提倡體育也有一份自己的熱情，他對國民之獲得「獸性主義」的呼吁，體現了一個思想啓蒙者對優秀國民的身體要求和設計。對青年的重視，普遍地包含著對青年身體健康的重視。

〔註64〕陳獨秀：《今日教育之方針》，《新青年》第一卷第二號。
〔註65〕陳獨秀：《新青年》，《新青年》第二卷第一號。
〔註66〕陳獨秀：《新青年》，《新青年》第二卷第一號。
〔註67〕陳獨秀：《新青年》，《新青年》第二卷第一號。

而這種重視，都是在民族國家利益的考量下進行的，其背後就是身體成爲民族國家政治任務的承擔者的工具化政治化問題。對青年身體素質的重視，都是從民族國家政治高度進行的。在前面提到的《敬告世界青年》中，其面向「世界」的呼吁，未嘗不可以理解爲是面向中國青年的期望。作者從「世界」的大視界上來敬告青年應該重視身體的養護。《敬告世界青年》敬告青年要自覺愛惜身體，是基於青年應有合格的身體條件來承擔不可推託邦國政治責任。作者具體說：

> ……將欲有所作爲，必先有所養……我青年其自計吾青年之當保存者爲若干事，我青年之當割棄者爲若干事。我青年不可不稍自愼也。我敬爲青年告：

> 我今有一言，敢爲我青年告者，我青年欲立此世界與成此邦國也，不可不愛惜汝青年之身體。夫愛惜身體，陳腐之言也。古君子之唾液餘也，開明之士，必將又謂我爲淺識庸言。雖然其言誠言，而我不得不語於今之青年者，蓋人之所以成爲人者，惟有此身體已耳。苟身體而不自愛惜，則雖有高大之識，廣播之學，將何以麗。」
〔註68〕

作者進一步批判古代的愛惜身體觀，認爲那只是「知愛惜身體而不知所以愛惜身體之故」。他認爲，眞正的愛惜身體，應該是在認識到身體是「任事者」，是「任事而有用者」的基礎上的愛惜。其意就是身體應該是爲某種功用的目的而去愛惜的，愛惜身體的目的，是爲了讓身體能發揮更好的功用。「身體者，爲任事者也，爲任事而有用者也，爲有用而當愛惜者也。若不任事則有此身體與無此身體無異，而何必愛惜乎？故身體在不任事時當先重身體而緩其餘，身體當任事時，則又當先任事而後身體。何則？蓋先事正所以先身體也，愛惜事正所以愛惜身體也。不任事之身體非眞正之身體。」〔註69〕不爲目的所用的身體不是眞正之身體，這是一種身體工具化的觀點。在事和身體之間雖然表面上有重視先後的差別，但實際上，事和身體又是同一的，事必須有身體來執行，而身體要有意義，又必須是在「任事」的過程中。簡單

〔註68〕《敬告世界青年》，東方雜誌社《東方雜誌》第二年第二期，光緒三十一年二月二十五日。

〔註69〕《敬告世界青年》，東方雜誌社《東方雜誌》第二年第二期，光緒三十一年二月二十五日。

地說，身體成為了事業的宿主，是達成某種事業目的的工具。青年的身體成為實現某種國家民族目的的工具，被賦予這種功能的青年身體，因此也必須要按照其將擔負的責任而設計和塑造。「愛惜身體」就是一個設計和塑造符合國家民族政治目的的身體的方式、過程。作者接著「敬告」那些要愛惜身體的青年應該如何愛惜身體：「無益於事而有損於身體者，當戒，有益於事而有損於身體者，不當戒。當戒則醇酒婦人之事，不可為也；不當戒則投艱遺大之任不足慮也。……為任事計，則當使身體堅能耐勞苦，使身體強能冒危險，使身體靈便能赴機變，使身體上多種才技，能合時勢。我青年而能若此也，始得謂之愛身體也。」〔註 70〕雖然沒有更明確的建議，但作者的意思非常明顯，那就是要使身體按照特定的「任事」目標塑造出合格的品質，使「愛惜」成為一種積極的改造開發身體的行為，而不是如作者所批判的古代身體觀中的那種「明哲保身」。〔註 71〕

對青年、學生乃至全體國民身體的要求與設計，其聲音在近代史中不絕於耳。這些聲音是在「救亡圖存」的大歷史背景下迴蕩的，其中總是盤繞著「強身」、「強種」與民族國家之命運的關懷。身體被強調為承擔民族國家政治使命的必備要素，因此作為青年、學生乃至國民之素質的重要構成要素之一，身體的健康是必備的條件。「青年是國家民族生命綿延的種子，青年的身體健康與否，影響與整個的國家民族前途。」〔註 72〕青年作為特殊社會角色的重要性，與青年身體健康的重要性，被同時強調。如吳邦偉所說：「青年的體魄鍛鍊，並不是單為他們個人的前途打算，在個人幸福之上，還有其他更高的目的在那裡，這就是國家民族以至人類永久生存的問題！」〔註 73〕

〔註 70〕《敬告世界青年》，東方雜誌社《東方雜誌》第二年第二期，光緒三十一年二月二十五日。

〔註 71〕作者批判古代的身體觀時說：「古人之言愛惜身體曰：身體髮膚，受之父母，不敢毀傷。此以不敢毀傷為愛惜者也。又曰戰戰兢兢，如臨深淵，如履薄冰，此言不蹈危險為愛惜者也。大抵古人之言愛惜也，其義雖不一，而其至要之義，則惟欲長有此身體、不殘缺此身體而已。故明哲之士以保身為主，有冒險者，則以為不能愛惜也，有任事者，則以為不能愛惜也，畏首畏尾，而其弊遂至於今日之無能。」（《敬告世界青年》，東方雜誌社《東方雜誌》第二年第二期，光緒三十一年二月二十五日）

〔註 72〕楊天一：《中學生健康問題的我見》，中學生雜誌社《中學生》第五十七期，中華民國二十四年九月號。

〔註 73〕吳邦偉：《對於現代中國青年體育的一個建議》，學生之友月刊社《學生之友》第一卷第四期，中華民國二十九年九月十五日。在吳的建議中，體育正是強

《青年之指針》中，作者說：「今者文明愈進，競爭愈劇，而體力之眞價値愈明……今觀拔粹超群之古今人傑，如亞力山大也，拿破侖也，納爾遜也，成吉思汗也，豐臣秀吉也，其持躬，其行事，亦莫不得力於此。體力之於事業，其關係既如此之大，世之青年烏可忽哉。萬物之靈，厥爲人類，而精華所聚，厥惟青年。廣肩深胸，強筋堅骨，才情橫溢，生氣盎然，便爲世界無上之寶。……有智德而無體力以發展之，固如未掘之礦山。有體力而無智德以涵養之，亦如不羈之野馬。世之青年，以昧乎此而遭失敗者，固相望於道也，可不愼乎？」〔註74〕身體是重要的，健康的身體是必須的。身體健康的重要性，青年不能不注意。

羅良鑄在《我理想中的青年》認爲理想的青年應該首先「身體要健康」：

> 我所指的健康，是能吃苦耐勞，無病無痛的身體。……青年人一定個個都有志氣，有抱負，然而力不從心的，不知有多少。比方近幾年來，有志獻身衛國，投考空軍的，不下數萬人。可是在檢查體格以後，能及格的百分比，很是可微。而這些報名投考的青年，還是各學校中，身體素來強壯的呢！強壯者尚且如此，病弱者就更可想而知。若是我們這個「東亞病夫」從青年時期起，就病倒了，那這個一輩子，也不容易健康。……青年！青年！我們畢生的德行功業，都依託在我們的身體上面。……每個青年都是延續國家民族生命的要素，若是虧虛了，腐敗了，那眞是「朽木不可雕」。所以我理想中的青年，要身體健康。〔註75〕

在 1933 年《申報》「談言」中，一篇題爲《現代青年應有之責任》的文章，也提出要承擔重任的青年必須要有健康的身體。文章認爲當時出現的各種救國，如「航空救國」「國貨救國」，並不是具有根本意義的救國準備，具有根本意義的救國準備之一是青年身體的健康：

> ……我們中國目前是苦命的了，但是我們可不能任他永遠的苦

健身體的方式，「把體育訓練簡單化，應用化，使青年容易瞭解而找到一個目標……要發起一種『現代青年五項運動』。……運動項目選擇走路、跳躍、拋擲、駕駛、游泳五項……」

〔註74〕季雄：《青年之指針》，上海中華書局發行《中華學生屆》第二卷第五期，中華民國五年五月。

〔註75〕羅良鑄：《我理想中的青年》，學生之友月刊社《學生之友》第一卷第一期，中華民國二十九年六月十五日。

命過去，以至滅亡。我們的青年——中國的主人翁——他們應該揮發出少壯的精神來，共同協力負起這個「千斤重擔」。他們既然是主人翁，他們應該要知道一個主人翁有什麼責任，他們對於怎樣履行他們的責任，必須加以時時的練習……近來似乎提倡「國貨救國」以及「航空救國」的聲浪很高，這當然也是一種救國的準備，但是我以爲這並不是從根本上做起的準備，所以我們不妨在「航空救國」和「國貨救國」之餘，同時也可以試試看進行下面這二個「基本的救國準備」。我相信這不僅對於一般懵懂的青年是有莫大的效果，便是對於沉淪在「迷惑」裏面的青年們，也可説是一個有統系的貢獻……（一）應該有強健的體格雖然現在是物質文明的世界了，任你有何等強健的身體，我只要一柄小小的手槍，便能置你死命。但是這究竟是偏於一方面的話，須知我們必定要先有強健的體格，方才能有精神辦理各種偉人的事業，方始能終日勞碌而不至疲倦。「我們應該有一個強健的體格」，在參加一切救國工作之前，他非但能夠增加你的智慧，他並且還能給你「百折不回」的精神，「耐苦堅持」的毅力。你有沒有聽見過，一個病夫曾經作出什麼大事業來，我可以説「沒有」，因爲他的精神不容許他。〔註76〕

鑒於青年在國民中的核心角色地位，對青年身體之健康的期待，其實是對國民身體之健康期待的集中表現。在「東亞病夫」的弱國弱民心理壓力下，對青年，對國民的健康期望，直接地聯繫著振興民族國家政治責任。「健康是一種國民責任，衰弱實在是一個罪過。」〔註77〕這句話作爲《健與力》雜誌的信條，強烈地體現了近代歷史對國民身體的一種政治化約束：必須健康。身體的健康與否，並不是國民的個人生理問題，而是關係民族國家之命運的問題。青年（在大量的文章中「學生」，也是人們對青年問題關注的延伸），這一被認定在國民中具有特殊責任的角色群體，人們對其所寄託的種種欲望，其實是整個近現代史中民族國家政治在「國民」身體上改造欲望的一種體現。改造國民的理念，一直盤繞在各個時期的啓蒙思想家的言論中〔註78〕，

〔註76〕《現代青年應有之責任》，《申報・談言》中華民國二十二年七月五日，增刊第一版。

〔註77〕「健與力信條」，《健與力》（復刊特大號）第四卷第一號，中華民國三十二年一月。

〔註78〕與對「青年」的歌頌和召喚相似的，就是梁啓超那篇著名的《少年中國說》。

也深入了那些爲時局與國家民族之前途而發出聲音的人物的觀念中。上至國家，下至一般社會團體，都不同程度地對「國民」的身體表現出了特殊的關注和改造欲望，在這些關注和改造欲望的背後，盤繞的總是國家民族的力量魅影。民族國家的現實處境與發展要求，成爲向青年，向不合格的國民的身體提出批評與改造要求的理由，同樣，民族國家的發展要求，也成了塑造符合民族國家之「強大」「救亡」目的國民身體的依據。身體就是這樣被挾裹進近現代史的漩渦之中的，成爲民族國家強烈在場的一個特殊軀殼。身體健康與否，緊密聯繫著國家民族希望之明滅，這有助於我們理解國家在爲青年（學生）、國民身體之強健制定各種政策時所深含的「民族國家欲望」；也有助於我們理解社會力量在要求健康身體時的民族國家之政治關照。承寒松在引述

梁啓超也嚴格區分了少年和老年，並且也認爲國家也有少年老年之別：「欲言國之年少，請先言人之老少。老年人常思既往，少年人常思將來。……老年人常多憂慮，少年人常好行樂……老年人常厭事，少年人常喜事。……老年人如夕陽，少年人如朝陽；老年人如瘠牛，少年人如乳虎；老年人如僧，少年人如俠；老年人如字典，少年人如戲文；老年人如鴉片煙，少年人如潑蘭地酒；老年人如別行星之隕石，少年人如大洋海之珊瑚島；老年人如埃及沙漠之金字塔，少年人如西伯利亞之鐵路；老年人如秋後之柳，少年人如春前之草；老年人如死海之初爲澤。少年人如長江之初發源。此老年與少年性格不同之大略也。梁啓超曰：人固有之，國亦宜然。」（梁啓超：《少年中國說》，北京：東方出版社，1998年，第66頁）這種思路，在陳獨秀的青年觀裏得到了繼承。梁啓超在解答中國是老大帝國，還是少年中國的問題時，其觀點顯然體現了國民和國家相互隱喻和決定的關係。他說：「然則國之老少，又無定型，而實隨國民之心力以爲消長者也。吾見乎瑪志尼之能令國少年也，吾又見乎我國之官吏士民能令國老大也，吾以爲懼。夫以如此壯麗濃鬱、翩翩絕世之少年中國，而使歐西、日本人謂我爲老大者何也？則以握國權者皆老朽之人也。……今之所謂老後、老臣、老將、老吏者，其修身、齊家、治國、平天下之手段，皆具於是矣。……以此爲國，是安得不老且死，且吾恐其未及歲而殤也。」（梁啓超：《少年中國說》，北京：東方出版社，1998年，第69～70頁）在梁啓超看來「老後、老臣、老將、老吏者」這些意味著落後和衰亡的「老年人」主導著中國，才使中國變成老大帝國。因此，要改變國運，就得依靠「少年」國民：「故今日之責任，不在他人，而全在我少年。少年智則國智，少年富則國富，少年強則國強，少年獨立則國獨立，少年自由則中國自由。」（梁啓超：《少年中國說》，北京：東方出版社，1998年，第71頁）少年如何「智」「富」「強」「獨立」「自由」，實際上又隱藏著一個如何創造有活力的「少年」群體的改造欲望：不僅僅要使國民心力「少年」化，而且也要讓少年爲國家具備「智」「富」「強」「獨立」「自由」的素質。總的來說，以五四時期《新青年》爲代表的對青年的企望，實際上就是梁啓超「少年中國說」的延續。

國民政府行政院《中學法》和教育部的《中學規程》關於學生發展身心的條文後，評論道：「從這一二條法規中，我們就知道中學的任務不僅僅是傳授知識，學生求學也不一定是學習知識，法規中明白規定，中學第一個大任務，就是發展青年身心，培養健全國民，學生進中學求學，第一個目的，也是在求得健強的身心。」〔註 79〕政府對學生，對國民的健康關注，不僅僅體現在大量法規條文的頒佈。在民國時期出現的各種健康比賽、健康展覽，也是這種健康身體關注的獨特現象。1933 年 5 月 31 日，上海市教育衛生兩局合辦第一次健康教育展覽會，在普益社及倉基小學兩會場開始展覽。這次健康展覽面對的主要是青年及學校各級學生，展覽中除了大量的物品的展示外，也舉行了像評選健康牙齒這種有趣的「牙齒比賽」。展覽會在普益社舉行了開幕典禮，會場大門橫懸「強國先強身，體育與衛生是強身的方法」鮮明標語。在大會開幕式中，上海市市長吳鐵城發表訓詞。吳鐵城的訓詞圍繞著健康與民族國家命運之間的關係，說明青年學生健康的重要性：

> ……孫中山先生說「我們中國人是靠天吃飯」，這句話把中國近百年來一個積弱不振的大毛病都說了出來。中國俗語也說「閻王要你三更死，一定逃不過三更」，把我們一生的禍福疾病痛苦連國家的興忘，都委之天命，好像真有個主宰之神在支配我們人生的整個生活，致中國在這八九十年中各種事業都受了靠天吃飯的影響。此次日人以武力壓迫中國，佔領我國領土，中國人的舊思想都說這是國家的定數，拿國家的命運委之於天，使人的本分的力量沒有完全表現出來，致中國各種事業萎靡不振。這是最危險的表現，也是我們熱心救國者所非常痛心而想辦法要革除此思想的。我們相信一個人有力量可以抵抗我們的環境，支配我們的生活，但其中最要緊的就是健康。我們身體之強弱，壽命之長短，都是人為而不是靠天，自己應先求本人的健康。……我們要想個人和公共事業之成功，須先求健康。要求本人的健康，除充分的受健康教育，衛生知識之外，同時要把過去靠天吃飯之舊思想革除。中國的命運，中華民族的命運，我們國人的命運，都操諸自己，並非靠天的。諸君都是青年學生，將來中國的責任在諸君身上，故現在應注意你們的健康，預備

〔註79〕承寒松：《中學生的健康生活》，學生之友月刊社《學生之友》第四卷第四期，中華民國三十一年四月。

將來擔負國家大任。〔註80〕

健康展覽會是很特殊的健康關注、健康推動方式。1936年在南京金陵女子大學舉行「健康小姐」的選舉，則是更為有趣的健康追求現象。這次健康選舉的目的是「要使金陵每一份子都注意健康，而俾整個的金陵是一個健康的團體」。健康選舉所制定的健康標準是：「（一）體內器官健全（由醫生檢驗）（二）身體各部姿勢正確——頭不前伸後仰，或偏左偏右，胸要挺直，背不凹不駝，腹不突，肩不聳，左右要相稱，腿膝要直，足不能內向或外向，腳弓要正常，身體重量要適中（三）行動自然，不可呆板（四）精神活潑，行止敏捷。」〔註81〕健康選舉方法為，教職員、一二三四年級、體育主修及專修科各舉一名參賽者，經過全體教職員及同學四次連續選舉，再由校醫檢查身體，最終確定獲勝人選。此次選舉最後選出了七位「健康小姐」，她們分別為：羅慧林、張美麗、劉湘秀、陳元之、高秀容、岑禮明、黃俊美。在《健康選舉及健康之道》一文所附的《金陵「健康小姐」之小史》中，對這七名健康小姐的情況分別做了簡介。這裡僅舉名列第一，兼獲「全校健康小姐」稱號的羅慧林的「小史」：

> 羅慧林女士，年二十一歲，湖南瀏陽人，主修體育系，今年寒假畢業，學術兼優，將來定可在體育界放一光彩。
>
> 她自幼即注意鍛鍊體格，常練習騎馬、游泳、球術及舞蹈等，因此獲得極健美的體格，可是她並不是身材魁梧的人兒，卻是位窈窕灑麗活潑天真的女郎。因為她的性格是那般和藹可親，誠摯敦厚，朋輩便給了她「阿彌陀佛」的綽號，從羅慧林女士才能看到「真善美」的意義。〔註82〕

無論是國家正規的重視健康的活動，還是社會力量帶有娛樂色彩的健康選舉，都是在身體與國家民族之命運緊密關聯的思路下出現的「救國」行為。那些在文本理論上被關注的青年（學生），和那些在實際的健康運動（健康展覽會、健康選舉）中被展示和關注的青年身體，其實都是浸潤在民族國家之

〔註80〕　《健康教育展覽會昨日開幕》，《申報》中華民國二十二年六月一日，第十三版。

〔註81〕　《健康選舉及健康之道》，江蘇省鎮江公共體育場《體育研究與通訊》第三卷第四期，中華民國二十五年九月。

〔註82〕　《健康選舉及健康之道》，江蘇省鎮江公共體育場《體育研究與通訊》第三卷第四期，中華民國二十五年九月。

話語底下的。所有思想與行為的背後總是纏繞著民族國家之魅影。身體與民族國家的命運，密不可分，民族國家的命運決定著對身體的認識與關注，民族國家的命運也決定著身體的改造欲望與改造目標。對國民健康的期待，必然引導出身體檢查的標準化和常態化。這在中國古代史上是沒有的。這也體現了近代史中人們對身體健康的特殊期待。各種各樣的健康設計方案，在近現代史中體現了人們對國民健康的追求。下面這篇《十不和十要的護體運動》中，對生活細節的各種設計和要求都是指向身體保健這樣的目標的。這在西方醫學傳入中國後，就始終存在著。

> 小朋友！我們的身體是不是比什麼都重要？是的吧，那麼，我們將怎麼去保護它呢？現在蘇俄的小孩子們，他們是有著很好的保護自己身體的方法的。他們不是去體育鍛鍊身子，也不是服飲補品調養身子，而他們是的，卻是我們平素所不注意的呢！現在，我把它譯出來介紹在下面吧：
>
> 一、不吃煙酒和辣椒，二、不吃腐敗的東西，三、不飲生水，四、不把手指含在嘴裏，五、不隨便大小便，六、不隨便吐痰，七、不手淫，八、不用手指亂搓眼睛，九、不亂吃露天擺賣的食品，十、不把尿桶擺在臥室裏；一、要將房子打掃乾淨，二、要天天刷牙洗澡，三、要常換衣服，四、要常剪指甲，五、要撲滅蟻蟲，六、要撲滅蒼蠅，七、要常開房子的窗戶，八、要常將手洗得乾淨，九、要打掃公共的地方，十、要練習早起床。〔註83〕

這篇針對「小朋友」的建議，從生活細節上提出了保持身體健康的方法。這是在現代醫學傳入中國後，對國民的健康進行普遍關注下的一個小小文本表現。醫學衛生〔註84〕和體育，同時在關注民眾身體之健康，並各自有一套

〔註83〕 羅荻人：《十不和十要的護體運動》，《申報‧春秋》中華民國二十二年一月二十七日，第十四版。

〔註84〕 在近代史上，出現的有關於衛生事業的活動，其目的仍然是關注身體或精神健康，最終又都被民族國家政治裏換，成為一種「健康政治學」。成立於1923年的中國衛生學會，其宣言明示著它所從事的工作對國家民族的積極意義：「同人等鑒於根本救國之道，不外乎此，是以組織斯會，意在聯繫全國人士，共肩此重大責任。其尤要者，是為聘請專門人士。……務使國家氣象，日進文明，民族精神，日加強健而已。區區之意，尚幸鑒游。」（《中國衛生會宣言》第二卷第四期，中華民國十二年十二月）衛生對身體健康的關注，和體育一樣，都包含著強烈的國家民族政治目的。

方法試圖去解決這個問題。從衛生的角度來關注身體的保健，使身體凝聚了前所未有的注意力；而更集中的努力，則表現在那些精彩紛呈的體育思想、體育言論中。

「當中國作爲一個國家的失敗暴露了其國民的弱點時，它鼓動了一個文明使者的幽靈來救治他們。」〔註 85〕費約翰這樣評價那些早期進入中國，並試圖爲中國的改變做一點事情的殖民者、傳教士的意義。「不經意間瞥過一扇敞開的門，從一條小溪中飄出的一陣香氣，喧鬧的沙啞的聲音，迴蕩在中國大街小巷的唏嗒唏嗒的麻將聲，這一切都證實了歐洲來訪者的印象：混亂、污穢、順從和宿命，華人種族必須根除這些陋習。於是，與干涉（中國）國家事物這一決心相伴的，是提高中華民族的道德水平這一強烈興趣。只有最粗魯的殖民者才認爲應當通過直接的干預實現這一點。在傳教士和更抱有希望的其他觀察家之間，救治之道似乎在於使中國人相信，他們無法繼續保持自身並希望在新的世界秩序中找到一個位置 —— 如果他們願意自己承擔起這個負擔，那才是皆大歡喜的事。」〔註 86〕進入中國的早期殖民者確實不乏要眞誠幫助中國改變境況的人，然而確實如費約翰所說，與其進行直接干預，不如喚醒中國自覺改造的意識。新辦教會學校，顯然就是一種實踐這個計劃的改造步驟。教會學校帶來了宗教的、科學的新信息，也悄無聲息地引入了迥異於中國人之生活的身體訓練方式 —— 體育。早期由教會學校、在中國居住的洋人於日常生活中展示的「體育運動」，並沒有附帶改造中國國民，塑造民族國家這樣宏大的政治理想。然而，中國人確實被喚醒了，並且已經在中西強烈的優劣對比中，揣著沉重的民族國家政治關懷；於是對中國人身體的凝視與批判，使得西洋的體育運動開始逐漸爲中國人接受，中國人甚至主動地接受這個事業，並且在推廣的過程中，把它和沉重民族國家政治關懷綁在了一起。體育最終由殖民者散漫無歸的娛樂鍛鍊活動，變成了一件中國人滿懷熱心去操辦的嚴肅政治事業。從嚴復倡導三育並重始，體育的提倡與發展，總是緊緊地聯繫著國家命運的關懷。羅振玉在《教育私議》中認爲：「長國家之勢力，增人生之智識，必自教育始。」作爲教育的一部分，體育也理所當

〔註85〕〔美〕費約翰：《喚醒中國：國民革命中的政治、文化與階級》，北京：生活・讀書・新知三聯書店，2004 年，第 173 頁。
〔註86〕〔美〕費約翰：《喚醒中國：國民革命中的政治、文化與階級》，北京：生活・讀書・新知三聯書店，2004 年，第 173 頁。

然地在被重視之列。羅振玉在為清朝的教育發展提出的方案中，專門一條「講求體育與衛生」。其講求體育的目的，同樣是要通過強健身體來實現「國家致用」、生存於「競爭之世界」的目的。

> 國民之資格，智識與精神二者是也。今日東南洋各國講求衛生
> 及體育不遺餘力，今中國亦宜加意於此。學堂必重體操，而學校衛
> 生尤宜特重。蓋不講體育與衛生，將來學生身軀屨弱，雖幸得成學，
> 何能為國家致用而特立此競爭之世界乎？國勢強弱之一大關鍵，尤
> 須特別注意者也。〔註87〕

體育事業的強烈現實關注，是中國近代體育發展的重要特徵。強種救國，是左右著體育發展的內在力量，在大量的不同時期的體育言論中，我們可以分明地看到體育發展史中的健康身體政治學。

〔註87〕羅振玉：《教育私議》，《教育世界》第一號四月上，光緒二十七年。

第三章　興國的上策：體育救國

「人民身體之強弱，乃種族之強弱所由判，國力之強弱所由分。」〔註1〕羅一東以這句簡練而精闢的話，揭示了近代身體所承擔的民族國家之政治隱喻。各種干預身體的力量隨之而來，紛紛對國民的身體提出設計改造方案。體育成為創造健康的最佳手段，它在近代的發展過程中，生產了大量的有關於身體政治的言論，甚至在實質性的改造身體行動上，取得了部分的成就。然而，導源於「東亞病夫」這個關於身體與國家的雙重隱喻之憂慮的體育發展事業，在國際競技比賽賽場上的失敗成績，反而加重了「東亞病夫」這頂帽子的重量。這又反過來加強了體育在關注國民身體健康和訓練身體上的熱情。中國體育在進入國際運動會場時的屢次失敗，使得「東亞病夫」的涵義──在那些體育事業的關注者看來──「逐漸由指國力衰退、政治麻木、體質虛弱，到專指中國國民的體質體力的疲弱，以致後來演變為外國人稱中國人體質衰弱的專稱和體育落後的代名詞。」〔註2〕但是，「東亞病夫」的意函是豐富的，在國家衰弱的背景下，被大量使用於體育文本中的「東亞病夫」總是忍不住地閃現出國家命運的隱喻，進而，體育所關注的身體改造「工程」和國家拯救計劃重合在了一起。身體是民族國家命運的附著體，是民族國家在國民個體上的身軀表象；身體也是國家民族政治的一個干預對象。改造身

〔註1〕 羅一東：《體育學·序》，中華書局發行，中華民國十八年四月第五版。

〔註2〕 高翠編著：《從「東亞病夫」到體育強國》，成都：四川人民出版社，第10頁。吳稚暉在《上海女體師演講記》中表達了這樣的觀點：「西人因為號我為東方病夫，果真病耶？曰：否，蔑視體育之代名詞也。……」（《申報》，中華民國十三年五月二十六日，第十四版）

體，就是改造民族國家，創造健康的身體，就是創造健康的民族國家。這是近代以來中國體育發展所隱藏的身體政治線索。身體（國民）——體育——政治（民族、國家），連接身體與政治的是體育，在身體的關注、改造、生成史中，身體直接通過體育和政治構成了嚴密的關係。近代中國的體育，是一個紐結了身體與政治的救國事業。尚武、強種強國、強種救國、強身救國等等口號，這些都是體育史中凝聚於身體的嚴肅的民族國家政治問題。提倡體育的真意義：

> 就是要健身強種，把身體弄健，人種弄強，去提高國家民族的
> 地位，把國家民族弄強盛。〔註3〕

這就是中國近代體育發展的沉重政治使命，也是身體在體育這一領域中被深刻關注和改造的政治動力。中國近代體育的發展，是從多個面向開始的。一個是伴隨進入中國的西方人而在中國出現的運動，這些體育運動在西方人的日常生活、教士開辦的教會學校等中展開，並逐漸在中國本土紮根蔓延；另一個就是「師夷長技以制夷」，引進西方軍事技術、軍事訓練手段而在軍隊、洋務派開辦的學堂中展開的西式「兵操」訓練〔註4〕。這兩個面向彙聚成學校體育發展的濫觴。體育課程在學校教育系統中得以以法規的形式確立及普遍設置而導致學校體育的興起，則是在1903年《奏定學堂章程》頒佈和實施之後。〔註5〕之後，學校體育在不同的歷史階段發展著，學校體育也成為中國近代體育發展的主要表現形式之一。伴隨體育發展而出現的是不同時期體育思想的演變。本章節通過研究主要體育發展階段中的思想言論，來揭示近現代體育發展中的身體政治，即在身體健康、身體鍛鍊的問題上如何纏繞著激烈的政治敘述，身體如何成為服務於民族國家政治目的塑造對象。

體育思想的截取，應該是建立在體育發展史、體育思想史的劃分基礎上的。對體育史發展階段的嚴密分割，更大的意義在於為體育史的撰述提供便

〔註3〕 褚民誼：《提倡體育之真意義》（原著見《大陸》雜誌第一卷第六期），見《民眾健康問題新論摘要》，江蘇省立教育學院研究實驗室《教育與民眾》（民眾健康問題專號）第四卷第五期，中華民國二十二年一月。

〔註4〕 「19世紀40～90年代中期，是西方兵操在中國的傳入、實施、發展時期，並無體操的基本概念，在這一期間，兵操不僅在軍隊上廣泛採用，同時在洋務派創辦的各新式學堂中也被列為學堂教學內容之一。」（白剛：《中國近代史上的兵操、體操與體育》，《上海體育學院學報》第23卷增刊，1999年12月）

〔註5〕 王健、鄧宗琦：《中國近代體育教育課程模式的發展》，《華中師範大學學報》（人文社會科學版）第39卷第3期，2005年5月。

利的技術性框架，但是，把這種嚴密的切割應用在與思想有關的歷史劃分上，就顯得武斷。在翻閱不同時期的體育文獻時，筆者感覺到，那些原本應該處於現有體育史敘述中某個體育思想時期的言論，往往偏離所謂的主流思潮，而和之前或之後的某個「思潮」更爲親近。這說明了一個問題，體育思想的演變在通常劃分的兩個階段之間，並不存在戛然而止的斷裂，而是前後兩個階段的思想縱橫交錯在一起。正是這樣的交錯，體現了不同階段的思潮在一些根本性問題上的價值趨向一致性。然而，作爲一種歷史撰述和研究的便利手段，歷史階段的劃分又不能完全廢棄。階段的劃分，不僅有利於理清變化與差異的脈絡，甚至也會因此透露出意外信息。從現有體育史研究中可以看到，體育史階段劃分和近代史重大變革總是結合在一起，政治史的大敘述挾持了體育史的研究，那些體育史著作在政治話語的框架下，顯得有些斧鑿的異樣。〔註6〕不能把這種研究簡單地解釋爲體育史研究對政治的獻媚，因爲，在近代中國體育史上，確實不能排除那些具有重大政治意義的歷史變革對體育發展進程的影響，即使在歷史穩定階段，特殊的「危亡情緒」也在決定著體育發展自覺服務於現實的或理想的政治目的的特徵。甚至可以這樣說，以身體爲關注目標的體育發展史，在政治史的框架下完成其體育史敘述，本身就從一個側面爲我們提供了近代身體被國家民族政治之力量挾持的信息。在體育史中存在的政治史大框架，實際上反應了近代身體之生成過程中的政治隱秘內容。身體在以體育鍛鍊的形式被關注的時候，已經被納入民族國家政治命運的軌道中去了。在體育史中，以「尚武」爲突出特徵的軍國民

〔註 6〕不僅在上世紀 80 年代的體育史著述中，用政治重大轉折時期作爲體育史劃分的依據，就是在解放前的體育史敘述中，也出現這種情況。在陳掌諤的《體育漫談》中，有一篇《體育大炮》，其中就是結合現實的歷史事件，來描述體育發展的五個階段。從這五個階段的敘述中，可以看到，作者看重這些政治軍事事件對中國近代體育發展的影響力。「體育大炮可分爲五個時期：（一）第一時期可算鴉片大炮……一雪鴉片大炮的恥辱，一定要興辦培養人才，同時訓練國民身體，所以在學校方面，在軍隊方面都積極提倡德國英國體操……（二）第二時期就算是甲午大炮。……重視軍事體操，學校運動……（洋人在中國興辦體育）遠東及華北華中華南運動會，亦先後由英美教會主持……（三）第三時期著名的五四大炮……（收回體育自辦權）中華體育協進會成立……關於體育研究會，報界增設體育欄極力鼓吹……（參加世運會）（四）第四時期是九一八、一二八、七七與八一三的連珠炮……（五）第五時期難道不可以說是勝利的無聲大炮……（將來體育發展，國運強盛起來）。」（陳掌諤：《體育漫談》，東南出版社，中華民國三十七年四月出版）

教育的出現，形成了軍國民體育時期，緊隨其後的是自然主義體育。這兩個時期的體育論說，構成了中國近代體育思想的主要內容。它們雖然有各種各樣的不同，但在身體關注和改造上，卻有根本的一致性。本章正是選擇近代中國體育發展中的最重要的兩個階段，研究在這兩個階段中的體育與身體論述，揭示在「尚武」、「強種救國」的口號下的身體政治。

第一節　衛身即衛國：尚武的軍國民體育

對國民的健康期待和對國家的強盛期待，融彙在對體育之提倡的積極熱情中。最早形成系統地提倡體育思想的是軍國民教育思潮。軍國民教育思潮形成於清末，發展於民初，是爲挽救民族危亡，力求借鑒西方和日本的尚武精神，對學生和全國人民進行軍事訓練和尚武精神的教育，以達到抵禦外侮、重振國威之目的。軍國民教育的一個重要內容就是體育教育。《對我國學校體育思想形成的歷史分析》的作者在總結「軍國民體育思想」的特徵時說：「（軍國民體育思想）以強烈的愛國激情爲立論基礎。翻檢軍國民體育論說，撲面而來的是一種救亡圖存，保國保種的強烈憂患意識，振興國勢、挽救民族危難，成爲了絕大多數人提出自己主張的立論依據。這不僅在該思想醞釀期間就表現特別明顯，就是民國初年大倡時也是如此。就是說，軍國民體育思想的產生發展，與救亡有緊密的聯繫，帶有濃厚的政治色彩，與其說是一種學校體育的探索，不如說是一種政治追求更爲貼切，它受近代政治思想的影響和干預更直接、具體。」〔註7〕

開軍國民運動之先河的是蔡鍔留日期間以「奮翮生」爲筆名在《新民叢報》上發表的《軍國民篇》。《軍國民篇》，是愛國主義時代潮流的產物。〔註8〕這篇文章充滿了憂國救亡的民族主義情緒。蔡鍔應用當時極爲普遍的方法，將國家身體化病夫化，將他要關注的中國看成一個有機體，一個患病的「身體」。他診斷：

> 昔中國罹麻木不仁之病，群醫投以劇藥，朽骨枯肉，乃獲再生，
> 四肢五內之知覺，遂日增加，然元氣凋零，體血焦涸，力不支軀，

〔註7〕 張清華、李旭強、任永傑：《對我國學校體育思想形成的歷史分析》，《克山師專學報》2000 年第 3 期。

〔註8〕 梁義群：《簡評〈軍國民篇〉》，《安徽史學》1997 年第 2 期。

行佇起臥，顫戰欲撲。扁和目之曰：疾在筋骨，非投以補劑，佐以體操，則終必至厥瘈而死矣。……中國之病，昔在神經昏迷，周知痛癢，今日之病在國力孱弱，生氣消沉，扶之不能止其顛，肩之不能止其墮。〔註9〕

蔡鍔進一步批判中國現有教育在造成弱民弱國上的責任：

夫自孩提以至成人之間，此中十年之頃，為體魄與腦筋發達之時代。俗師鄉儒，乃授以仁義禮智三綱五常之高義，強以龜行鼈步之禮節，獲讀以靡靡無謂之詞章，不數年遂使英穎之青年，化為八十老翁，行同槁木，心如死灰。受病最深者，愈為世所推崇，乃復將類我之技，遺毒來者，代代相承，無有已時。嗚呼，西人謂我為老大帝國。〔註10〕

可以看到，蔡鍔同樣陷入「老大帝國」（意同東亞病夫國）的憂慮中。在他憂慮國民身體和精神衰弱狀況的背後，總是漂浮著對國民民族命運的「無意識」關懷。這必然決定他的軍國民教育，將是國家政治指向身體的一種佔領計劃。蔡鍔對教育的批評主要集中在傳統教育對國民身體健康的破壞。傳統教育造出了「受病」的國民，而這些身體病態的國民又導致了中國在國際上成為無地位的老大病夫國。在解釋中國何以成為「老大帝國」這樣的病國時，蔡鍔尋找出國民的身體原因。他說：「體魄之弱，至中國而極矣。人稱四萬萬，而身體不具之婦女居十之五。嗜鴉片者居十之一二，埋頭膝下久事呻吟，龍鍾憊甚而若廢人者居十之一二。其他如跛者、聾者、盲者、啞者、疾病零丁者以及老者少者，合而計之，又居十分之一二。綜而合之，其所謂完全無缺之人，不過十之一而已。此十分之一之中，復難保其人人孔武可恃。以此觀之，即歐美各強棄彈戰而取拳鬥，亦將悉為所格殺矣。」〔註11〕蔡鍔對那些不健康的國民在國民總體中所佔比重的描述，顯然不是建立在嚴密調查統計數據基礎上的，可以這樣說，他的十分之幾的判斷，是想像的結果，這種想像是基於對國家的不興及對現實中國民的身體素質的一種粗略印象。然而這種身體狀況的想像判斷加深了蔡鍔的亡國意識，他以斯巴達、羅馬、蒙古韃靼人、日耳曼這些向武而成功的民族為例，把各民族間的勝負歸結為

〔註 9〕 蔡鍔：《軍國民篇》，《新民叢報》第一號，光緒二十八年元月一日。
〔註10〕 蔡鍔：《軍國民篇》，《新民叢報》第一號，光緒二十八年元月一日。
〔註11〕 蔡鍔：《軍國民篇》，《新民叢報》第三號，光緒二十八年二月一日。

身體強弱對抗的結果。在蔡鍔的邏輯裏，身體之於國家命運的基礎性地位是不容置疑的：「蓋有堅壯不拔之體魄，而後能有百折不屈之精神，有百折不屈之精神，而後能有鬼神莫測之智慧。故能負重荷遠而開拓世界也。」〔註12〕因此他倡導強健體魄和精神的軍國民尚武主義。

> 居今日而不以軍國民主義普及四萬萬，則中國其真亡矣。
> 〔註13〕

以蔡鍔為代表的軍國民教育思潮，呼喚「尚武」，是清末開始的尚武思潮的重要內容。尚武成為朝野普遍的追求，這是因現實的國家民族境況而產生的、寄託在身體之上的、目的性非常明確的身體改造欲望。《東方雜誌》第二年第五期中《論尚武主義》一文，認為尚武精神是「國魂」，中國缺乏的正是這樣的國魂，因此必須呼喚這種國魂的歸來。〔註14〕呼喚這種精神歸來，是現實的弱國弱民的深切需求，是為了保種保國、為了雪恥這樣的民族主義目的。

> 嗚呼老大病夫之國，不求自強則矣，欲求自強不可不尚武。欲求尚武不可不振起國民尚武之精神，振起國民尚武之精神，奈何重軍人之名譽，高軍人之位置，興軍國民之教育，長武士道之雄風，以戰死為無上之快樂，以敢死為無上之道德，以服兵役為國民應有之責任，應盡之義務，獨一無二之天職。如此則民質皆具尚武之精神，而更於形式上增長光大之，可以保種可以保國可以復仇可以雪恥。〔註15〕

「尚武」的提倡在備受關注的軍事〔註16〕和教育中進行，軍國民教育是

〔註12〕 蔡鍔：《軍國民篇》，《新民叢報》第三號，光緒二十八年二月一日。

〔註13〕 蔡鍔：《軍國民篇》，《新民叢報》第一號，光緒二十八年二月一日。

〔註14〕 「人之有精神，譬之則靈魂也。國之有尚武精神，譬之則國魂也。今者中國已矣，其無國魂矣。風景不殊，舉目有河山之異，黃天已死，四郭皆多壘之秋魂乎？吾中國之魂乎，將一去而不復返也。則吾將衰絰以哭其大夢之未醒也。則吾將列炬燭之，張樂以導之，呼萬歲以歡迎之，曰魂兮歸來，吾祖國之魂兮，歸乎來！」（《論尚武主義》（節錄乙巳四月初三日《時敏報》），東方雜誌社《東方雜誌》第二年第五期，光緒三十一五月三十一日）

〔註15〕 《論尚武主義》（節錄乙巳四月初三日《時敏報》），東方雜誌社《東方雜誌》第二年第五期，光緒三十一五月三十一日）

〔註16〕 《讀提倡尚武精神上諭恭注》一文就是從軍事的角度來附和清政府的提倡尚武精神之政策的。「我國當此列強環伺之際，非提倡尚武精神，誠不足以立國也。朝廷知其關係之所在，故創練陸軍、興復海軍，急切圖成，大有不俟終

近代尚武思潮的一個具體表現〔註17〕。這是在外辱的強烈刺激下出現的救國方案。〔註18〕不管是那些針對軍事的種種尚武建議，還是專注於教育的尚武追求，都是籠罩在國家實力衰弱的陰影下的對國民氣質與體力的嚴肅要求。這就使晚清民初的軍國民運動，在相當大程度上表現為軍國民體育運動。尚武的軍國民主義支配了這一時期的體育思想和體育教育，在實際的行動上，表現為軍隊中的兵操訓練和學校教育中的體操課程。這些都是帶有明顯的軍事色彩的身體塑造方式，是在弱國弱民屈辱中掙扎的民族國家，對國民身體一次最直接最有目的性的改造努力。

以蔡鍔為代表的軍國民運動思想，在中國近代史上，開啓了影響深遠的尚武之軍國民教育運動。軍國民教育，實際上成為體育訓練、軍事訓練等身體上的尚武塑造運動。和蔡鍔同為軍國民運動重要提倡者的蔣百里，緊隨蔡鍔《軍國民篇》，發表《軍國民教育》，高呼：「國之所恃以為本，社會之所恃以為組織，軍國民哉！」〔註19〕蔣百里具體設計了實施軍國民的方案，其中一個是針對社會與家庭，另一個是針對學校教育。他認為「學校者，國民之製造所也，國風之淵源也，而國民職業預備校也。苟欲組織全體以軍人乎，則先自學校始。欲使將來國民有如何之起止心，如何之鍛鍊力，如何之軍人氣質精神，則當先知學校教育方針奚若而後可。」〔註20〕蔣百里批評當下教

朝之勢。又恐朝廷尚武之意，不能大白於天下也，故年前曾頒皇上親任海陸軍大元帥之詔敕。今以外侮日迫，國勢日蹙，非藉武力難期挽救也。故更頒佈提倡尚武之諭旨，上溯列祖躬擐甲胄之盛，下鼓國民效力疆場之氣，詞長意重，愷切申戒，凡有血氣，莫不感動。……」（醒：《讀提倡尚武精神　上諭恭注》，《申報》辛亥三月初八日，第一張第一版）

〔註17〕吳慶華：《我國近代軍國民教育的報曉聲 —— 蔡鍔尚武思潮述論》，《武漢體育學院學報》1999 年第 2 期。

〔註18〕姜萌在《試析 1903～1911 年間中國的尚武思潮》（《東嶽論叢》第 25 卷第 2 期，2004 年 3 月）中對晚清時期中國社會中出現的尚武思潮及各種軍國民組織進行了詳細的研究。他的研究揭示了尚武思潮在那個時期得以興起的現實政治原因，尚武思潮實際上反應了當時激烈的革命鬥爭。他認為，救亡禦侮是尚武思潮興起的原因，也是思潮的主要目的。「尚武思潮是近代青年學生在國家危難之際發動的旨在挽救國家危亡，重振中華民族雄風的運動影響了無數愛國志士，是 20 世紀中國思想激進化的重要推動力量。」

〔註19〕蔣百里：《軍國民教育》，《新民叢報》第二十二號，光緒二十八年十一月十五日。

〔註20〕蔣百里：《軍國民教育》，《新民叢報》第二十二號，光緒二十八年十一月十五日。

育雖然並提德智體，但偏重於智而忽視體育，致使體育提倡多年仍然是「神澳而不肅，勇不足以開先，毅不足以任重」的情況：

> 夫教育之大本，當與國運並進也。言教育者，動曰：德智體。
> 固也。然今日則三者偏於智，則如鼎之喪其二足，而全體殆不能自
> 立矣……若夫體育尤難言矣。〔註21〕

因此他具體提出發展軍國民體育的計策：「其一曰擴充，其一曰聯絡。」所謂擴充，就是擴充軍人教育於學校也，具體的就是提倡體操和體操之外的與身體鍛鍊有關的遊戲活動（行軍、野外演習、射的、擊劍、旅行、競舟、登山等）。所謂的聯絡就是軍隊要和學校聯合起來，變學校爲軍隊。總之最終目標就是要「一學校即一軍隊也，一國即一軍隊也」，「必使一國之人能各人爲獨立之生活，其志向堅，其體魄強，而後精神乃可用，……使社會之風紀，一趨於尚武也。」〔註22〕蔣百里軍國民教育帶有極強的軍事化特徵，以軍事化、兵式體操爲特徵的體育教育，延續了洋務運動以來身體訓練中濃厚的軍事色彩，練兵和興辦教育合爲一爐。1918 年《中華教育界》刊發了多篇關於軍國民教育與救國之關係的文章，其中吳家熙的《軍國民教育救國論》關於興學與練兵融和一體的「軍國民教育」觀點也很有代表性：

〔註21〕 蔣百里：《軍國民教育》，《新民叢報》第二十二號，光緒二十八年十一月十五日。

〔註22〕 蔣百里：《軍國民教育》，《新民叢報》第二十二號，光緒二十八年十一月十五日。軍國民教育類似的對體育的重視、對身體關注，可以從當時大量的教育論述中看到。《申報》「論說」《論吾國教育亟宜提倡尚武精神》（《申報》辛亥三月初六日第一張第二版），就是這樣一篇同樣深切關注身體之狀況與改造，和國家命運之關聯的文章。該文也對當時體育教育的不受重視，體育在改良國民身體上的不作爲，提出了批評：
「……吾國以不武攝於列強之間，銳氣全挫，所遺之兵力，誇毗柔脆，豈能立於天演之場乎？遠觀今日之教育，爲問有造軍國民之資格以期人種之改良，而完全立國之基礎者，無有也。即以普通之體育一門而言，此固國民教育之一端，非徒形式已焉。乃各省學堂之教員，其任此科者，教授之設施，不能嚴重，猶其次也。而率皆以青年浮躁之徒，充爲備員，於是不規則之行爲，迭現於學界。致鄙其人者，並輕視體育，而以爲將來之效果，與其強而野蠻，不如弱而文明。而體操一課，亦視爲等閒矣。此豈可乎？……近來學生活潑之態度，漸變爲委頓，強旺之志氣，日近於頹廢，而智慧氣力，皆若減退其所進行到達之程度者。體育不注重，非特人體不發達，而生理組織不強，心理之官能，亦隨之以靡。即有時奮發踴躍而不能永久。盧橋之氣一盡，不轉瞬而弱態現矣。以植根脆薄之國民，而欲斬其將來有實質上之動作，立於龍爭虎鬥之劇場，抑終難矣。……」

今之言救國者，莫不曰治標則練兵，治本則興學。其言誠
是。……處此列強並峙，天演劇烈之世界，其不隨淘汰之潮流以去
者，幾希。欲一反其弊非練兵興學合一爐而治之不可。其法無他。
曰：實行軍國民教育。〔註23〕

吳家熙具體解釋了練兵和興學合而為一的軍國民教育，在鍛鍊強健身體
和造就愛國精神上的雙重功效。「練兵所造就之兵士，有強健之體格，而無愛
國之精神，興學所造就之學生，具愛國之精神，而乏強健之體格。施行軍國
民教育，則互補其缺，自臻完美。」〔註24〕這樣的教育目的就是要達到尚武
之培養，在身體和精神上塑造出符合國家之政治使命的國民：「數年之後，苟
有外侮，則舉國皆兵，有恃無恐，何難屬兵秣馬，與輕侮我者一決勝負哉。」
〔註25〕。這就是尚武的軍國民教育在國民身體上所欲施加的政治改造計劃。
潘文安這樣一位「民間人士」的軍國民教育「方法」建議中，可以看到軍國
民教育的宏大目標中，身體所要接受的種種愛國的、政治化的、軍事化的嚴
格訓練：

（甲）小學生宜注重作戰之戲……

（乙）各學校應添授中國舊有武技……

（丙）各學校教科書宜揭舉古今之人物，及關於國恥之事項，特別指示
　　　提醒之各科教材。

（丁）各學校樂歌，宜選授雄武之詞曲以激勵學生之志氣。

（戊）師範學校及中學之體操宜於最後學年加授軍事學大要。

（己）中等以上學校體操教授應取嚴格鍛鍊主義並酌行野外行動及實施
　　　射擊……〔註26〕

軍國民思潮最終成了清末民初中國教育的主導性思潮，20世紀的頭二十
年基本上是軍國民教育時期。它使學校體育的發展和政治緊密聯繫在一起，
並且因其強烈的身體關注，使得軍國民體育這一身體塑造計劃，和現實的政

〔註23〕 吳家熙：《軍國民教育救國論》，中華教育界社《中華教育界》第四卷第二
　　　　期，中華民國七年。

〔註24〕 吳家熙：《軍國民教育救國論》，中華教育界社《中華教育界》第四卷第二
　　　　期，中華民國七年。

〔註25〕 吳家熙：《軍國民教育救國論》，中華教育界社《中華教育界》第四卷第二
　　　　期，中華民國七年。

〔註26〕 潘文安：《軍國民教育與道德教育》，中華教育界社《中華教育界》第七卷第
　　　　五期，中華民國七年。

治，和民族國家之危機密不可分。「軍國民體育思想在特定的歷史時期為了拯救民族危機，振興國事，所以，他具有強大的號召力，一經提出就在全國盛行，對推動我國學校體育的形成起到了巨大的作用」〔註27〕。在軍國民運動主導下的近代中國教育，是近代中國第一次有目的性的身體塑造計劃，其目標就是「尚武」。清政府在1903年公佈《奏定學堂章程》，這既是中國近代教育制度的初創，也是軍國民體育教育施行的開始。《奏定學堂章程》規定學堂開設體操課，具體要求如下〔註28〕：

蒙養院遊戲：「遊戲分為隨意及同人遊戲兩種，隨意遊戲者是使幼兒各自運動，同人遊戲者合眾幼兒為主從之運動，且使合唱歌謠，以節進退；要在使其心情愉快活潑，身體健適安全，且養成兒童愛眾樂群之氣息。」

初小體操：「其要義在使兒童身體活動，發育均棄，校正其惡習，流動其氣血，鼓舞其精神，兼養成其群居不亂，行正有禮之習，並當導以一有益之遊戲運動，以舒展其心思。」

高小體操：「提其義在使身體各部均齊發育，四肢動作敏捷，精神暢快，志氣勇壯，兼養成樂群合眾、動遵紀律之習，宜以兵操為主，以舒展其心思。」

中學體操：「中學學堂體操宜講實用，其普通體操先教以準備法、矯正法、徒手亞玲等體操，再進教以球杆、棍棒等體操。其兵式體操先教單人教練、柔軟體操、小隊教練及器械體操，再進則更教中隊體操、槍劍術、野外演習及兵學大意。」

對身體施與軍事性的鍛鍊，第一次進入了教育計劃中。這是在軍國民教育的大氛圍下產生的，是清政府欽定「尚武」教育宗旨的具體施行計劃。軍國民教育思想的影響一直持續到20世紀20年代初，它一直是那段歷史中，人們受現實政治影響，對國民身體施與塑造計劃的一種嘗試。既體現了中國教育在特殊年代中被政治支配的事實，〔註29〕也體現了以學校體育為媒介，在近代身體被關注被塑造過程中，國家權力、民族命運施加在身體上的強制

〔註27〕 劉新蘭、林生華：《從我國學校體育思想的發展軌迹展望21世紀學校體育》，《西安體育學院學報》第14卷第4期，1997年12月。

〔註28〕 舒新城：《中國近代教育史資料（中）》，北京：人民教育出版社，1961年，第388、421、436、511頁。

〔註29〕 蔡元培在論述教育的兩大類時——隸屬政治者和超秩政治者，說：「清之季世，隸屬政治之教育，騰於教育家之口者，曰軍國民教育。（蔡元培：《對於教育方針之意見》，《蔡孑民先生言行錄》，濟南：山東人民出版社，1998年4月，第105頁）

性、政治性力量。中華民國成立後，蔡元培任中華民國臨時政府教育總長，在他主持下的教育部繼承了軍國民教育的政策。1912 年 2 月，蔡元培發表了重要的教育論文《對於教育方針之意見》認爲軍國民教育不能不採取，因爲「在我國則強鄰交逼，亟圖自衛，而歷年喪失之國權，非憑藉武力，勢難恢復。且軍人革命以後，難保軍人執政之一時期，非舉行舉國皆兵之制，將使軍人社會，永爲全國中特別之階級，而無以平均其勢力。」〔註30〕蔡元培提出了「軍國民教育、實利主義教育、公民道德教育、世界觀教育、美感教育」五育並舉的教育觀，這個觀點成爲了中華民國第一個教育宗旨的理論基礎。1912 年 9 月教育部頒佈教育宗旨：「注重道德教育，以實利教育、軍國民教育輔之，更以美感教育完成其道德。」〔註31〕袁世凱在 1915 年頒定教育要旨中，也專章強調尚武強身的必要性。國家－國民－身體－尚武，這四者之間的邏輯關係，以及身體與國家的合而爲一的觀點，主導了《頒定教育要旨》的論述：

> 國何以強，強於民；民何以強，強於身；民之身何以強，強於
> 尚武。尚武之道分之爲：曰衛身，曰衛國；合而爲一，衛身既衛國，
> 衛國既衛身。……要之國必有民，民各有身。己身之性命財產，即
> 國家之性命財產也。民未有不思衛其性命財產者，欲衛性命財產，
> 必先衛國。國者，凡民性命財產之總寄也。故曰衛國即衛身，衛身
> 即衛國也。〔註32〕

在尚武的追求下，身體的政治化最終表現爲衛身與衛國的合一。身體就是國家，國家就是人民的身體。因此尚武強國和尚武強民、強身，在本質上又是一樣的。出於衛身即衛國的價值判定，尚武的提倡、軍國民體育的提倡也必然地是針對身體的政治改造。「衛國衛身，罔不本乎尚武」，「尚武云者，乃煉（國民）其堅實之體格，……乃驅（國民）之勇於公義」。〔註33〕具

〔註30〕　蔡元培：《對於教育方針之意見》，《蔡孑民先生言行錄》，濟南：山東人民出版社，1998 年 4 月，第 105 頁。

〔註31〕　《教育部公佈教育宗旨》，教育部總務廳文書科編：《教育法規彙編》，中華民國八年五月，第 87 頁。又見成都體育學院體育史研究所：《中國近代體育史資料》，成都：四川教育出版社，1988 年 7 月，第 75 頁。

〔註32〕　《大總統頒定教育要旨》，成都體育學院體育史研究所：《中國近代體育史資料》，成都：四川教育出版社，1988 年 7 月，第 76～77 頁。

〔註33〕　《大總統頒定教育要旨》，成都體育學院體育史研究所：《中國近代體育史資料》，成都：四川教育出版社，1988 年 7 月，第 77 頁。

體地就是要注重體育：「於德育智育之外，並重體育，使幼稚從事遊戲，活潑其精神；稍長進習兵操，鍛鍊其體格；極至擲球角力，習爲常課，運動競走，時開大會，凡所以圖國民之發育者無所不至，此民所以能衛其身也。」〔註34〕

軍國民體育教育實際上體現了軍事和體育這兩個「國家訓練和干預個人身體最重要的領域」〔註35〕的重合〔註36〕，國家試圖將國民身體進行軍事化

〔註34〕 《大總統頒定教育要旨》，成都體育學院體育史研究所：《中國近代體育史資料》，成都：四川教育出版社，1988年7月，第76頁。

〔註35〕 汪民安：《身體的技術：政治、性和自我毀滅》，汪民安著《身體、空間與後現代性》，南京：江蘇人民出版社，2005年12月，第35頁。

〔註36〕 江蘇省立第二師範附屬小學校於1915年舉行了一次「擬戰」，在學校學生中組織了一次類似軍事演習的對抗比賽。這是當時軍國民主義影響下對國民進行訓練改造的一個生動例子。擬戰的軍事色彩極爲明顯，而它的目標就是要提倡軍國民精神，「對於兒童除引起軍事思想外，更以活潑精神、鍛鍊身體、修煉道德，高潔志氣爲主要旨趣。」擬戰定於十二月七日上午九時在斜橋附近試演，所定方法如下：

組織法　以全校學生分紅黃兩組，每組又分戰鬥部、司令部、參謀部、赤十字部、輜重隊等。戰鬥部分先鋒隊、後衛隊、後衛本隊、本營等。先鋒隊設隊長一人排長若干人，後衛本隊設隊長一人排長若干人，悉以學生充之。兵士各執粉袋十數枚（假作藥彈）以爲殺敵之用。元帥居本營，以教師充之，統帥戰場上一切事務，另任學生數人亦執戰場上一切統治權。司令部設部長一人，以教師充之，指揮全隊兵士之舉動，另任學生數人專聽部長之命令以傳達參謀部種種消息及傳達兵士進退發給軍器等事。參謀部亦設部長一人，以教師充之，另任學生數人爲參謀，此部專司一切作戰計劃。赤十字部設部長一人副部長一人，另任學生數十人專司救護死傷兵士等事。輜重隊專司軍器之保藏及發給。

演習方法　兩組本營之距離半里左右，每組之本營數軍旗一面，戰鬥之結果即以能奪得敵軍之旗者爲勝，蓋實地戰爭之結果勝負不以兵士死亡多寡計也。開始戰鬥時間以六十分爲限，如果六十分鐘內兩組軍旗均未失落，認爲講和。兵士死傷後由赤十字部救護附以標誌，歸校時亦須另排，不得與未受傷者相混。

兵士應注意之要項　（一）前進時須肅靜。（一）遇敵軍時，距離遠者從速伏臥不得稍動，數分鐘後再行前進庶免危險；近者勇猛前進不得躲避。　（一）中彈後不得以手抹去。（一）軍器用盡後欲請再給者，須得司令之許可然後向輜重隊領取。（一）長官命令須絕對的服從不得稍行變通。（一）利用隱蔽地。

旗號要例　（一）上下振動則前進追擊。（一）向上不動則停止。（一）左右搖動則後退。（一）向前水平則跪下。（一）向下不動則伏臥。

擬戰用具　（一）每組組旗一面，黃組用黃色紅組用紅色，縱橫均二尺五寸。（一）每組輜重隊隊旗一面，黃組白地黃方心紅組白地紅方心，縱橫均二尺。（一）赤十字旗二面，白地赤十字。（一）赤十字小旗十面，同上。（一）徽章，元帥、參謀、司令以上紅組紅色黃組黃色，隊長排長以上均白色。（一）

的訓練和改造。尚武的軍國民思想，反映了清末民初對身體施加的政治化關注，身體的健康狀況成爲國家強弱的標識，身體能否尚武強健成爲國家能否強盛的決定性因素。這決定了那個時代特殊的身體政治觀，也決定了那個時代教育思想中特殊的身體改造欲望。1904 年《大公報》上的一篇《論體育》，可以讓我們看到在那個身體被聯繫著國家的觀念世界中，身體面臨著多大的政治性改造壓力，和體育作爲改造身體的一種方式所要承擔的政治使命。《論體育》開篇就沉浸在中西不平衡對比的思想框架中，並把中不如西歸結爲中國人身體不如歐美各國人，而這背後又是因爲歐美各國注重體育。作者認爲「一國之盛衰，不定於版圖之大小與人口之多寡，而定於國民身體之強弱」〔註 37〕，歐美各國就是因爲體育發達，所以國力強盛。作者最後呼吁，中國欲在武力爭勝世界中立足，就必須注重身體的鍛鍊，「身體強則人民強，人民強則國家自無不強」〔註 38〕。作者的強身建議就是「於學堂中除柔軟體操以外，皆授以兵式體操，一則培養服從之性質，一則造就健壯之軍人，如是則國始有自強之一日」〔註 39〕。

　　作爲尚武思潮一個重要的實踐形式，軍國民教育爲中國體育的發展做出了重要的貢獻。它也成爲近代中國身體生成史上一個重要的階段。軍國民教育集中了身體與國家之命運的大量論述，並且試圖以體育（體操、兵式體操）的形式，在實踐上嘗試服務於國家政治的身體塑造計劃。軍國民運動、軍國民體育教育在宏大的國家民族面前，對國民身體充滿了期待、想像以及工具化使用的設計。在運動的倡導及實踐者的闡述下，身體不再只是受生理現象糾纏的肉體，它可以在「集體意志與價值的指引下，生產出有利於這些價值與意志實現的現實歷史條件，從而使這些價值與和意志變成一種眞實。」〔註 40〕在當時崇

盛面白布囊每兵十數枚。（一）赤十字標記布若干方。（一）紅黃組標記布若干方，視戰鬥員之多寡。（一）救傷布若干條赤十字隊用。（一）各組尖角旗若干面，隊長排長用，紅組紅色，黃組黃色。」（《提倡軍國民精神》，《申報》中華民國四年十二月五日，第十版）

〔註 37〕　《論體育》，《大公報·論說》大清光緒三十年十一月廿二日，第九百零三號。

〔註 38〕　《論體育 續二十二日稿》，《大公報·論說》大清光緒三十年十一月廿四日，第九百零五號。

〔註 39〕　《論體育 續二十二日稿》，《大公報·論說》大清光緒三十年十一月廿四日，第九百零五號。

〔註 40〕　黃金麟：《歷史身體國家：近代中國的身體形成（1895～1937）》，臺北：聯經出版事業公司，2001 年，第 75 頁。

力尚武的風潮中，軍國民主義以尚武爲最高指導原則，它的改造國民計劃又無時地不體現著國權意識、愛國精神和優勝劣汰的世界觀對身體的攻佔意圖。中國知識界對軍國民思潮在西方和中國近鄰日本的成功事實的嚮往，對進化論所描畫的社會發展景象的緊張，「以及對中國身體本身的著意檢討，希望以一種雄美健壯的身體來取代現有羸弱的身體等，都是造成軍國民思想所以成爲一種支配性思想的原因。」〔註41〕軍國民體育所推行的身體訓練計劃所蘊藏的深厚的國家政治軍事意義，使得體育所專注的身體塑造事業，自覺地活動在國家政治的監視視野中。民族危亡、國家危機，是發展體育、鍛鍊身體的道義資源，強國強種則成爲體育、改造中的身體應循的宏偉目標。體育的身體包含了某種國家民族的隱喻，無論是軍國民體育時期還是後來的自然主義體育時期，體育倡導者都在努力豐富、建構強身強國的政治理想。雖然軍國民教育因爲其形式和內容飽受批評〔註42〕，而最終在 20 世紀 20 年代被拋棄，但是它所追求的尚武在身體上所寄託的國家政治欲望，卻被延續了下來。自然主義體育思想主導下的中國體育，仍然不乏有關於身體的政治化論述。身體的改造鍛鍊型塑，仍

〔註41〕 黃金麟：《歷史身體國家：近代中國的身體形成（1895～1937）》，臺北：聯經出版事業公司，2001 年，第 62 頁。

〔註42〕 近代體育史上，以提倡體操、興辦中國體操學校聞名的徐一冰，在 1920 年發表的《二十年來體操談》中批評軍國民主義體育的混亂不堪時說：「甲辰乙巳之間，民間革命思想，日益澎漲，且鑒於各國陸海軍之強盛，僉謂非提倡『軍國民主義』不足以救亡，於是學校體操一科，竟以尚武爲唯一之目的，以兵式爲必要之教材。此風一開，弊實叢生，一般無知識、無道德之營之兵士，竟一躍而爲學校教師。品類不齊，非驢非馬，既不識教授爲何物，又不知學校爲何地，酗酒狂賭，好勇鬥狠，無所不爲。不一年學校之名譽掃地，社會之信仰盡失，學生父兄，多仇視體操一科，至今猶有餘毒也。」（該文見《體育周報特刊》（長沙）中華民國九年一月，又見成都體育學院體育史研究所：《中國近代體育史資料》，四川教育出版社 1988 年 7 月）朱劍凡則在《軍國民體育的結果》中這樣描述軍國民體育的惡劣效果：「……軍國民體育不僅是自殺，簡直是把活動的人變成了一種機械，一點靈性不許他存在……受過軍國民教育的人，都是習於殺人的人。……殺人的事業不廢除，恐怕社會的生氣和光明沒有希望了。受過軍國民體育訓練的人就是不生產的人。……軍國民這種人是不能生產的，不獨不生產，並且把人家生成的東西，不管好壞，都破壞起來……」（該文見《體育周報》（長沙）第二十九期，中華民國八年七月，又見成都體育學院體育史研究所：《中國近代體育史資料》，四川教育出版社 1988.7）

總的來說，軍國體育在 20 世紀 20 年代前後已經引起了普遍的反對，反對者或者從體育的角度，或者從社會影響的角度，批評軍國民體育的負面效果。軍國民體育教育就是在這樣的批評聲中，逐漸被自然主義體育教育代替。

然被民族國家政治敘述包圍著。

第二節　救國必先強民：自然主義體育

　　辛亥革命後，軍國民教育主導學校教育的局面開始改變，民國政府頒佈的一系列教育法規，雖然繼續保留了軍國民教育的內容，但學校體育教育內容已經逐漸更新，舊式兵操漸漸衰落。1910～1915 年間，各類學校在體育課練習兵式體操和普通體操的同時，在課外活動中又開展了田徑、球類等近代體育運動項目。學校體育發展進入了「雙軌制」時期。〔註43〕五四運動後，兵式體操越來越不受歡迎。1920 年，南京高等師範學校在體育課上自行廢除兵操，有些學校則把體操課改為體育課。1922 年，北洋政府教育部公佈了新學制，稱「壬戌學制」。這個學制模仿了美國學制，反映了實用主義教育思想，規定學校的「體操課」一律改為體育課，並規定體育課內容以田徑、球類運動和游泳為主，一律廢除兵操。〔註44〕這標誌著軍國民體育教育在學校中的結束。代替軍國民體育的是自然體育，自然體育的興起主要是受了美國體育教育思想的影響。美國哥倫比亞大學體育系主任威廉姆士是近代自然體育學派的倡導人之，其主要論點是：一體育是人類生活的經驗和習慣，是生活的需要；二體育是教育的一種形式和方法；三本能是身體活動的原動力，體育活動必須發展人的本能活動。自然體育觀強調「教育人」、「培養品格」，宣揚純生物學觀點。當時由美國傳入的實用主義教育學說，在體育方面崇尚「自然體育」的理論，提出「體育即生活」的口號，強調體育要以青少年為中心，適應青少年的興趣，培養民主思想，適應個性發展。在體育教學手段上，主張採用跑跳等「自然活動」的方式，反對「非自然」的「人工」的「呆板」的兵式體操。到 20 世紀 20 年代中期，一些受自然體育影響的留美學生歸國後大多數在各高等學校體育系任教〔註45〕，同時像麥克樂〔註46〕這樣的

〔註43〕王瀧：《中國體育》，合肥：安徽教育出版社，2003 年 10 月，第 48 頁。
〔註44〕王瀧：《中國體育》，合肥：安徽教育出版社，2003 年 10 月，第 48 頁。
〔註45〕我國早期很多著名體育家都畢業於美國的春田學院，他們有董守義、舒鴻、許民輝、郝更生、馬約翰、宋君復、宋如海、牟作雲。參見趙曉陽：《美國春田學院與近代中國體育人物》，《南京體育學院學報》第 18 卷第 1 期，2004 年 2 月。
〔註46〕有關麥克樂對近代中國體育發展的貢獻的研究可參見〔臺灣〕王建臺的文章《麥克樂對中國近代體育的影響》（《體育文史》1994 年第 3 期）

基督教青年會成員在大學體育系任教辦雜誌，由於他們的推廣，自然體育的思想和方法在中國不斷傳播。自然體育思想在中國體育界長期居於統治地位，影響巨大，在南京國民政府時期「特別在教育部門的指導思想和學校體育中長期居於支配地位，在體育教學內容、教材及各種政策方案中影響甚深。」〔註47〕

軍國民教育的被拋棄，是當時兩個主要奉行軍國民主義的國家，即德國和日本，在一戰中戰敗引起國人反思的結果。軍國民體育思想在中國的興起，是因為大量的留日學生引入了日本的軍國主義體育思想。當時知識界對德國日本這兩個軍國主義國家的推崇，集中表現在對軍國民主義所塑造的健康國民和強大軍力的羨慕上，這導致了整個知識界對尚武的追求，和發展軍國民體育以使國民身體在兵式體操下「軍事化」。軍國民體育所代表的是對身體進行軍事化塑造的實踐，它隨著兩個軍國主義國家在軍事政治上的失敗，遭到了質疑，隨之而來的是人們尋找新的救國方案。自然主義體育在中國的登場，考察其原因，同樣不能不考量其思想來源國的榜樣力量。美國這個一戰後崛起的新興強國，對疲弱的中國的吸引力是巨大的。在那些留美歸國的體育家眼中，美國的體育及相關思想的有效性是不證自明的，因為美國強盛。所以他們有迫切的心志，在中國體育界移植美國的體育經驗。自然主義體育，表面上以新的體育思想、體育內容，代替「枯燥」死板的軍國民體育，但推行它的中國，其現實的政治軍事處境，與軍國民體育時期相比併沒有根本性的改變。「救國」仍然呈現在各層各界的言論中，「強種」仍然是中國人對自身國民國家之實力極度失望後的口頭禪。自然體育的盛行，只是因為中國找到了新的強盛國家榜樣，其對身體某種狀態的追求和改造方式，只是因為它找到了像美國這樣的新強國中新的理想身體式樣。自然體育在中國的推行仍然是一種身體關注和改造的實踐，這個時期的體育家們僅僅是在認識身體和改造身體的方法上，和他們的前輩軍國民體育推崇者有不同意見。促使軍國民體育和自然體育發展的政治動力是一致的，那就是體育家們都在嘗試從身體上完成嚴肅的時代政治任務──救國。身體仍然被關注，仍然是政治力量欲施與干預的對象，其被關注仍然是因為身體的改造可以達到強種強國這樣的民族主義政治目標。在自然體育時期，體育思想界，沉浸在對美國這樣的成

〔註47〕徐劍雄、王加強：《淺析我國近代體育思想的演變及其內涵》，《浙江萬里學院學報》第13卷第2期，2000年6月。

功國家的嚮往中，同時深陷在現實的國家民族危機感中，因此，軍國民體育在形式上被拋棄了，但軍國民體育改造身體以強國這樣的政治目標被延續繼承了下來。尚武的口號，被更直接的口號代替：強種救國。

從 1920 年代開始，對體育功能和意義的認識，隨著中國體育的發展，不斷地完善豐富起來。作為一件已成規模的事業，我們只要從那些從業者（甚至包括非從業者）的言論文本中，就可以知道他們是如何認識他們所推行的事業，甚至解答更多的問題。關於「什麼是體育」，以及「體育將有何功用」，體育家和非體育家留下了大量的文字材料，從這些材料，我們可以解讀在這些人物的價值觀念體系中，體育在更宏大的（國家民族的政治的）歷史任務中將以何種姿態來應對。而這正是我們瞭解身體在國家政治中的狀態的最佳途徑。體育本身就是關注、鍛鍊、訓練、型塑、管理身體的事業，體育在救亡為主題的歷史中，又是救亡圖存的事業。當國家民族的命運被認為維繫在國民的身體上時，體育必然地因為其強身強種的功效，而擔負起訓練身體以服務於國家之目的的政治重任。因此體育史，又是身體政治史，是身體導向於政治的生成史。近代中國體育史中的言論文本，充滿了身體焦慮與關注。從體育定義和體育功能的闡述中，我們可以預知，近代中國體育在身體關注與政治關注上的雙重聲音，及體育作為救亡的工具和改造身體的方案，將是近代身體政治的一個重要展示領域。

錢紹霖在《和青年談談體育》中，解釋何為體育：

> 體育是教育上的一個名詞，是練習運動，發揚遊戲本能，鍛鍊身體，適應普通生活的思想，養成愛好運動的習慣的一種學科。

這個體育的定義基於體育訓練身體的功能。所有的體育提倡者都很清楚體育在一系列規範的動作技術訓練中，型塑身體的功能的。王學政在 1945 年出版的《體育與教育》中，很好地解釋了體育塑造身體、提供技能的作用：

> 其實體育並非一種技能，或一種特殊的技術，甚或非純為一種衛生或健康的方法，而為我人生活之一種表現。體育之作用不外乎在訓練敏銳的想像力、建立人類高尚行為標準、促進身體良好之姿態以及培養一種活力，俾可藉以貫徹我人理想之希望或目的。惟體育主要之方式殆為遊戲，使青年人習得各種應用於閒暇與娛樂之技能，因而獲致良好的完整的發達，蓋在今日文明生活之下，遊戲亦為一種細而得之技能也。由此可見，體育活動藉各種競技與遊戲能

> 供給青年們以無上之教育機會，俾發達其社會性，樹立行爲之標準
> 並形成良好態度。……〔註48〕

然而，在近代體育提倡者的眼中，體育的價值不單單是它對軀體的強健意義，正是體育可以被寄託上強種救國的宏大目標，才使一代代的體育家滿懷熱情與信心。王學政認爲「新體育」不是「身體之教育」，而是「利用身體之教育」。王學政顯然已經意識了，身體在體育中被外部力量支配的事實，而且積極去利用體育這種管理身體以服務於社會的功能。他說：「新體育之眞諦亦即在如何利用身體之活動，以教育我人，有如一種爲人群謀福利之社會事業焉。」〔註49〕體育不僅僅是訓練身體，它的價值在於爲什麼而訓練身體、「教育身體」。近代中國體育之所以被重視，顯然就是基於王學政這樣的認識的，體育是「爲人群謀福利之社會事業」——甚至體育是用身體救國的事業。王學政按照體育和教育的關係，爲體育下了九條定義：

一、體育是以快樂與健康的生活爲目的，以人類生活的經驗爲根據，在生命的旅程中，指示適當的途徑之教育。

二、體育是以大肌肉活動及其有關的因素，如營養、休息，睡眠、排泄、消化功能、體溫之調節、精神狀態等行爲或習慣爲手段，謀使生理、心理、倫理三方面皆能得到平衡的發達。

三、體育就是以各種興趣濃厚的活動來教育兒童，如何使用各種相當間接的方法，去抵抗今日缺乏活動的生活之威脅，而取得更多和更良好的娛樂機會，啓發或加強他們對戶外的生活愛好心；以及如何根據今日生活中的缺點，去選擇適當的活動，藉以抵抗或補救職業上的缺陷與其他各種惡影響，因而獲得良好的發達。

四、體育的目的在供給精神強幹的領袖與適宜的設施，使個人或團體在此處境之下，得有機會，以發達其健康的身體，振作與滿足的精神，以及健全的群育。

五、體育爲教育之一端，其內容包括：（一）兒童在大肌肉活動中的組織和領導，以求按照社會的標準，獲取該種活動中遺傳之發展與調整；

〔註48〕王學政：《體育與教育‧序》，商務印書館印行，中華民國三十四年十一月初版。

〔註49〕王學政：《體育與教育‧序》，商務印書館印行，中華民國三十四年十一月初版。

（二）與該種活動之領導具有天賦的聯繫之健康或生長控制，以使教育的歷程，不致妨礙生長。

六、體育訓練是以運動來訓練身體和心靈，其目的在保障優越的健康，增進身體的剛強與身心的效能，以及促進神經肌肉與心理運動的教育。

七、體育為整個教育系統中主要之一部，並以健康、品性與人格教育為其主要範圍。

八、體育包括各種利用活動、知識和習慣來增進健康、生長與發達，以及控制所有足以影響理想、娛樂技能和興趣的情境之方法。

九、近代科學化的體育思想已公認體育的兩大目的為：（一）健康，即指身體正常生長與發達，成為一個有效的機體而言；（二）心理運動教育（Psycho-motor. Education）著重於身體的控制與人格品性之表現。〔註50〕

這九條定義從教育的角度，規定了體育在塑造身體、心理等各方面健康所承載的功能，基本囊括了近代對體育之教育功能的各種認識。從這些定義我們更多地看到體育在塑造身體心性中的作用，而正是這樣的身體改造效用，決定著體育「為人群謀福利之社會事業」的功能。郝更生認為體育能「謀國民堅強意志之養成，謀國民生活效率之增高，謀國民固有特性之發揚」。而這些是為了使「全國國民體力上之相當進步，俾能擔負此建設時期中，國民應負之重任」。〔註51〕眾多的與體育提倡有關的論述，都可以歸納出像「發揚民族主義」、「實施救國主義」、「雪國恥」、「實施全民訓練」、「強種救國」這樣的政治目的和意義。〔註52〕袁敦禮同樣是二三十年代著名的體育家，他在《自然活動》這篇宣揚自然主義體育的文章的結論部分，談到體育應承擔的社會政治使命：

體育是時代思想合狀況的產物，同時體育也要幫助提高社會狀況，促進理想社會的實現。〔註53〕

〔註50〕王學政：《體育與教育·序》，商務印書館印行，中華民國三十四年十一月初版，第11～12頁。

〔註51〕郝更生：《今後國民體育上之建設》，體育雜誌社《體育》第五期，中華民國十八年五月。

〔註52〕驥：《論體育之意義與目的》，南京體育場月刊編輯委員會《體育月刊》第一期，中華民國二十一年年十月月。

〔註53〕袁敦禮：《自然活動》，國立中央大學體育科《體育雜誌》第一期，中華民國

　　袁批評軍國民體育的舊式體操，因爲舊式體操不能提高「人民」的社會能力，致使人民不能自由，無法享受五權共和：

　　　　中國的國家自從改了共和以後，適合於封建時代的外國體操更不應當來盲襲他。況且我們的將來的理想的中國是要人民直接實行享五權，那麼，人民自由的發展是很需要的。我們中國社會上最大的缺點是受數千年個人主義的哲學的影響，個人完全沒有社會能力。所以無論什麼事情大家說是自私心太重，不能合作。我們要是使人民能執行享受五權，非先養成社會能力的自然活動。所以從中國現在的狀況合我們所希望的將來趨勢看起來，自然活動是最適合於我們中國的。〔註54〕

　　袁敦禮的觀點，代表了當時一部分體育界人士的看法，那就是將體育的發展和文化、民主等直接聯繫起來，認爲體育有助於文化的改造和提高人民的道德政治水平，最終有利於民主國家的建設。曾經擔任中央大學體育系主任，對中國近代體育發展作成重要貢獻的麥克樂就抱持這樣的體育思想，在體育雜誌中宣傳體育對培養公民政治素質、文化素質的作用。他在《文化與體育》中分析了遊戲運動在培養兒童「養成社會意識、公理心、愛和平、守秩序、政治上的聯絡」的素質上的作用。他說：

　　　　若要這一代的學生，發達高尚的社會意識、公理態度、和平合秩序的精神、政治上的聯絡，非利用體育教育，我總覺得沒有什麼希望。僅教育少數領袖是不足用，必要普及一般社會。若男女都受過這種教育，將來男女平等的事，就不成問題：因爲女子有機會發達本性，平等問題就自動解決。……我總覺得中國將來文化的起源，就是兒童的運動場。〔註55〕

　　麥克樂認爲中國文化的改造，一大部分就是要依賴遊戲場上的教育。「在近幾年多半要在學校操場上，使學校體育教員負這個責任。」〔註56〕在《體

　　　十八年六月。

〔註54〕袁敦禮：《自然活動》，國立中央大學體育科《體育雜誌》第一期，中華民國十八年六月。

〔註55〕麥克樂：《文化與體育》，中華全國體育研究會《體育季刊》第二卷第四期，中華民國十二年十二月。

〔註56〕麥克樂：《文化與體育》，中華全國體育研究會《體育季刊》第二卷第四期，中華民國十二年十二月。

育爲人格教育的實驗》中，麥克樂強調體育在培養中國迫切需要的「高尚人格」中的作用，他「從體育的教育方面研究中國最迫切需要的東西」，提議五個目標：一、實用的道德，二、高尚自信的精神，三、有康健力有發動力的人材（這也是基於精神素質的一個目標，作者說：「中國人的身體太脆弱了，因此大多數中國人的精神，太消極了。所以我以爲要希望中國富強，非先使中國人有康健力、有發動力的精神不可。」），四、有魄力的國民，五、有聯合及犧牲的精神。作者認爲只有達到這樣的五個目標，才是真正的體育。〔註57〕麥克樂的主張有別於那些只注意體育在健身功能上的價值的觀點，極其注重體育運動、體育教學在精神品格訓練上的功能。他的思想實際上代表了自然主義體育時期人們對體育的普遍認識：體育在生理身體和心理上有雙重教育功能。

不管人們對體育在身體訓練和精神訓練上價值的認識有何偏差，體育的最終目的是明確的，那就是如何成爲社會事業，爲承擔社會的、國家的、民族的使命而培養出健康的國民（身體和精神上都健康）。在近代中國，國家民族的健康總是被轉化爲民眾個體或全體的身體健康的問題。發展體育以使國民強身，就成爲了延續國家民族之生命的必須途徑。「提倡體育確是興國的上策。」〔註58〕「要救國必先強民。」〔註59〕類似的口號主張體現了近代以來一代代體育家的熱情。

李芸在 1927 年第二期《體育》中發表的文章中，認爲要建設強盛國家，洗除病夫的恥辱，必須提倡社會體育：

> 苟欲改造社會，建設強有力之國家，則普及社會體育誠不可視爲緩圖。試觀我國。人之身體，有如外人之健康者手？內部之精神有如外人之活潑者手？身體精神，即皆不能與外人相比，宜乎社會沉默，一無生氣。……欲雪病夫之恥，使社會有活潑之生氣，則急宜普及社會體育。使各人有正當之娛樂，以愉悅其心志；有適宜之運動，以活潑其肌體。如此則社會中均繫健全分子，病夫之名，由

〔註57〕麥克樂：《體育爲人格教育的實驗》，中華教育改進社《新教育》第五卷第一、二期合刊號，中華民國十一年八月。

〔註58〕龔業雅：《鄉村教育與婦女體育》，體育雜誌社《體育》第二期，中華民國十六年六月。

〔註59〕姜俠魂：《武術與民族》，國術統一月刊社《國術統一月刊》第一卷第三、四期合刊，中華民國二十三年十一月二十日。

此可以洗滌，社會生氣，亦可蒸蒸日上矣。〔註60〕

在 1935 年的一篇提倡民眾體育的文章中，作者直指國民身體衰弱、民族前途危機的現實，相信提倡民眾體育可以復興民族：

> 我國國民，身體衰弱，精神萎靡，是民族前途的極大危機。提倡民眾體育，可以復興民族，是無疑義的。
>
> 民眾體育是對於社會全體群眾所施加的體格訓練，而使之適應環境的教育。從表面上看來，體育僅限於肌肉的運動，但經現代教育家科學家的研究，承認體育的確具有道德上、精神上、生活技能上的價值。從民族立場上講，民族是個人集合而成，所以民眾的康健和民族的盛衰有密切的關係：體格強健的民族，是樂觀、進取、創造；反之，則悲觀、偷安、退化。所以發展民眾體育是延續民族生命的唯一要道。〔註61〕

中國從十九世紀末開始發展體育，一直到二十世紀二三十年代仍然肩負著為弱國摘掉「病夫」帽子的任務。這可見中國體育發展之沉重，那些被關注、改造的國民身體為國家承受的話語的沉重——身體的強弱對比被強迫地賦予中外國家強弱對比的意義。而當三四十年代日本侵華造成國家嚴重危機，全國普遍沉浸在救亡圖存的緊張情緒中時，體育界更自覺地打起救國的旗幟。中日之間現實的政治軍事鬥爭，使得訓練體格、改造身體成為一種更為緊迫的任務〔註62〕，「健康」成為國民的一項不可推卸的政治責任。署名為

〔註60〕 李芸：《體育與社會》，體育雜誌社《體育》第二期，中華民國十六年六月。

〔註61〕 王汝璋：《今後中國民眾體育的動向》，江蘇省鎮江公共體育場《體育研究與通訊》第三卷第一期，中華民國二十四年九月。

〔註62〕 相菊潭在《怎麼普及民眾體育？》（江蘇省立鎮江公共體育場《體育研究與通訊》第一卷第一期，中華民國二十一年十二月）中說：「體育不僅是身體的鍛鍊，確是整個肌體生活的訓練。在表面上看，體育似乎僅僅是大肌肉的活動，實則社會的道德，公民的修養，基本生活的技能，休閒的生活方法，都要藉身體活動加以訓練，關係何等重大。當此帝國主義侵略危及國家生存的時候，要發揚民族的精神，培養團結禦侮的能力，尤非提倡民眾體育不可。」當時提倡體育的呼聲，實際上也在傳達著急迫的救國號角，對體育訓練身體、培養品格的價值的多角度認識，必然地帶來要救國必要發展體育這樣的結論。這裡面仍然延續著身體健康與國家民族之命運的決定性關係，仍然是一種身體健康政治學的表現。不管是生理肌體的健康，還是精神品格上的提高，都是建基於對「身體活動加以訓練」的身體訓練工程，而這樣的身體訓練工程——體育，是現實的國家禦侮救亡所急需的。

「甫」的一篇文章《體育救國》很能反映這種強烈的危機意識與體育救國的強烈願望。文中圍繞著強種救國的目標，處處是對用體育拯救身體以達拯救國家的企望：

> 重文輕武，是我們中國衰弱的一大原因。要曉得中國是久被列強嗤為「東亞病夫」的國家，但是這也是無足自諱的。只看我們國內的青年，差不多是面黃肌瘦、弱不勝衣，青年是這樣，其他的更不必談了。假使我中華民國的國民，和列強來比較。那麼便要感到「相形見絀」的哪。人家說我們是病夫，固然是一種嘲笑的話，其實也是給我一種良好針砭。我們該知道要有健全的精神，必先有健全的體格，集合千千萬萬具有健全體格的國民，才能創造健康的國家。可是我們的中國一輩子衰弱的原因，最大的是因為國民體力的衰弱，沒有振作的精神去奮鬥。如今中國當務之急，就是體育了。大家應該要有特別的重視，還要大家積極的提倡，造就那一般知識分子有相當的訓練，得到充分的效果。……照目前我國所處的環境，日趨惡化，外侮日亟，國難嚴重。當此危急存亡之秋，千鈞一髮之際，「國家興亡，匹夫有責」，我們既然是中華民國的國民，應該要趕快的鍛鍊體育，奮發圖強，充實國內力量，作協力禦侮之準備。如或國家多難，戰事暴發，舉國上下，一致起來，那麼就可以眾志成城，組織強有力的大集團，把那大無畏精神，去共同奮鬥，然後才能夠拯救我們地大物博的中華民國。〔註63〕

袁宗澤在《國難與體育》中批評在九一八事變之後，中國興起的各種救國呼聲皆非根本途徑，只有發展體育，強健身體，高尚人格，才是救國的根本：

> 九一八事變之初，國人未嘗不熱血沸騰，同仇敵愾，有死而已。乃曾幾何時，三省失地未復，熱河繼以淪陷，政府束手無策，民氣銷沉若死，如此而欲抗敵救國，其可得矣？是以航空救國也，造艦救國也，槍炮救國也，馬達救國也，皆非根本要圖也。爰國民既無堅強之意志，雄偉之精神，又乏健全之體魄，國家之意識，民心已死，民氣已衰，雖有利器，亦復何用。恐徒以資敵，殘殺我同胞耳。

〔註63〕甫：《體育救國》，南京體育場月刊編輯委員會《體育月刊》第一期，中華民國二十二年十月。

故竊思欲挽救國難，復興中國，非從根本著手，改革教育不可，尤
應特別注意體育訓練，以養成健全體魄，高尚人格，獨立有爲之公
民，共負保衛國家之責任。〔註64〕

袁引證古今中外關於鍛鍊體魄提倡體育與保衛國家的關係的言論，結合
自己出國考察的經驗，認爲：「凡此均足證明國難與體育，有深切之關係，吾
人於未來之國民，及現在之民眾，對於體育訓練，除原有種種目標外，尤當
注意於團結合作忠心愛國，以負衛國雪恥之使命也。」他在家庭、學校、民
眾三個方面提出了如何進行體育訓練的建議〔註65〕，最後高呼：「時急矣！勢

〔註64〕 袁宗澤：《國難與體育》，江蘇省立鎮江公共體育場《體育研究與通訊》第一
卷第三期，中華民國二十二年七月。

〔註65〕 袁宗澤從家庭、學校、社會三個層面來要求進行體育訓練：

「**家庭體育訓練** 實施體育訓練，應自家庭兒童起，吾人對於兒童體格之鍛
鍊，雖不必如古代斯巴達之殘忍慘酷，然亦不宜溺愛，以摧殘其天性。教育
家洛克 Jahn Locke 對於體育之主張，頗合時宜，可效法者也。對於體育主張
鍛鍊，Hardening 其意『兒童生活宜簡單而刻苦，反對溺愛，應當常使其遊散
廣場，多曝日光，作活潑之運動，吸收新鮮空氣，睡眠宜充足，而須臥硬板，
食物宜淡泊，勿飲酒，勿服藥，衣服宜寬舒，勿緊縛其體，不論寒暑，不可
戴帽，又宜跣足，至多穿軟底鞋，女子應與男子同樣鍛鍊，切戒纏腰。』果
能依此原則訓練，兒童體魄，在家庭已具強毅活潑堅忍耐勞之根基，再如學
校，施以相當之體育訓練，其不能成爲健全衛國之國民者，吾不信也。世人
往往注意於學校體育，而忽略家庭體育，是誠捨本逐末也。
學校體育訓練 際此國難時期，學校體育，應特別培養勇敢果決冒險犧牲團
結合作忠心愛國刻苦耐勞堅毅獨立之諸德。故除現今國內通行之柔軟器械
操，以養成勇敢堅忍敏捷技巧之德性。每月舉行長途徒步旅行一二次，其路
程隨學生之年齡體格，自十餘里之至數百里不等，以養成耐勞刻苦任重致遠
之習慣。此外，如爬山露營游泳划艇技擊等，對於體育有特殊之功效外，亦
有助於上述諸德之培養，理宜多提倡。同時教部宜從速訂定各級學校畢業時
之體育合格標準，嚴屬執行。如此訓練庶能造成堅忍獨立有爲之國民，一掃
從前浮而不實之弊，以挽救國運乎。
民眾體育訓練 我國民眾體育最爲幼稚，故亦從組織著手，凡負民教之責者，
及熱心體育之同志，應各將其所在地，就民眾之所好及需要，組織各種體育
團體，從事訓練，一以養成其組織能力，團體觀念，再以訓練其體魄，不致
未老先衰，非特從事各種事業，得勝任愉快，即一旦國家有急，仍能勇往直
前，爲國宣勢。民間相傳之活動遊戲，爲民眾精神所寄託者，非特不應禁阻，
尤當設法鼓勵，如新春之賽燈掉師，最好活動遊戲也，端午之競渡，猶新式
之賽艇也。清明踏青，重九登高，無形之遠足爬山也。迎神賽會時之全武行，
無上之國術表演也，石鎖石擔，農家之健身具也，此外各地自有其好尚，自
有其特殊之活動，全在提倡民眾體育者，投其所好，設法利用，以養成堅毅
健全之國民，共負挽救國難之責任者。」（袁宗澤：《國難與體育》，江蘇省立

逼矣！我大中華民族，其願永久屈辱於敵人鐵蹄之下乎？如欲打破國難，雪恥圖強，創造新生命，開拓新生路，則當以德國瑞典爲先鑒。」〔註66〕國難當頭，體育自覺地承擔起救國的政治任務，實際上成爲當時體育言論的主要特徵。登載袁宗澤文章的雜誌是《體育研究與通訊》〔註67〕，這份雜誌創刊於1932年，它的創辦，就是響應挽救國難之時代呼聲的。在它的創刊號《卷頭語》中，創辦者表明了體育在國難中的價值和謀體育發展的發行主旨。

> 在此國難當頭，強鄰壓境的時候，國勢岌危以岌，而國民精神體魄，又復萎靡孱弱，不知振作。所以提倡體育，實屬萬萬迫切之舉。教育部有鑒於此，今夏特別召集一次全國體育會議，以謀解決救國強種的根本問題。實因體育之功效，不僅鍛鍊個人身體，亦爲延續民族生命的要素。中國不欲圖強則已，如欲圖強，則非從提倡體育著手，便沒有終南捷徑了。
>
> ………
>
> ……欲謀今後體育的進展，必須對於學識原理，悉心研究，對於運動技術，竭力探討，更宜互通聲氣，共策進行，採人之長，補己之短，改法易教，實事求是，那麼體育的功效才能顯著，而強國的目的可達。這就是本刊所以發行的宗旨。〔註68〕

在這個卷頭語中提到的全國體育會議，於1932年8月16日在南京召開。鍾靈秀在《國難當中召集全國體育會議之原因及希望》中說：「爲什麼體育會

鎮江公共體育場《體育研究與通訊》第一卷第三期，中華民國二十二年七月。）這些訓練身體的建議，都是指向更宏大的政治目標的，那就是挽救國運，這就是體育在當時發展中，對身體進行政治化國家化改造的普遍特徵。

〔註66〕　袁宗澤：《國難與體育》，江蘇省立鎮江公共體育場《體育研究與通訊》第一卷第三期，中華民國二十二年七月。

〔註67〕　在《體育研究與通訊》創刊號上有張伯苓等人的題字：「努力競存」、「強國之本」、「提倡社會體育發揚民族精神」。這樣的題字，反映了雜誌支持者，甚至整個體育界、社會對體育之強身救國價值的認同。而在日本侵華這樣的危境中，我們來理解與體育有關的這些口號，就能意識到體育在「救國」時代的政治責任。

在各種體育類雜誌中，很多都刊載了各界要人的題字，題字的內容大多集中在傳達健身與強國、復興民族的信息。這些是理解當時體育之價值追求很好的細節。

〔註68〕　《卷頭語》，江蘇省立鎮江公共體育場《體育研究與通訊》第一卷第一期，中華民國二十一年十二月。

議不舉行於太平無事之時，忽舉行於國難當頭之日，殊足耐人尋味。」作者反覆推究，略得其故，再次重複中國「東亞病夫」的身體衰弱事實：「考我國立國東亞，數千年來，以『文質彬彬』爲高尚文雅，加之嗜好不良，衛生不講，以致面黃肌瘦，精神萎靡，外人譏爲『東亞病夫』良非虛語。」〔註69〕作者認爲這樣的身體條件，又沒有正確的體育發展政策，最終導致了國民持續衰弱，在抗擊日本侵略時不能取勝，國難日趨嚴重。這次體育會議是在國民政府教育部的召集下召開的，旨在「國難當頭之時」〔註70〕提倡體育。「國難發生，國人萎靡，不振之精神，益行暴露，同人等鑒於國勢之危急，非提倡國民體育，不足以振刷民族精神，共起救亡圖存。褚（民誼）主任用特重申前議，函請教部召集會議，於是由部擬定會員標準，及人數，連概算書，提出第三十四次行政院會議議決通，於本年八月中旬，召集會議。其目的不僅爲討論體育實際問題，擬定實施方案，及劃一訓練方針，蓋如何造就健全國民體格，養成智仁勇之民族精神，其使命尤爲重大也。」〔註71〕從這個關於體育會議之緣起的解釋中可以看到，體育界和教育界深切的政治危機意識，及因此對國民身體的關注和改造欲望，支配著體育的研究與倡導。在體育會議開始後，大量的會議報告，及會場外的反響，集中體現了當時社會對體育之強種救國的價值的體認。國難、身體、救國這些元素，在愛國的危機意識主導下，在各種文本中組合，使得身體成爲一個被集中凝視研究和施與改造的對象。在濃厚的政治目的和意義包圍著的場所，身體被當成救國的工具，對象化、工具化伴隨著國家化政治化。

會議第一日和閉幕當日，朱家驊、何應欽、陳立夫、王正廷等政界人物，紛紛發表講話訓詞，闡述體育發展、身體訓練與救亡圖存的關係。大會最後

〔註69〕 鍾靈秀：《國難當中召集全國體育會議之原因及希望》，《全國體育會議特刊（第四號）》，《申報》中華民國二十一年八月十九日。

〔註70〕 《申報》在報導這次會議時，概述這次會議的召開背景和任務：「際此國難當頭之時，教育部召集空前之全國體育會議，其意義深遠。大會於今日上午八時在京勵志社行開幕禮，至二十日止，共計開會五日。籌備委員會已請袁敦禮、吳蘊瑞、郝更生三專家起草《國民體育實施方案》，並收到各方提案二百數十件。在此大會，將亦擬就之方案爲主題，而以各種提案修正之，成一整個的《國民體育實施方案》。」（《全國體育會議特刊（第一號）》，《申報》中華民國二十一年八月十六日）

〔註71〕 彭百川、郭蓮峰：《會議籌備經過》，《全國體育會議特刊（第一號）》，《申報》中華民國二十一年八月十六日。

立夫要以「抗戰為體育，以生產為體育，以一切勞動服務為體育」，體育被賦予的國防價值，意味著體育所訓練的身體承擔著不可推卸的政治使命。

「把我們的血肉築成我們新的長城」，這是在抗戰時期廣泛傳唱的歌詞。「血肉」與在中國歷史中具有抗敵防禦象徵的「長城」，在歌曲中完成了新意象的結合。血肉從生理意義上的血肉，昇華為政治意義的血肉，它被呼喚著去築成「新的長城」——國防上堅固的防線。血肉也就是國民身體，是軍事的政治的抵禦力量。抗日要求用國民血肉（肉軀身體）築成新的長城，其意即在於喚醒國民身體在抗敵中的價值，促使國民捐軀赴國難。在體育提倡者的眼中，用什麼樣的「血肉」來築造，決定著「新的長城」能否為中華民族的崛起復興提供保障。呼喚血肉來築造長城，也就是重視血淋淋的軍事對抗中身體的救國價值。然而，身體批判者眼中的國民血肉身體顯然還不能築造「新的長城」。抗戰的不利局面，使身體的「衰弱」憂慮有增無減，改造身體的欲望隨著對民族主義政治目標的渴求，愈發強烈。血肉——身體，需要經過合目的的鍛鍊，才能真正對抗日「有用」，對更高遠的政治目標——復興民族國家——有用。受體育訓練的「健康的血肉築成的長城才能鞏固」。劉慎旃在《婦女體育與抗戰建國——十月十八日向學生集訓第九大隊講》中說：

> 我們抗戰到現在已是一年又三個月了，我們所得的教訓是什麼？想來在座的同學一定對我們過去抗戰的缺點和失敗的原因，是很明瞭的，以我們站在體育的立場上講來，實在太落後了，這或許是失敗的原因吧！？因為體育的落後所以中國的人儘管多，但多是病夫。……我們現在要急起直追，積極提倡體育，鍛鍊國民的體格，方能增強我們抗戰的力量，抵禦外侮建設國家。年來我們常常聽到「把我們的血肉築成我們新的長城」的歌聲，各位都會唱，連三四歲的小孩都會唱。可是真要拿我們的血肉來築新的長城，並不是唱的這樣容易，必定要我們每個國民的血肉經過相當的鍛鍊，才能夠合用的。因為要健康的血肉築成的長城才能鞏固。……我們玩唱著想著要用血肉築成新的長城，那嗎，首先就要受體育的訓練，把我們的血肉鍛鍊過才可以。……所以我們要鍛鍊我們的體魄，來增強我們的體力，才能擔負起抗戰的任務。這是說體育與抗戰的關係。
> 〔註79〕

〔註79〕劉慎旃：《婦女體育與抗戰建國——十月十八日向學生集訓第九大隊講》，四

劉愼旃接下來講關於體育訓練體格與建國的關係，仍然是基於當時體育界普遍的認識：「有健全的身體，總有健全的精神，有健全的精神，然後才有偉大的事業。」抗戰強化了體育界、政界軍界等人士對國民體格和體育的重視。陳立夫就一直是身體健全與國運問題的關注者，他熱衷於提倡民族本位的體育。另一個重要人物陳誠，實際上代表了軍界人物對國民體格問題的態度。他在爲請通令全國提倡體育增強國民體質而致電蔣介石時，對士兵身體瘦弱表示了憂慮，並且認爲在抗戰時期增強人民體格是當務之急〔註 80〕。而他在《體育之目的與我國體育的改進》中，也是基於對一般青年和官兵身體孱弱不能抗敵的問題，提出「革命的體育」以推進國民體格改造的見解。他說：「我們今天要從事革命，要剷除革命的障礙——帝國主義，而求得自由平等的地位，首先就得注意革命的體育！換一句話來說首先就得鍛鍊大家的體格！其次，我們今天中國的國民非但身體孱弱，而且毫無紀律，提倡體育是培養國民守法重紀的最好方法。」〔註 81〕陳誠認爲必須對現行的體育進行徹底的改革，他說：「時代已經不允許我們再玩資本主義國家的紳士運動了！時代更不容許我們躊躇！一個民族生死存亡的戰場不是就在眼前嗎？所以，在今天我們實應努力去創造我們自己所需的三民主義的革命體育，用來訓練全國國民，使人人都成爲品格高尚，意志堅強，體格健全的新國民，共同一致

川省教育廳研究設計委員會主編《新教育旬刊》第一卷第四期，中華民國二十七年十二月廿七日。

〔註 80〕 《陳誠爲請通令全國提倡體育增強國民體質事致蔣介石電（1940 年 11 月 24 日）》：「渝。委員長蔣。鰲密。查抗戰以還，檢討我軍每次作戰失敗原因，皆由戰鬥技術不能達成戰術戰略之要求所致。而戰鬥技術之良否，關係兵士體力者甚大，如刺槍，射擊。投擲手榴彈爲唯一之殺敵手段，然皆非有強健之體力則難精，而當衝鋒肉搏之時，尤有九仞之功，敗於垂成之感，每見我士兵數人不能擒一俘虜，實是如此，至不可諱言，故而後欲殺敵致果，必須先從增強體力著手，然良民爲良兵致基，必先有強壯之民，然後有強壯之兵。我國重文輕武，由來已久，一般國民體格多不健全，試看入伍兵面黃肌瘦，非經數月之保育，不特不能作戰，尚且不能訓練，體力弱而疾病死亡者累累，實爲國家民族莫大之損失。在此抗戰建國當中，應如何增強國民體格，實爲目前當務之急，擬請鈞座通飭全國各地方政府、各民訓機關極力提倡國民體育，使國家無孱弱之民，則軍隊自無孱弱之兵，對於建國建軍關係至巨，謹呈管見，伏候鈞裁。黔。職陳誠。戌敬。明。印。」（中國第二歷史檔案館編《中華民國史檔案資料（文化二）》第五輯第二編，南京：江蘇古籍出版社，第 715 頁）

〔註 81〕 陳誠：《體育之目的與我國體育的改造——致湖北省立教育學院全體同學》，湖北省政府教育廳編印，中華民國三十一年四月，第 2～3 頁。

為國家民族的前途而努力！」〔註82〕陳誠解釋何為革命的體育：「革命的體育就是健身強種的體育，就是救國救民的體育。所以這種體育必須是民族性的，國防性的。」〔註83〕同為軍政界重要人物的何應欽，在《國防與體育》中，也通過招兵時發現壯丁體質較弱的問題，闡述發展體育、強健身體對抗敵禦侮的意義。〔註84〕

復興民族和抗日的政治任務，促使人們把體格健康的關注安排在拯救國家的政治戰略中。對國民身體「東亞病夫」狀況的憂慮，對強身以建國、復興民族的追求，一直到1945年後，仍然持續存在。身體始終在政治性目標的干預計劃中。

自然主義體育從20世紀開始傳播，一直到抗戰時期，其所倡導的生活化自然化的身體訓練，因為中國時局的原因，往往變味為更具有軍事政治色彩的設計。在救亡抗敵的時代任務主導著一切事業發展的時候，體育也更急切地要去實行身體健康訓練。自然主義體育雖然仍然主導著體育教育的格局，但是，對體育作為一種健身救國的工具的認識，卻已經慢慢地發生了轉化。在三十四十年代，抗日成為更現實的國家政治問題，因此，體育救國也就有了更為明確的身體政治目標——軍事化。連吳蘊瑞這位自然主義體育的鐵杆倡導者，也不得不在體育與軍事訓練何者更為重要的糾紛中，表態：「非常時期之體育，若不能作軍事之準備，不得謂之為合時之體育。」〔註85〕

抗日的危局使「尚武」、「軍事化」，重新在體育言論中突顯出來。這在蔣介石〔註86〕這樣的更關注軍國要政的人物的有關於體育的訓詞中，和沈鈞

〔註82〕陳誠：《體育之目的與我國體育的改造——致湖北省立教育學院全體同學》，湖北省政府教育廳編印，中華民國三十一年四月，第9頁。

〔註83〕陳誠：《體育之目的與我國體育的改造——致湖北省立教育學院全體同學》，湖北省政府教育廳編印，中華民國三十一年四月，第7頁。

〔註84〕何應欽：《國難與體育》，體育與健康教育研究社《體育與健康教育》第一卷第三期，中華民國三十年九月一日。

〔註85〕吳蘊瑞：《體育與軍事訓練之關係》，中華全國體育協進會《體育季刊》第二卷第二期，中華民國二十五年六月。

〔註86〕蔣介石也對發展體育表示了相當的重視，因為是政治人物，他對體育的態度自然也就更傾向於體育工具化，那就是體育如何訓練身體以為國家所用。體育的政治化、身體的政治化，在蔣介石這樣的政治人物的主張中，表現得更為明確。劉德超1943年編選了《總裁體育言論選輯》，分節刊登在《健與力》雜誌上。劉德超評價「總裁」體育言論說：「總裁對體育和運動的見解與觀念，是目光遠大，認識深刻……於體育運動不是消遣和娛樂，也不是比賽競賽，

儒〔註87〕這樣的知識分子的部分言論中可以看出來。體育的價值追求已經又回到了自然主義體育所批評的路子上，那就是重新追求尚武的軍事化。從三十年代開始，以程登科爲代表的軍事化體育主張，重新受到青睞。程登科在《德國的體育》中說：「吾國在第二次大戰未爆發以前，如欲作積極之準備，則不能不借鏡於德國，努力提倡體育，訓練民眾使能有爲國家民族犧牲之決心，有團結一致之精神，雪我奇恥，洗我大辱，拯救中國，復興民族，永存於世界，爲人類謀幸福！至於實施步驟，首應確定體育目標——增進民族健康，發揚民族精神，忍苦耐勞，鼓勵民族鬥爭，尤應實行體育軍事化、標準

歌舞昇平，雖然也有比賽娛樂在內，可是最主要的是在求國家地位平等，使具有五千餘年悠久歷史的中華民族復興起來。」（劉德超：《總裁體育言論選輯》，《健與力》第四卷第九期，中華民國三十二年九月）蔣介石在諸多的體育言論中，和那些體育家一樣對國民的身體健康與否表示了關注，並且也把這種身體關注，聯繫到國家民族之興衰的政治問題。蔣介石在抗日前後，發表了大量的關於加強體育鍛鍊，以求尚武、強種救國的言論。這些言論可以當然地理解爲是「政治」對體育的干預要求和對國民身體的改造欲望的體現。蔣介石在 1940 年全國國民體育會議的講演中，強調：「我們中國近幾十年來的教育，可以說完全違反了軍事化的原則，完全卸除了武裝的教育……今天我們要革新社會，要建立一個現代化的國家，就必須……眞正建立現代化教育，造成現代的國民和軍人……」具體到教育中的體育，蔣又說：「我們今後建國的教育，第一件就是要注重體育。……我們要求國家獨立，先要我們自己有健全的體格，我們要和外國爭平等，先要我們的體格能夠和外國人平等，所以我們一般文武同志，大家要完成抗戰建的事業，第一要注意體育。」（《蔣介石在全國國民體育會議上講演要點（1940 年 10 月 13 日）》，中國第二歷史檔案館編《中華民國史檔案資料（文化二）》第五輯第二編，南京：江蘇古籍出版社，1998 年，第 713～714 頁）

〔註87〕 沈鈞儒、梁漱溟、褚輔成、韓克溫、王又庸、程希孟、周士觀、胡景伊、王造時、秦邦憲、劉百閔、孔庚、席振鐸等在國民參政會提出《提倡尚武精神以固國基利抗戰案》，這些人士的提倡尚武的理由是：「中國積數千年文弱之習，影響個人身體、民族生存巨甚，吾黨總理在民族主義第二講中深以『天然淘汰』爲慮，發爲宏論，至堪玩味。今者強敵已入堂奧，吾賴以圖存者爲全民族血肉之軀與敵作持久戰爭，人力爲戰爭中最大之因素，當前戰爭昭示於吾人者即全民動員，持久抗戰，而全民動員之不能離開國民健全之體格，自無疑義，此爲今日亟應提倡尚武精神者一。……」（《行政院交教育部辦理國民參政會關於提倡尚武精神以固國基而利抗戰案的通知單（1939 年 1 月 19 日）》中國第二歷史檔案館編《中華民國史檔案資料（文化二）》第五輯第二編，南京：江蘇古籍出版社 1998，第 703 頁）這個提案在後面提出了如何提倡尚武的方法，這些方法都基本集中以軍事內容爲主，身體訓練實際上即使軍事化的訓練。對身體進行尚武軍事化的訓練的目的，就是要使國民的血肉之軀具備抗敵防盜匪的能力。

化。」〔註88〕程登科追求一種更爲軍事化機械化的身體改造目標〔註89〕，這是那個時期中國緊迫的國際生存環境和千鈞一線的國家命運，逼使體育在身體追求上，走更爲極端的道路。「軍事化體育，誠爲在今日大時代中的我國所急需，爲挽救過去體育失敗的良方。……將現代的軍事技能及精神移遷到體育中，訓練學生及民眾，使具有國防上、自衛上的體育基礎和軍事技能而已。」〔註90〕主張體育軍事化的程登科因爲反對體育教育化，和當時體育界堅持自然主義體育的體育家發生了一系列的爭論。他在針對方萬邦的《讀方萬邦先生〈我國現行體育之十大問題及其解決途徑〉中所持對體育軍事化不切實用的檢討》中，對體育軍事化和軍事體育化進行了系統的闡釋，集中地反應了他的體育軍事化的思想。他認爲：

> 體育軍事化，是時代的體育，是適合我國情的體育，是糾正我國目前頹敗現象的體育，是使強種救國不致成爲口號的體育，也就是復興民族的一線署光的體育。我們不談理論，只看目前的事實，國際間戰雲彌漫，我國外患頻仍，國內未臻同意，赤匪小丑未平，而人民衰頹的意志，民族性的喪失，種種杳至紛來的不景氣的現象，言之痛心。我們將何以刷除此辱，以自拔自救。……目前復興民族的呼號，已聲徹雲霄，而復興民族，則必恃軍事化來完成這個目的。體育在現在已經被認爲強國與復興民族的工具，強國強種的生命線。體育當然尤需軍事化了。〔註91〕

體育軍事化可以說是對自然主義體育的反思和背離。然而，這樣的背離

〔註88〕 程登科：《德國的體育》，時事月報社《時事月報》第九卷第四期，中華民國二十二年十月。

〔註89〕 主張體育軍事化的程登科因爲反對體育教育化，和當時體育界堅持自然主義體育的體育家發生了一系列的爭論。他在針對方萬邦的《讀方萬邦先生〈我國現行體育之十大問題及其解決途徑〉中所持對體育軍事化不切實用的檢討》中，對體育軍事化和軍事體育化進行了系統的闡釋，集中地反應了他的體育軍事化的思想。他認爲：「體育軍事化，是時代的體育，是適合我國情的體育，是糾正我國目前頹敗現象的體育，是使強種救國不致成爲口號的體育，也就是復興民族的一線署光的體育。

〔註90〕 三鴻：《漫談體育軍事化》，《健與力》第五卷第五、六號合刊號，中華民國三十三年六月。

〔註91〕 程登科：《讀方萬邦先生〈我國現行體育之十大問題及其解決途徑〉中所持對體育軍事化不切實用的檢討》，中華全國體育協進會《體育季刊》第一卷第三期，中華民國二十四年七月。

和自然主義體育對尚武的批判一樣，在國家主義敘述下，其所追求的強身強種救國目標，並無二至，它同樣是要積極改造型塑身體的，只是塑造方法和自然主義體育強調的生活化有所不同，更接近於軍國民體育那種軍事化而已。〔註92〕對「自由的身體」來說，軍事化體育和自然主義體育相比，規訓、

〔註92〕軍國民教育的思想支持者之一梁啓超的尚武思想，顯然在程登科這裡又得到了回應。梁啓超受社會進化論的影響，形成了其尚武的體育思想，程登科在國難下也是感受到了優勝劣汰的競爭危機，故主張尚武的、軍事化的體育。他們的體育思想都帶有工具化的傾向。徐元民在研究梁啓超的體育思想後，總結：「梁啓超的尚武體育思想，淵源於達爾文優勝劣敗的物競天擇理論，在它國滅種的危機意識之下，擷取了古今史例，認為中國圖強，除船堅炮利之外，亦應改造國民的思想，因此提出新民的主張，強調民德、民智、民力的重要性，其中，民力含有濃厚的尚武思想，並具有體育的特質，形成了梁氏的尚武體育思想。梁氏的尚武體育思想，具有『民族主義』、『愛國思想』及軍國民教育之特質，雖有工具化傾向，但在中國近代體育思想的形成過程之中，卻佔有顯著的啓蒙地位。」（徐元民：《中國近代知識分子對體育思想的傳播》，臺北：師大書苑有限公司，1999 年 4 月，第 171 頁）程登科解釋何以要提倡軍事化的體育時，闡述了他的軍事化體育的思想原因：「考社會存在，其唯一的要素，須有組織與紀律，方能維繫其存在的生命，社會組織密，紀律嚴，則社會生命延續愈長，基礎愈固，力量愈大，地位始日益增高。設使人民熙熙攘攘，無組織，無紀律，還成什麼社會，還成什麼國家。體育何獨例外。試問同志，我國實施幾十年來的體育成績在哪兒？尤其出在國難方殷的今日，體育仍踏前非，不事改革，教師穿著西裝革履上課，學生更是五花八門，遲到早退，自由浪漫，皆成習性，談什麼組織，談什麼紀律。本來體育係促進人類健康與娛樂為目的的，不過處在這個二十世紀強食弱肉的時代，誠如達爾文氏進化論所說：『優勝劣汰』，也就不容許我們把體育視為健康與娛樂的目的了。我國目前，任人宰割，受人恥辱，雖然有其複雜的因子，而無組織無紀律，卻是一個最大的原因，所以我國要刷除恥辱，復興民族，必需在每件事情上，都要建築組織化紀律化，這樣才能生出偉大的力量，才能談到自救，才能談到復興。體育更不能例外。」（程登科：《讀方萬邦先生〈我國現行體育之十大問題及其解決途徑〉中所持對體育軍事化不切實用的檢討》，中華全國體育協進會《體育季刊》第一卷第三期，中華民國二十四年七月）

程登科就是在社會進化論所支配下的危機感中來考慮提倡軍事化的體育的。在他的思想中，體育的固有效能就在於體育「趨向為強國強種的準備工具」。這和他早年留學德國有關，二戰前德國的那種高度組織化紀律化的控制模式，給了他強國的理想模式。他在回國後，撰寫了不少的體育文章，介紹引進德國的軍事化體育。他所追求的軍事化體育，是要全民體育化，實際上就是全民軍事化，用組織和紀律來訓練國民，使國民的身體和精神成為國家可以自由操縱的「機械」。這樣的以高度控制身體為特徵的體育的提倡，其內在原因，在於中國所面臨的民族生存危機，導致了「救亡」的目標主導了思想界，國家的政治需求驅使了身體作為「工具」在為國家所用時，必然是要被

塑造、管理的態度與手段顯得更堅決和強迫。〔註 93〕程登科在解釋何爲軍事化體育時說：「所謂的軍事化體育是用原有的體育術科，不改體育內容，而以軍事精神管理之，務使受訓者，絕對服從，是以軍事精神完成體育軍事化。」〔註 94〕這顯然是一種政治目標明確的，規訓手段更爲「強暴」的身體塑造計劃。軍事化體育主張的出現，使自然主義體育所追求的健康身體政治，更極

嚴屬管理和塑造的。

〔註 93〕 程登科認爲中國所面臨的生存危機，不容中國體育再作爲「健康與娛樂的工具」，「我們不能不找出體育軍事化的硬性化體育，以適應時勢和要求……我們要格外變本加厲盡量的使它硬性化，以適應時間性。故體育軍事化，就是我國目前適應時間性的體育，變本加厲的硬性化體育。」（程登科：《讀方萬邦先生〈我國現行體育之十大問題及其解決途徑〉中所持對體育軍事化不切實用的檢討》，中華全國體育協進會《體育季刊》第一卷第三期，中華民國二十四年七月）程登科的硬性化體育的最突出表現就在於，他主張用軍警權力來干預身體的訓練，強迫民眾進行體育鍛鍊。他在《怎樣利用軍警權力輔助民眾體育使全民體育化》中說：「利用軍警的權力，實施民族體育，強迫民眾實行，就可達到全民體育化的目的了。因爲我國目前軍警，已深入農村，廣布全國，假使由他們負責推行，民間還有什麼抗違的事情發生！由他們擔任指導員，還怕什麼推行全民體育化的教師不敷和什麼顧慮教師的總俸給太巨！借用他們駐所的場地，還怕什麼運動無場所的困難！他們深入農村，還怕什麼窮鄉僻壤的人民，逃出一個受訓的人！所以利用軍警權力以輔助民眾體育，是達到全民體育化的唯一方法！唯一的手段！」（程登科：《怎樣利用軍警權力輔助民眾體育使全民體育化》，中華全國體育協進會《體育季刊》第一卷第二期，中華民國二十四年四月）程登科在文章的接下來提出了詳細的實施計劃。這是一個強制性的身體干預管理計劃，其目的就是要全民經受訓練體育化（實際上就是軍事化），成爲可以爲救亡利用的軍事化政治化的身體。

〔註 94〕 程登科：《讀方萬邦先生〈我國現行體育之十大問題及其解決途徑〉中所持對體育軍事化不切實用的檢討》，中華全國體育協進會出版《體育季刊》第一卷第三期，中華民國二十四年七月。與體育軍事化相對應的是，軍事體育化，程登科在解釋何爲軍事體育化時說：「就是先分析軍事上的戰鬥力，視何者運動對於軍事有幫助者，則盡量地應用到軍事上去，這是以軍事爲主的，故與學校體育稍有不同，即在提出運用的體育，以體育訓練兵士戰鬥力，增加兵力作戰能力，是故非僅求健康身體而已。」從程登科對軍事體育化的追求，我們更可以看到體育的工具化的特徵，而且這種工具是以軍事政治爲根本服務目標的，它所要干預的身體是「兵士」──這是一種更爲政治化的身體。體育軍事化和軍事體育化的思想，完整地體現了程登科的體育思想，以他爲代表的體育軍事化潮流，實際上，反映了當時對國民身體的要求，已經從自然主義體育所追求的「健康」更進一步升級爲對「組織化紀律化」的追求。身體被干預被主導被塑造的目的性更明顯，政治的力量對身體施以「軍事化管理」的手段將更爲強硬。

端地表現爲軍事化身體政治。身體改造和管理的合目的性更爲明顯，身體被干預生成的特徵更爲充分。以此種方式塑造出來的身體，在那個時期，最成功的範例就是「童子軍」。程登科在評價童子軍時說：「我國目前童子軍，現已趨向組織化和紀律化。例如童子軍見教練員，無不舉手敬禮，上操不但肅然無聲，且步法整齊，秩序竟然。總之無不求諸紀律化。」〔註95〕

　　自然主義體育思想在五四前後普遍傳播，並主導了學校社會體育的發展。這一時期的體育家的言論中，充斥著各種身體與國家之關係的言論。國家危機與身體疲弱不健康的關係，鍛鍊身體發展體育與救國復興民族的關係，是負有政治責任心的體育家關注的論題。姜俠魂是個熱衷於提倡國術的人，他和所有的國術提倡者、體育家一樣，都信奉國家的強弱建基於國民體格的強弱，國家之所以有危機乃是因爲人民身體不強，全國都是病夫。在所有期盼救亡救國的體育家思想裏，即使有表述上的區別，但是他們思想中的信念確是同一的，那就是他們都相信：救國必先強民。強種救國，或者強身救國，是這種想法的更爲簡練的表述方式。姜俠魂說：「無論敵人如何兇猛，如何高強，我們唯一的方法是俗語說的『兵來將擋，水來土擋』，愈是敵人厲害，我們愈要加緊鍛鍊，使強過敵人，總能自保自衛。所以我們抵抗侵侮，自衛自保唯一的方法，必須以鍛鍊身體意志做起，總算根本問題。」〔註96〕這樣的見解在短暫興盛的以程登科爲代表大體育軍事化思想中可以找到回音，就是放在軍國民體育時期也會讓熱衷尚武者「感同心受」。

　　本章對近代中國體育史中兩個重要時期——軍國民體育時期和自然主義體育時期——的體育身體言論進行了粗略的研究。筆者的研究，只是粗線條地擰出一條線，而這條線還只是勉強地穿過體育思想史；在體育史中，佔有更大比重的體育教育實踐，則因爲筆者的精力和研究設計的原因，被遺憾地遺失在文章篇章之外。然而，筆者相信，僅這些夾雜著愛國憂國情緒和身體憂慮的體育言論，就足以讓我們去瞭解近代體育史中的身體政治。這些體育思想言論是那個時期體育界共有的聲音，決定著體育發展的政策走向，因此也就足以提供敞亮的窗口，讓我們去窺視近代身體的塑造、干預與生成史。

〔註95〕從身體的塑造管理的角度來說，童子軍在近現代歷史中，確實是一個非常好的近代身體干預、身體生成的研究文本。

〔註96〕姜俠魂：《武術與民族》，國術統一月刊社《國術統一月刊》第一卷第三、四期合刊，中華民國二十三年十一月二十日。

不管是尚武的軍國民體育，還是崇尚自然的生活化的自然主義體育，都彙聚著大量的愛國民族主義的政治憂慮，因此，在身體干預手段上的差別，並不影響它們對身體（以及身體的健康狀態）的價值的認識的根本一致性。他們都是站在民族國家的政治追求的立場上，來思考身體的衰弱狀況，思考身體與民族國家之命運的關係。身體的生理症狀，表徵著國家民族的國際處境和未來命運。「東亞病夫」的國民，造成了「東亞病夫」的國家。「病夫」這是一個非常形象的描述，它把身體的憂慮和國家政治的憂慮糾合在了一起；如何擺脫「病夫」的恥辱，成為各種體育「救國救民」的一攬子任務。體育救國在體育發展史的不同時期，轉化為不同的口號，「強身尚武」、「強種強國」、「強身救國」等等，這些實際上就是把體育救國更明白地轉化為「身體救國」的嘗試。身體的政治意義，已經從民族國家的命運憂慮中獲得了，於是體育作為身體的改造干預手段，其實只是在使身體政治如何轉化為一種實踐的形式。軍國民體育和自然主義體育甚至還有後來的體育軍事化，都是以自己追求的身體塑造方案，要去達成身體的改造目標。身體被政治的眼睛關注批判，身體也被政治目標明確的體育訓練、塑造、干預和管理。軍國民體育和自然主義體育的思想史，實際上，投射出來的是身體的政治化國家化的干預、塑造和生成史。

　　程登科在號召普及全民體育時說，中國體育應該「以復興民族為本，以取消東亞病夫之譏為標」〔註97〕。從這個標本兼具的目標來考察中國近代體育，確實可以發現，貫穿在中國體育中的「強種救國」的理念，就是這樣執著於標本的追求。「復興民族」代表的就是近代救亡圖存的民族主義政治目標（救國），而取消「東亞病夫之譏」，意味的是救治病夫之國民，改造衰弱的國民身體（強種）。國家政治目標和身體的塑造欲望，糾合在體育的提倡與發展信念中。我們已經知道，「東亞病夫」的生成，是身體國家化的過程，身體的描述被國家政治狀況決定著，並被認為承擔著國家興衰的責任，因此也成為國家強盛、民族復興的起點。擺脫「東亞病夫」恥辱的呼聲在體育史中縈繞徘徊，救治病夫就是救治國家化的身體，就是救國。從這個角度來理解近代體育的「東亞病夫」現象，就能很好地解釋何以近代體育史中充滿了強身強種（身體改造）與救國相糾結的嚴肅論述。體育的發展被政治經濟文化軍

〔註97〕程登科：《復興民族底體育目的》，《申報》中華民國二十二十月十七日，第十六版。

事力量左右著，體育所關注的身體也因為這些力量的進入而處於國家化、政治化的屈從馴服狀態。本來應該是輕鬆娛樂的體育，在中國的近現代體育史中卻是沉重的，因為那些被試圖訓練、管理的身體始終肩負著國家民族的話語，始終被身體之外的國家力量役使。體育對身體的改造，所寄予的國家政治目標也許並不成功，但是，體育確實是影響了身體的塑造。近代體育如何在政治的支配下塑造管理身體，塑造出了什麼樣的國民身體，是一個更值得研究探討的問題〔註98〕，因為這更能在實踐層面上，解答「近代中國體育到

〔註98〕 在本文中被遺憾地忽略掉的學校體育教學實踐，實際上最能夠提供路徑來讓我們去瞭解近代體育如何進行身體的塑造，和身體如何在體育的訓練下形成某種形態。在筆者收集到的資料中，有兩篇文學色彩濃厚的文章，記述了學校的課間早操和升旗生活。從這些文學化的描述中，我們可以看到，體育、體操對學生的形體和身體活動式樣的「管束」。

《重光樓前一日記》是署名「鶴鳴」的揚州中學初中部的學生的文章，登載在《體育研究與通訊》第四卷第一期上。其文部分如下：

「……一會兒早操的號角響了，同學們，老師們，蜂擁般的跑步到操場，高級、中級、初級的童子軍，由各小隊長領隊伍一字兒排開。各隊一！二！三！……報數，隊長點名填表完畢，體育老師口令一下，全場立刻靜悄悄的，升旗的號聲響過後，全場肅立敬禮。鮮燦燦的國旗，在抑揚婉轉的號角聲中，迎風飄揚，沿著旗杆徐徐上昇。那是朝陽的光芒，照耀得國旗愈覺得鮮明可愛，樹頭上的小鳥唱著美麗歌，而每個人的心弦上，都在慶祝我們中華民國萬歲！升旗禮完畢，各小隊長把隊伍五六人一橫排的帶入跑到行進，凸著肚子的教導主任領頭，瘦長的訓育主任在壓隊。各級的級任老師，個別帶著自己班上的隊伍，勇往直前，好像臨陣去的兵士一樣。一聲響亮的跑步令發出後，千餘條健壯的腿，像機器般的向前推進，煞！煞！……的腳步聲，在一個哨子聲音管束下，合著同樣的節奏，真像音樂臺上打著的節拍一樣的動聽。額角上的汗珠儘管一滴滴的淌，一！二！三！四！的口令還是繼續在喊著，老師嚴厲的目光，在各個學生身上掃射，小隊長一邊跑一邊喘著氣，在矯正各人跑的姿勢。三圈跑畢，將近一千公尺，最後繞場步行一周。那是鼓號隊在跑道旁邊的花亭裏，奏著雄壯的進行曲，一個個雄糾糾氣昂昂挺著胸膛行進。全場的腳步，都被軍樂的聲音吸住了。一圈走畢，隊伍轉入早操場，個人舉臂分隊看齊，大家穿著一式的制服，遠遠望去，一個個排列著的人好像農夫種植的稻秧一般的整齊美麗。體育老師站在早操臺上，領導著把一個個體操動作練完畢，大家在『不忘國恥！』的口號聲中立正鼓掌散隊。」（鶴鳴：《重光樓前一日記》，江蘇省鎮江公共體育場《體育研究與通訊》第四卷第一期，中華民國二十五年十二月）

從這生動的早操生活記錄中，可以看到體育訓練對學生的身體進行的種種機械式的嚴格管束。在各種規定的訓練活動中，又夾雜著升國旗，喊口號等政治儀式，這無疑表明，教育主持者試圖在這樣的身體早操中，把政治的灌輸附著在身體的訓練管束中。在良忱的《邊疆學校學生生活》（學生之友月刊社

底為近代身體的生成做了什麼」、「近代中國體育塑造出了什麼樣的國民身體」的問題。但是這將又是一個更為複雜的研究任務，不是本文的研究計劃所能夠完成。筆者在這裡只是嘗試著從觀念的層面來揭示，中國近代體育曾經如何在政治的支配下進行身體的關注，並表達一種改造身體的欲望，有關學校體育教育的內容只是部分涉及。這對理解近代身體的政治化國家化歷程，應該是能夠提供有益的幫助的。

　　體育思想言論、學校體育教育（包括各種政策法規制度等）和競技體育（運動會、各種體育比賽），構成了近代體育史的三大部分。筆者研究至此，主要的是集中在思想言論主張這一領域來揭示體育史中的身體政治。作為體育實踐的兩大部分，學校體育教育和競技體育，實際上也是研究近代體育身體政治的重要內容。學校體育集中了大多數體育史研究者的注意力，而在近代體育史上佔有相當大比重的各种競技體育現象，則還沒有引起足夠的重視。正因為這樣，筆者在研究設計上，嘗試不把大量的精力用在學校體育的研究上，而把更多的篇幅，用在與競技體育特別是運動會有關的研究上，並且希望用身體的觀察視角，來揭示運動會中的政治和身體問題。

《學生之友》第一卷第六期，中華民國廿九年十一月十五日），則同樣以散文的形式記錄了「軍事化的生活」：學生做「柔軟體操」，和整齊嚴肅地在集合號下，參加升國旗。

第四章　競技、身體與政治：關於 近代的擂臺賽和運動會

　　馬約翰〔註1〕是近代中國體育發展史上影響頗大的體育家。在一篇回憶馬約翰的文章中，記載了馬約翰青年時期參加的一次運動比賽：

　　　　……一九零五年，上海舉行了一次規模較大的「萬國運動會」，參加比賽的有中國人和各國僑民。1 英里賽跑跑到第三圈時，有四個日本人一字排開跑到最前面，緊緊跟在他們後面的是一個中國學生。馬約翰在這個人後面約 10 碼的地方，其餘的五十多名選手都被遠遠地甩在了後面。這時，場上幾百名日本觀眾站起來鼓掌歡呼。第三圈終了時，馬約翰加快速度，趕過了前面那個中國學生。離終點約 400 碼時，觀眾高呼「約翰，加油！加油！」他意識到該是最後衝刺的時候了，便囑咐那個中國人說：「跟上我」，就猛地從日本人的右側衝過去。這時全場觀眾的歡呼聲已由「約翰！約翰！」改爲「中國！中國！」他以領先五十碼的距離首先到達終點。他身後

〔註 1〕　馬約翰（1882～1966 年），福建廈門人。1904 年就讀於上海聖約翰大學，1919 年至 1920 年和 1925 年至 1926 年，曾兩次到美國春田學院學習。1936 年他以教練身份，參加了第十一屆奧運會，並赴西歐各國和蘇聯考察講學。他一直任教於清華大學，先後任體育助教、教授和體育部主任。他在清華大學任教期間，努力普及體育，並制定了較爲完整的體育工作計劃。1949 年新中國成立後，出任全國體育總會副主任。馬約翰不僅是有名的體育教育家，也是成績頗豐的體育運動家。（崔樂泉：《中國近代體育史話》，北京：中華書局 1998，第 146 頁。魯牧：《我國近代體育的開拓者——馬約翰先生 120 週年誕辰紀念》，《體育文化導刊》2002 年第 3 期）

那個中國人也越過日本人，第二個達到終點。馬約翰頓時成爲全場的明星。〔註2〕

使得這件原本普通的運動比賽和同樣普通的「記載」顯得有意思的是，賽場中突出了兩個具有對抗意義的元素：「日本人」和「中國人」，及這兩個國家運動員背後的國家存在「日本」和「中國」。馬約翰在比賽的前半部分，在觀眾眼中仍然只是「馬約翰」，但當比賽競爭到達最激烈的時候，他被觀眾的口號提煉成一種符號象徵，他成爲「中國」，成爲一個在運動場上和「日本人」之「日本」進行較量的國家「代表」符號。「馬約翰」具有了國家民族形象的意義，已經不僅僅是馬約翰他自己了。被甩在後面的是五十多個沒有國別地域標籤的選手，而在前面激烈競爭的是「四個日本人」和馬約翰與「一個中國學生」，他們是有國家「標籤」的，各自代表著「萬國運動會」中的日本與中國。於是，運動員個人間的較量，被幻化成了國家間的較量，他們的競技就是日本與中國國家間的競技。觀眾因爲「國家的榮譽感」不僅坐在場邊觀看，而且也用自己的激情表現，參與到激烈的競賽中。觀眾不是沒有面目的群體，而是有國別區分的，這決定了他們各自選擇支持的對象，並且用呼喚來強化各國運動員之間競爭的激烈性。在這次比賽中，觀眾分成了兩類，依然以國別作爲標籤，一是「日本觀眾」，他們爲日本觀眾歡呼，另一類是同情中國的「全場觀眾」（裏面有中國人也有可能包含同情中國的外國人），他們爲馬約翰和馬約翰所代表的「中國」歡呼。正是這些因爲國別而分成對抗的兩群的觀眾的歡呼，與運動員在跑道上的激烈較量，共同演繹了一次在運動場上通過運動員身體進行的國家較量。觀眾組成了「歷史場景」，運動員是「歷史主角」。

從這段材料我們可以進一步看到，體育是身體技術，體育在某種意義上說也是民族國家政治力量在身體上體現其存在的一個領域。當身體在運動中被賦予某種意義，甚至超負荷地被加載國家民族的話語時，政治的聲音就顯得非常突出，甚至在「身體」運動時喧賓奪主，肆意地揚播。運動中的身體表演，其價值不只在於展示生理軀體的力量與效能，還在於對抗的肉體往往意味著不同國家民族文化的爭勝，個別身體在運動中的勝負，可以被解釋爲國家民族強弱較量的勝負。身體表演的欣賞者觀眾，在圍觀呼叫中會促成某種高於身體的意義產生──運動者和觀眾的身體已經浸透著國家力量了。近

〔註2〕黃延復、王維屛：《馬約翰》，《體育史料》第1輯，1980年。

代中國體育的發展重疊著身體國家化、政治化與國家身體化的過程，而近代中國體育史上的各种競技比賽、運動會，如果從這個角度來理解，我們還會發現很多以前未曾注意的與政治和身體有關的秘密。在諸多的「非武力性質之國際戰爭」〔註3〕中，我們確實能看到很多體育運動之中的「政治性力量」存在。這些存在或者純粹就是國家政治的一種自然延伸，或者是國家政治借助身體舞臺在表演。

而在更為大量的國內大型、區域性運動會中，雖然運動員身體競技的民族國家對抗的政治意義較為缺乏，但是，這不影響運動會在展示身體政治上的豐富性。運動會本身就是聚集身體進行展示的時空，在這樣的時空中更容易彙聚身體關注與改造的言論，表現身體政治問題。

第一節　擂臺賽：雪恥中的身體對抗

在近代體育史和武術史上，出現了很多中外拳師打擂臺的故事。這些故事，是在「東亞病夫」的背景下發生的，又往往因為中國拳師的勝利而被津津樂道。至今這些故事如其發生時一樣，都被認為是中國人在洗刷「東亞病夫」恥辱的奮鬥史上具有特殊意義的事件。

霍元甲就是這樣一個用身體技藝的勝利來雪恥的武術英雄。他具有傳奇色彩的一生，使他成為「尚武精神」和洗刷「東亞病夫」恥辱的標誌性人物。他是一個符號化的人物，代表著武術，乃至中華民族的某種自強、雪恥、不屈、自信的民族國家品質。他最為人記誦的是他的那些打敗外國大力士，使國人揚眉吐氣的故事。

「清末又有霍元甲者……嘗聞西人誚我為『東方病夫』，憤憤不平，乃南下赴滬，先在張氏味蓴園和著名歐西、日本各大力士角藝，結果都遭慘敗（獲勝？），霍名亦大震。是時並率同門弟子輩組織精武體育會開門授徒，以普及柔術，一洗東方病夫之恥為目的，從者甚多。」〔註4〕在《新青年》第一卷第五期中，出現了一篇《大力士霍元甲傳》〔註5〕，在新文化的陣地雜誌，出現

〔註3〕黃寄萍：《歡送中華選手團兩日並誌》，《申報‧自由談》中華民國十九年五月十七日，第十七版。

〔註4〕郁慕俠：《上海鱗爪》，上海：上海書店出版社，1998年，第76～77頁。

〔註5〕蕭汝霖：《大力士霍元甲傳》，《新青年》第一卷第五號。（馬冀等選編《新青年選粹》，瀋陽：遼寧大學出版社，2001年1月）類似的生平簡介又見陳伯熙

這樣一篇霍元甲生平簡介文章，足見霍在那個提倡「尚武精神」的時代中的影響力了。當時霍元甲已經作為一個勇於和外國拳師打擂，為「病夫」之國人爭氣的英雄形象出現。他在上海挑戰賣藝的英國人，「為各國文揚言曰：我國為病夫國，我為病夫國之病夫，顧願與天下健者從事。」和這個已經成為洗東亞病夫之恥的象徵一樣，在近代出現了很多武術家對抗洋拳師的故事。「霍元甲、王子平、蔡龍雲等打敗東西洋武術家的事迹，也的確在當時積貧積弱、亟待振興民族精神的中國極大地鼓舞人心。」〔註6〕

對這些擂臺賽的真實情況的缺乏瞭解，使我們現在所看到的基本上都是一些情節簡單的故事。創刊於民國二十三年（1934年）的《國術統一月刊》第五、六期上的一篇文章，也許能讓我們看到那些充滿民族自信力自豪感的「擂臺」故事後面一些更真實的歷史內容。這篇文章把當時中國武術界所存在的特殊現象展示了出來：

> ……民國以來，外省武術家及江湖賣藝之流，凡欲來賣藝或出風頭者，例須先期拜客大宴北京國術名流，即社會中堅人物，半紳半士，光棍之高等浪人一類，亦須列名遍請，需要捧場，否則反感四起，千方百計，必使之失敗當場，蒙羞而去。蓋故都及河北省之武術，確屬人才輩出，父子師承，口授薪傳，具有宗派秘密之口訣，無論學理上，實行上，均非外間毫無家法師承者可比。此多數「內行」專家，聚精會神，而必欲吹毛求疵於一人之身，其得當固易與也。北平社會風尚，在歷史上遺傳而來者，既多此等排外根性，加以愛國思想及民族主義，又視昔發達，若遇一外族異域之人，來平獻藝，北平社會，不能使其得志以去，當然更意中。……〔註7〕

作者的介紹讓我們知道，諸多擂臺賽的發生，主要是因為中國武術界存在的那種「外來者必須討好本地武術家」的行規被破壞了。「排外根性」不僅對外來的洋拳師會發生作用，就是對同樣是中國人的武術家也會起作用。那些被賦予民族國家之榮譽意義的擂臺賽，僅僅是在「愛國思想及民族主

的《霍元甲之技擊》（陳伯熙：《上海軼事大觀》，上海：上海書店出版社，1998年）

〔註6〕 程大力：《中國武術：歷史與文化》，成都：四川大學出版社，1995年8月，第38頁。

〔註7〕 《楊劍霞女子約俄力士比武》，國術統一月刊社《國術統一月刊》第一卷第五、六期，民國廿四年三月二十日。

義」「視昔發達」後才出現的。因此我們在理解近代史中那些中國武術家和洋拳師的比賽時，或許應該首先從「同行」競爭、本地人對外來者的排斥上來理解。但是又不能完全忽視與民族國家榮譽有關的民族主義愛國情緒在這些擂臺賽中的作用，因為和霍元甲揚言洗恥一樣，很多武術家在挑戰洋拳師時，都會很自覺地去利用這種民族主義資源，打出為國家國民爭氣的牌子，提升擂臺賽的民族主義政治價值，為自己揚名。

行規的被破壞直接引發擂臺打鬥，而愛國主義、民族主義因素的介入，使得擂臺的意義發生質的變化。無意義的私鬥，成為衛國爭光的壯舉。上引的那篇文章在分析武術界的行規之後，介紹了俄力士來華獻藝而引起的糾紛事件：

> 此次俄人麥加羅夫由津抵平，出賣武術，事前既未拜客，臨時復大登廣告，自稱全球大力士，兩腕足以與二牛角逐，一手能舉千鈞鐵錐，措辭異常誇大，自謂在中國南北各阜，未遇敵手。麥氏本人固不曉事，而其所協作之中國經理人某某者，亦不解北平社會人情，竟固執十餘年前心理，欲以「外國人」三字將一切物議嚇倒，其大惹起社會之反感，當然為勢所必至之事。當麥氏登臺於中央飯店之第二日，即有北平摔跤家首領沈友三訪之，要求角力……（第三天，沈再次去挑戰）其助手所謂華經理者，竟謂「惹惱了外國人，比不成武，他還要打你一頓，引起國際交涉，非君所能當云云。」沈氏遂感不快，憤以此事前後經過，告之北平武術界中同道諸名士，於是繼沈之後，紛紛致函麥比武及走訪面請一試者，當時竟有四五人……〔註8〕

可以看出，麥加羅夫引起別人「反感」的首要原因是他「不曉事」，也就是說，不懂行規；而且和他合作的「中國經理人」也「不解北平社會人情」。麥加羅夫因為不曉事，踏入一個微妙中平衡的北平武術界，他的不敬和囂張打破了平靜，刺激了那些對外來者懷有敵意的武術家。更糟糕的是，那位中國經理「固執十餘年前心理，欲以『外國人』三字將一切物議嚇倒，其大惹起社會之反感，當然為勢所必至之事」，是他，把北平武術家的「私憤」調轉為民族主義情緒和愛國情緒，最終讓憤慨的北平武術家有了一次共同感受愛

〔註8〕　《楊劍霞女子約俄力士比武》，國術統一月刊社《國術統一月刊》第一卷第五、六期，民國廿四年三月二十日。

國的民族主義情緒的機會。在這種氛圍下，楊劍霞女士，「意欲為中國武術吐一口氣，乃專由故鄉來平比賽，下車即致書麥氏……。」後來她在接受採訪時說：「……此次霞之來平，原有二種任務，（一）為國難刺激，欲此末技貢獻於北平女同胞，設立形意拳婦女傳習所；（二）為民族國家的自強觀念所驅，使不欲令一俄人竟視吾中國國民如無物。……」〔註9〕到這時，事件已經由事關武術家的利益問題的爭執，提升為和「民族國家自強」息息相關的事件了。

近代史上很多中國武術家和洋拳師打擂的故事，最終都被渲染了「洗刷東亞病夫恥辱」、「民族國家自強」之類的意義。一直到1945年，蔡龍雲和魯塞爾打擂獲勝後，沈尹默仍然唱詩稱讚蔡「一洗東亞病夫恥」。〔註10〕如果把近代史上這些中外拳師打擂的故事收集起來進行研究，確實是非常有意思的事情。

在近代中國國弱民弱的屈辱背景下，人們稱道中國武術家打敗東西洋拳師，其實是在表達一種現實中不能實現的願望。外國拳師以橫行霸道、炫耀武力的姿態進入中國表演，這很容易就能被理解為是外國人對中國進行政治經濟軍事侵略一種象徵。蠻橫驕傲的外國拳師對「東亞病夫」民眾的蔑視，就是現實不平等國際關係中列強對中國的欺侮。反抗列強的欺侮被寄託在這種對中洋拳師擂臺賽的勝利的期望中。那些中國武術家的自信和勇敢，被賦予民族自信的意義，然而從反面看，這背後隱藏了為這些武術家歡呼的國家和民眾的弱者地位。中國武術家在打擂中獲得勝利，所引起的歡呼與興奮，彌補了民眾在外辱下自卑的心態。擂臺實際上就是一種國際交戰舞臺，不同國別的身體對抗，就是國家間實力的比拼。擂臺上下，迷漫著和民族主義、愛國情緒有關的豐富意義。在那些傳奇性的故事中，文學化的筆觸，描述了中國武術家和洋人拳師（大力士）打擂的過程和前因後果，這些故事有著相同的模式。也許因為是當代人的記述，它們作為史料的價值要打些折扣，但是它們的以歷史事件為基本素材的文學化演繹並不影響我們以之來解讀中國

〔註 9〕 《楊劍霞女子約俄力士比武》，國術統一月刊社《國術統一月刊》第一卷第五、六期，民國廿四年三月二十日。

〔註10〕 此詩為：「少林拳擊世莫當，動迅靜定力蘊藏。蔡君得之制強梁，柔非終柔剛非剛。剛者先折柔轉強，妙門洞闢唯東方。技與道合乃有此，一洗東亞病夫恥。」（徐舒、務農著：《武術家蔡龍雲》，杭州：浙江大學出版社，1989年，第86頁）

人在這些中西身體對抗賽上所寄託的民族主義寓意。這樣的身體對抗在現在看來是中西國家間的對抗，就是在充滿亡國憂慮的歷史中，也是國家對抗以爭榮辱的象徵。民國時期在雲南主政一時的龍雲，在年輕的時候也曾和一個法國拳師打過擂臺。其打擂情形如下：

> 法國拳師神氣十足，登上擂臺，向四周望去，他是在尋找比武的對象，還是意在挑釁？人們的心中，打了個大問號。上午過去了，仍然沒有人上臺。當天空的太陽向西移動的時候，法國拳師滿以為，三天擂臺期將滿，勝利不僅在望，而且已經在握。他正在準備收拾東西下臺，不料一個小夥子以出人意外的敏捷動作，跳上擂臺。法國拳師傲慢地直起腰來，仔細打量起這個小夥子來。

> 這個小夥子身材並不高，大約只有一米多一點，比起法國拳師，整個矮了一個腦袋；伸出手來，比起法國拳師的拳頭也短了一截；至於腳杆短，那就更不用說了；臉色卻是油亮黝黑，雙目有神，緊緊地盯著法國拳師的眼睛。小夥子身上毫無打扮，僅僅脫了外面的軍裝，穿的是一件白色襯衫，草綠色的長褲。尤其使法國拳師意外的是，腳上竟然穿的是一雙普通的草鞋。〔註11〕

毫無疑問，龍雲獲得了勝利，並在觀眾的歡呼中充滿了榮譽感。從龍雲的這個故事中我們可以看到那些擂臺賽的共有模式。每一次都是洋人來中國挑戰，中國武術師在眾人的擔憂中義憤填膺地出場。中國武術師的身體一定是中國式的，並不顯眼，被迫地帶著「東亞病夫」的特徵。西洋拳師一定是西方式的，發達的肌肉，盛氣凌人的傲氣，和他們的被稱為列強的母國一樣，是令人畏懼和仇恨的。比賽以中國武術師的鎮定、中國觀眾的擔憂和洋拳師的狂妄開始，以洋拳師被打倒在地和中國觀眾的歡呼結束。接著民眾的口頭流傳和報紙的報導，再次緊跟上去：民族的勝利、東亞病夫的雪恥，成為從兩個拳師對抗的身體生產出來的全部意義。《申報》「自由談」上，署名為「徵鴻」的作者記載的一次「中外力士角力」，就是一個典型的中外「拳師」對擂的過程，故事中的很多細節讓我們看到，「力士」個體間的身體對抗被中國人

〔註11〕 《龍雲巧勝法國拳師》，《體育文史》，1988 年第 5 期。類似的故事還有《神拳大龍的故事》（見張純本：《神拳大龍的故事》，《體育文史》1993 年第 6 期）、《包勝才力挫俄國大力士》（見范靜寬、汪學賢、張企凡、薛志安：《包勝才力挫俄國大力士》，《體育文史》1985 年第 5 期）。它們分別記述了蔡雲龍和包勝才打敗外國拳師的故事，故事發展模式相似。

演繹成了民族國家意義的對抗：

> 有西人K氏者，自謂右手能舉重四百十磅，為歐洲著名之體育家。K氏創體育校於滬西某路，與蝸居相距僅百步，然余未嘗入內一窺究竟也。上星期日，友人王君走告余，謂渠將隨中國少年力士某君赴K校與歐洲力士角力，今日正在門外矣。余聆言欣然從之出。因介見某君，視其狀貌，特一翩翩年少耳，初不知其身懷絕技也。既達目的地，入門即見歐洲力士之小影，張壁間殆遍，身雄體偉：以視某君之屛弱，勢若不敵。既抵體育室，陳科學化之健身器械凡數十種，類不能道其名。三時許，觀眾絡繹至，乃由舌人總述其校之設備如何美善，校長之技藝如何神勇，語多矜誇，不復贅。及至公開表演，先由另一力士演雙槓畢，繼乃播弄一鐵錘重數十磅，上下拋擲，輕若彈丸。至是舌人語觀眾，謂「東亞健兒，不妨一試」，然眾皆咋舌搖首，無敢應者。遂由K氏一獻其絕技，先以兩手據雙槓上，曲而未伸，兩足橫承以板，而四肢以騰空矣，乃由兩人以百廿磅之鐵鐙，懸於頸間，K氏乃延頸引鐙，漸漸而起，臂直如矢，而掌聲已雷鳴矣。先是該校遍登各報廣告，謂有人能作K氏之同樣表演者，酬五百金，舌人復以是語告觀眾。而此中華力士乃應聲而起，自以鐙懸頸間，一躍而登，表演一如K氏，觀眾乃拊掌歡呼，僉謂足令東方病夫揚眉吐氣也。然此五百金之懸賞，竟以託詞姿勢不合而爽約，觀眾咸不直所為。顧某君之目的，初不在阿堵物，遂亦一笑之。及告散會，眾皆離座起，K氏復以預置場中之鐵質舉重器（約重二百餘磅華人稱為仙人擔），顧視某君，意將與之一較實力。某君領之，K氏乃前執器，先承以腹，繼以肩，終乃越頂而伸，凡三挫焉。某君乃摳衣引臂，一舉而起，復昂之使高，仰之使下，凡十餘次而罷。觀眾大呼中華健兒萬歲。回顧歐西力士，皆瞠目結舌，逡巡而遁，眾乃一鬨而散。舌人趨執某君手，詢以姓氏，某君笑曰：余病夫國之一病夫而，何問焉。〔註12〕

特殊的身體，顯示了特殊的國家民族欲求，東亞病夫的身體蓄藏著焦慮和渴望，迫切希望在身體的對抗中證明自己不是「病夫」，以求雪恥。〔註13〕

〔註12〕微鴻：《中外力士角力記》，《申報・自由談》中華民國二十一年六月。

〔註13〕中國武術家以武術身體的勝利，及被無限拔高的政治意義，強化了中國近代

擂臺賽為舒解這種情緒壓力，提供了機會。

　　武術中的擂臺作為一種特殊的空間，在近代上演了諸多中外拳師對抗賽〔註 14〕，成為滲透著民族國家政治力量的場所。擂臺賽是一種獨特的身體競技，在民族主義愛國情緒的觀照下，這種身體競技又是政治化的。正如汪民安所說：「個人身體的對峙 —— 即便是象徵意義上的 —— 總是國家身體的對峙。」〔註 15〕擂臺賽，在「東亞病夫」的國家屈辱的背景下，被寄託了身體對抗之外的政治意義，它使中國人用強健的武術家身體來改善「病夫」的自卑心理，也是中國在屈辱的國際關係中，民間社會群體獲得些微自豪感的特殊形式。〔註 16〕擂臺賽，這種特殊的競技比賽是這樣，那麼，近代體育史中

　　　　提倡武術、國術重要的理由：武術可以幫助雪恥，可以強身，可以實現體育同樣在追求的民族國家目標。武術所提供的是一種和西式體育在管理塑造身體方式上略有差別的身體改造方案。近現代的武術發展史如果單從那些武術家的言論來看，仍然可以被包容進身體國家化的生成史。張之江方萬邦等近代武術（國術）界熱心人士，發表了不少的國術救國文章，為提倡國術尋找政治基礎。他們的言論也是我們研究近代中國體育身體政治的重要材料。

〔註 14〕　在凌波和王昌瑞著的《一代宗師 —— 中國武術名家》一書中，記錄的曾經和西洋或日本武術家進行過拳術對抗比賽的武術名家有：孫祿堂、韓慕俠、杜心武、蔡桂勤、佟忠義、王子平、蔡龍雲、車永宏。這些武術家，因為與洋人的擂臺對決獲勝，在當時就贏得大名。這些武術家的獲勝，在現在有關於他們的傳記書寫中，被強調出洗刷恥辱，為民族爭氣的意義。這裡舉車永宏為例。「1888 年，天津日租界舉行了轟動中外的國際擊劍比賽，日人阪三太郎連勝我方一些高手」。最後車永宏出場打敗了日本高手，日本高手請他去日本教武術，他正色回答道：「豈可使吾國絕技而傳之外人耶！」「這件事表現了他崇高的民族氣節和強烈的民族自尊心，被載入《太谷縣志》。清政府也因他為大清爭了面子，特授予他『花翎五品軍功』之稱，作為表彰。」（凌波、王昌瑞：《一代宗師 —— 中國武術名家》，南京：南京大學出版社，1989 年 5 月，第 53 頁）

〔註 15〕　汪民安：《身體的技術：政治、性和自我毀滅》，汪民安著《身體、空間與後現代性》，南京：江蘇人民出版社，2005 年 12 月，第 35 頁。

〔註 16〕　不僅那些被刻意組織的擂臺賽，在身體對抗中象徵著國家間的對抗，我們還可以在一些民間流傳的中國人痛打外國人的故事中，看到這種身體衝突中的國家對立。民間社會津津樂道於這些「解恨」的故事時，實際上帶著民族主義愛國情緒的，他們樂於從這些故事中，體味出國家戰勝敵國的興奮感。筆者在 1931 年的《申報》「自由談」上收集到一條材料，是署名為「印瘦曼」的作者記載流氓李二痛挫日人的壯舉。李二從小就是個流氓痞子，在上海鬼混，一時橫行霸道。但是他在日本人調戲中國婦女的時候，毅然出手，痛打數名日本人，這頓時使李二成為國人揚眉吐氣的人物，也因此使「印瘦曼」認為：這樣一個作惡多端的人，被日本人暗殺，本來是死不足惜的，但是他的見義勇為痛挫日本人的壯舉，還是值得人們記住。所以「印瘦曼」為我們

留下了這樣一個夾帶著民族國家情感的身體衝突故事。

《記痛挫日人之李二》：「清光緒間，南通金沙鄉，有無賴李二者，少而猛勇。十餘歲時，嘗盜米五斗，負之疾行數十里，追者不能及。及壯，能迎拒奔牛，人咸驚為神力。李亦自恃其勇，倔強倨傲，目空一切。一日偶因細故與鄰某相鬥，某被創致死，鄰控於有司，捕甚急。李乃亡命滬上。日與匪徒為伍，劫殺勒索，無所不為。匪眾見其剽悍，乃奉之為首領。斯時正值日俄戰後，滬上日僑，以其戰勝之淫威，囂張益甚，華人遭其凌辱者，日必數起。官廳顢頇，不敢抗議。李睹狀憤甚，屢思有以懲之。一日，因事過吳淞路，見四五日人，圍一青年華婦，恣意笑謔，婦窘急萬狀，俯首欲泣。李大怒，飛步向前，奮臂一掃，二人以仆於丈外，餘知不敵，乃大呼求援。日人聞聲而至者數十人，李獨力應戰，不稍懼怯。未及，日人咸負創而退，李乃從容緩步而去，日人無敢追者。事後，日人與我官廳交涉，我方頻致歉意，始寢其事。而日人衛李之心，未嘗稍懈。無何，李卒被狙擊於英租界之僻巷中，傷及要害而死。噫。按李氏一生，作惡多端，死何足惜，惟其見義勇為，痛挫日人之壯舉，亦未可沒也。爰為之記。」（《申報》中華民國二十年九月二十六日，第十一版）

這樣的故事，不僅在當時數量不少，就是在現在，也是經常出現，而導致這種故事被人特意記憶的關鍵就是中國和日本兩個國家之間的互相敵對。對身體的對抗事件的反應和解讀中，是在民族主義情感支配下進行的。在中華網論壇上有一帖子《日本人用英語罵「中國×」浙江哨兵一槍托砸去》，其中中國士兵打日本人的事件也是這種身體對抗背後隱藏著國家對抗的政治意義，民族主義情感的作用在事件的後續反應中更為明顯。

「浙江台州市有一個邊防檢查站，負責海港的安全保衛工作，昨天發生了一件這樣的事：在港口裏有一個檢查哨卡是負責貨場的安全保衛工作的。前幾天進港一艘日本的貨輪，萬噸的。昨天上午幾個日本船員和兩個翻譯在貨場裏走，在經過哨卡不遠的地方的時候，有個日本人竟向升旗臺踢了一腳！我們的哨兵馬上去干涉，那個日本人（事後知道是大副）不但不道歉還在大吵大鬧，引來了很多外籍船員圍觀。值班的班長和幾個戰士過來瞭解情況，那兩個翻譯一時也說不清，後來決定到站裏商量。本來事情就快解決了，那個日本人見翻譯不在，現場只有我們的一個哨兵在，竟用英語大聲的罵「中國×！」引來圍觀的外籍船員鬨笑。可是他沒想到的是：我們的那個戰士雖說對英語不是很精通，多少也經過培訓（是市政府安排的）。一聽那話，那位本來就很火大的哨兵衝上去就是一槍托將那個日本人砸倒，揪住頭髮像拖死豬一樣拖進了崗亭，這一下把全場的人都鎮住了。事情還沒完，檢查後發現日本人沒帶證件，那個戰士硬是把那日本人拷在了哨卡的門前，直到值班的班長和翻譯回來事情才解決：船方賠禮道歉並保證以後不犯，我方才放人。由於事情不是小事，鬧到敝鶴（即原文作者）的單位都要派人去協助解決。頭兒說要有總結報告才算，敝鶴和負責的一個上尉聊了一個下午，才知道這事我方也有內部的處理：那個戰士打人犯紀律，要關一個星期的禁閉。現在市裏把這事傳得很神，有些甚至說我們的哨兵一個打幾個，厲害。不過敝鶴對那個戰士沒丟中國人的臉感到很滿意。不過最讓敝鶴記住的是上尉的一句話：「其實，在我看來，關他禁閉80%原因是紀律，20%的原因是那一槍托砸

的諸多運動會呢？近代中洋拳師的擂臺賽其全部內涵就在於滿足弱者的雪恥心理，激勵民族精神和愛國情緒。然而近代的運動會在內涵上顯然要豐富得多。和擂臺賽相比，運動會更具現代色彩，它們的共同特徵在於擂臺賽和運動會都以經過特殊訓練的身體對抗爲主要內容，都是身體競技的形式。近代擂臺賽所蘊涵的民族主義政治意義，有助於幫助我們去理解部分的涉外競技體育比賽。譚華在分析近代中國體育發展的目的時認爲，「國家和社會在實際上還主要把發展體育的目的限定在強國強兵、振奮民族精神的範圍內，對於『體育的根本目的是促進人的全面發展、豐富文化生活』這個自然體育觀的基本出發點並不眞正重視。其突出表現就是對運動競賽的特別看重。從晚清中外比武，到遠東運動會和奧運會的勝負，常常會在社會上激起巨大的感情波瀾，運動競賽成爲推動近代中國體育發展最重要的手段。……對於中國這樣一個飽受欺凌的落後國家來說，突出競技的重要地位是很自然的事，運動場上戰勝政治軍事上的敵手常常會給人帶來某種程度上的心理滿足，從而轉化爲激勵民族精神和愛國情緒的強大動力。」〔註17〕譚華實際上只是解釋了中國何以重視對外的、國際性的競技體育。譚華的觀點用來理解近代的一些運動會現象是可以的，但是，這不能全部揭示近代體育運動會的身體問題。對近代體育史上何以會有那麼多的國內運動會，人們舉辦這些運動會有什麼內在原因，我們還需要進一步去解答。和國際性競技運動會體現著對抗的身體政治一樣，諸多國內運動會，也彙聚了大量的身體關注，國內運動會實際上成了表達身體關注和身體改造欲望的特殊時空。這是值得我們去關注的。關於近代運動會，筆者主要按照國內和國際比賽來分成兩大塊以進行研究。那些國際性運動會，和近代拳師的擂臺賽更爲相似，也糾結著「東亞病夫」、雪恥等政治負擔，更關心的是如何在對外體育競技中爭取民族榮譽；而那些國內運動會，則較多地關心著體育所追求的強種救國目標。去深究近代中國國內運動會和所參加（包括舉辦）的國際性運動會所附加的政治意義的差別，不是本研究的主要目的。筆者在設定這一部分研究內容時，更多是在籠統中劃出國內國際兩塊，嘗試著從前人研究者所未曾經意的地方，探求中國近代體育運動會所隱藏的各種關於政治和身體的信息。

　　在進入那些那些激烈的競技場前，我們有必要先簡單瞭解一下近代史上

得不夠狠。」（http://club.china.com，2006 年 4 月 25 日，10：25）
〔註17〕譚華：《試論近代中國體育觀念的變遷》，《體育文史》1988 年第 3 期。

人們對運動會的態度。因為這些反對或提倡的聲音，實際上也是我們瞭解運動會身體政治的一個路徑。

第二節　開強國強種之新運：運動會的提倡

從清末開始，一些教會學校和基督教青年會就開展了一些以西方體育運動項目為主的活動和競賽〔註 18〕。進入民國以後，隨著全國運動會的舉行以及參加遠東運動會所產生的推動作用，在官辦的學校中，也逐步開展了體育運動和競賽。繼之而來的是全國各地區、市縣相繼舉辦運動會。「到本世紀 20 年代，我國近代體育運動的競賽體制開始初步形成。」〔註 19〕

伴隨競技運動的發展，出現了支持競技比賽與反對競技比賽的相對立觀點。具體來說，反對競技運動過度開展的一方，主要關心的是伴隨競技體育發展而出現的「運動選手制度下的流弊」。其流弊之一就是：不利於健康訓練。在一篇關心中學生身體健康問題的文章中，針對當時中學生身體狀況普遍不佳的情況，作者楊天一認為：「青年是國家民族生命綿延不絕的底子，青年的身體健康與否，影響於整個的國家民族前途。一般高喊著『救國』的人士及負有教育行政職責者，應該如何的注意而急謀補救之道！」〔註 20〕楊天一認為造成學生身體不佳的外部原因，除了「校址的處境不良」，還有就是「體育的不能普及」。而體育之所以不能普及，其中一條主要的原因就是「注重運動選手制度下的流弊」：

> 有一般商業性質的學校想藉「運動」來宣揚本校的名聲，於是極力訓練少數的運動選手，不注意普及運動，所以大部分的學生沒有運動的機會。……〔註 21〕

和楊天一的文章發表在同一期《中學生》上的《體育跟運動》，同樣地在關注中學生的身體健康時，對吹捧運動員的行為進行批評：

> ……把他們（運動員）捧得極高，稱將軍，稱英雄，則大可不

〔註 18〕 馮公智、步慕芳：《基督教青年會與中國近代體育的關係》，《體育文史》1985年第 6 期。

〔註 19〕 崔樂泉：《中國近代體育史話》，中華書局，1998 年，第 57 頁。

〔註 20〕 （省立上海中學）楊天一：《中學生健康問題的我見》，中學生雜誌社《中學生》第五十七期，中華民國二十四年九月號。

〔註 21〕 （省立上海中學）楊天一：《中學生健康問題的我見》，中學生雜誌社《中學生》第五十七期，中華民國二十四年九月號。

必要。要曉得一個打破全國記錄得運動員，對國家競賽有多少貢獻，

難道和眞正爲民族戰爭而犧牲的將軍和英雄們一樣有功嗎？〔註22〕

除了從不利於健康訓練角度來批評運動競技體育，部分人則從防礙體育發展的角度來批判競技體育的流弊。競技體育的批評者，認爲「商業化的運動會」對普及體育不利：「教育當局往往爲舉行運動會，而興築宏大的會場，爲追隨運動會事業先進國的排場而將運動會場設備地非常講究。此項興築設備的費用，往往以出售門券爲挹注。因此一般民眾對於參觀運動會也看作娛樂消遣。」〔註23〕這樣的運動會對提高民眾參與運動的熱情沒有幫助。余思奮更是在《對於學生運動會感言》中詳細指出當時學校運動會的弊端。他說，學校「開運動會，爲之獎勵，以祝競爭。考其本旨，原爲促進體育之一善法，蓋凡是事有競爭而後有乃有進步也。」但是，學校運動會卻出現了三種弊端，分別爲：一，爲了爭奪錦標，進行過激烈的訓練，「欲冀體魄之增長者，乃反以喪失其健康；二，學生專重於運動，「於是荒功課，廢學業，在所不免」；三，「競爭之結果，或因爭獎而惹起個人間之惡感，或因失敗而生羞怒，由羞怒而致譭謗嘲罵鬥毆，而促成各學校的分離。」〔註24〕正是這樣的競技運動阻礙了體育的普及和強身健體的目標，所以反對競技運動和運動會開展聲音屢屢出現。署名爲「虛白」的《體育的歧途》，直接把體育發展的歧途，歸因於「運動員的職業化」、「運動員的工具化」。作者說：「目前從事運動的人員，大半是學校裏一部分的學生，竟然成了個特殊的階級，只有這一個階級裏的人，享受著優先的專門的訓練。訓練的目的只求怎樣能創造一個新紀錄，絕對沒有顧念到這運動員最完善的健康發展。」因此作者認爲，爲了使體育普遍化地發展，使體育能發揮其眞正的價值，就應該放棄鼓勵「以個人爲中心的英雄式的運動」的做法，使「全國上下，不論是高級的首領名流，學者，工友，農夫，不論是老，是小，是男，是女，都應該無條件地參加，同受應得的訓練。」〔註25〕

〔註22〕淡軒：《體育跟運動》，中學生雜誌社《中學生》第五十七期，中華民國二十四年九月號。

〔註23〕休士：《談全國運動會》，中學生雜誌社《中學生》第三十八期，中華民國二十二年十月號。

〔註24〕余思奮：《對於學生運動會感言》，省立嶺東高級商業學校學生叢刊社《學生叢刊》第二十八期，中華民國十二年十二月廿四日。

〔註25〕虛白：《體育的歧途》，東方雜誌社《東方雜誌》第三十卷第二十號，民國二十三年十月十六日。

　　「選手制度」所造成的「運動員的特殊化」，在批評者看來，使體育的發展走上了迷途。王壯飛在 1934 年，於《體育研究與通訊》上發表《今後社會體育努力的動向》，反思了當時體育發展的偏失，更加尖銳地批評競技運動及注重運動員所造成的問題：

　　　　說中國社會體育沒有罷！很多的省市，早沒有公共體育場，按年舉行民眾業餘運動會，在紀錄上，並且可以顯見長足進步的過痕。說中國的社會體育有罷！它的成績，又在哪裏呢？公共體育場的運動人數，當然以上海爲最多，然據上海市立第一公共體育場的統計，（現在尚未有第二場）平均每日運動人數，不過數百人，以三百萬平民計之，不足千分之一。比之全市每日歌酒嫖妓賭博觀電影的人數，大概還不到百分之一。內地的公共體育場，除了幾個大城市外，一種荒涼蕭瑟的情景，幾於令人認不得這是什麼場所！

　　　　普及是社會體育的最好成績，（其實不僅社會體育爲然）與其全縣三萬個人民中，產生出一個百米會跑十又十分之五秒的短跑家，何如三萬個人民，都成了百米十四秒的業餘運動員……更進一步說，在遠東運動會中吃鴨蛋，算不得什麼奇恥大辱。一般民眾形於外的，都是體態失常，精神萎靡，見於事實的，都是服務不耐勞苦，強敵不敢抵抗，這才是奇恥大辱呢。

　　　　我們如果承認體育有強種救國的功效，我們似乎不能捨普及社會體育這條路而不由。迷途的緣由多著，其緊要的有三：

　　　　（一）破壞生活　教育的目的，本是適應生活，改善生活。體育爲教育中五育之一……卻例了外，薄負時譽的業餘運動員，或球隊，就會變成了一個特殊的階級，到練習運動比賽的場所，或平日因事出門，必以車代步，用不到壯健的兩腿。在機關服務，或在工廠商店做事，多半靠了運動員的招牌，敷衍塞責，壯健的軀體精力，只准用之於運動的競賽。甚或衣服麗都，食用豪華，除了運動比賽之外，不事一事，處處顯示出他是社會中只消費而不生產的一員。風氣所播，競相效尤。本來運動身體，鍛鍊體魄，可增進工作的效率，服務的成績，現在反曠廢職業，妨害生活的一種娛樂。……

　　　　（二）滋長劣性　……往昔指導體育和提倡體育的人們，過於

注重運動技能，太忽略運動道德，把稍有成績的運動員，譽揚過當，獎借逾分，漸漸養成驕橫浮躁之習。結果侮辱裁判，仇視對隊，謾罵鬥毆等事，層出不窮，所謂君子精神 sport manship，幾成一個理想的名詞……

　　（三）妨害健康　……運動員常因濫吃，或運動後不加外衣擋風休息，或沾染其他不良的嗜好，而發生各樣疾病，破壞了身體上的組織。……」〔註26〕

　　而這種迷途，主要就是體育的不能真正普及，而這又最終間接造成競技體育所達到的效果與提高國民素質、強種救國、發揚尚武、拯救文弱的目標相悖。例如，張天一在第二屆遠東運動會後寫的一篇文章裏批評的：「原夫運動之道，貴在普及而其影響乃可遍於全國。今試問我國學生之平日從事於運動者，捨此次與賽之百數十人而外，其尚有若干人乎？……我學生不常曰：我國之無以禦外者，在於武力不足乎？然而武力之始基在運動。日言尚武，而不從事於運動，則武力直無力耳。亦安得我全國之學生，實行其尚武之道，而有以挽回我國文弱之風歟？」〔註27〕包括學校在內的各種運動場，因為「錦標主義」，「除了少數錦標的逐鹿者在用武之外，尚有何人在作合理的運動？多數的學生，還不是形容憔悴，顏色枯槁？」〔註28〕反對競技體育，對運動會採育消極態度，基本上是因為反對者認為，運動會、競技體育催生了職業化選手制度，防礙了體育的普及發展，最終影響了健康的國民身體訓練目標。

　　儘管對競技運動、運動會存在著懷疑與批評，但這並不能阻止那些熱心於提倡競技體育、開展運動比賽的人士，對運動會熱情提倡。運動會的價值，在於促進體育的發展。在運動會出現的早期，有一運動會的參觀者，「自金陵觀聯合運動會歸，」有客問他對運動會的評價，他說：「欲言其若何，請先定其視點，夫運動會非所以供娛樂也，非所以逞爭奪也，而所以增長體育之興味也，比較體育之方法也，考研體育之成績也。察其所以缺，進而求之，斯

〔註26〕　王壯飛：《今後社會體育努力的動向》，江蘇省鎮江公共體育場《體育研究與通訊》第二卷第一期，民國二十三年五月。
〔註27〕　張士一：《遠東運動會後之劇烈運動談》，上海中華書局發行《中華學生屆》第一卷第七期，中華民國四年七月二十五日。
〔註28〕　敦龐：《談體育》，《申報》中華民國二十三年四月十九日，第十七版。

眞運動會之所謀，而亦我視點之所在。」〔註 29〕在提倡者眼中，運動會毫無疑問是有助於體育的推廣普及，有助於民眾身體的鍛鍊的。和那種批評選手制度的觀點相反，謝似顏在分析中國體育提倡之不成功時，甚至認爲，要重視體育，多舉辦運動會，要褒獎提高運動員的地位，「以引起一般民眾的羨慕」。〔註 30〕

運動會的價值還在於訓練國民，提高身體和精神素質。那些提倡運動會的主張，除了看中運動會在促進體育事業之發展中的作用外，還在運動會的開展中寄託了提高國民素質〔註 31〕及爲民族國家服務的訴求。在《運動會與一般人》中，作者把運動會比喻爲明鏡，可以表現國人的素質。他認爲運動會是各種人彙集的地方，正是引起人們勉進的機會：

> 運動會如明鏡，不特運動員平時身體之強弱，舉動之敏拙，修煉之深淺，皆於是焉表現。即其國人平時之好惡，教育家平時之訓練，以及社會上平時之知識度量道德，亦莫不是於是焉表現之。故一次運動會開演之後，人人苟能自思，曰若者爲我人之所短，須勉進之，若者爲我人之缺陷，須補救之。如是每值一次運動會，如遇一明師良友，而所得之益非淺，何則運動會中既各種人均有所表現，而不特運動員，故可以爲鑒而取善改過者，亦各種人均有此機會也。

〔註 29〕 公短：《論江蘇省立學校第一次聯合運動會》，《中華教育界》第四卷第一期，中華民國四年一月二十五日。

〔註 30〕 謝似顏：《參觀第八屆遠東運動會記》，東方雜誌社《東方雜誌》第二十四卷第十七號，中華民國十六年九月十日。

〔註 31〕 例如 1921 年第五屆遠東運動會召開時，《申報》在特刊報導中，發表一篇文章《運動會與所現之國民性》，通過運動會分析國民身體素質，大談國民前途：

「以四屆之遠東運動會成績證之，復以三日以來此次運動會之成績觀之，有最扼要之二語，敢焉爲我人言者，曰凡係眞實力量之運動，我國無能及人，而有技巧可藉者則多有勝人之望，故徑賽與游泳，我國均無分數也。次其原因半雖由平時之少於訓練，而半亦由於國民體質之脆弱。蓋今之青年學子者大抵出身於中級以上之人家，而中國近世以來，除農工勞力之人外，平時鮮有用力者，若官宦，若士子，若商人，若有家資而無事事者，類皆手無縛雞之力，以若是累代遺傳之質量而欲稍事聯繫，即能勝人，不可得也。故良友，而今日既覺其不足，即宜注意勉勵以漸移其習，則不特於運動中，操勝於日後，於國民前途，亦大有裨益焉。」（冷：《運動會所見之國民性》，《申報》中華民國十年）

如辦事人，如幫助者，如會場之觀客，如各學校之教職員，
如各學校之學生之父兄家屬，如莊會觀賽者之父兄家屬，或誇耀幾
長，皆當置此運動會之情形於心，而計其所以改善之道，勿徒作一
過去之事實，茶餘酒後，或非議人短，資爲談助，以有負此明鏡也。
〔註31〕

對運動會考察身體、提高國民身體素質的期望，始終都被民族國家政治
的追求主導著。擺脫「東亞病夫」的恥辱、振興國家復興民族的欲求，實際
上成爲提倡運動會的更高政治指南。王復旦在《中學運動會指南》中說，中
國要擺脫病夫的恥辱就要改進體育，而改進體育的治本方法是在中小學中實
行強迫體育教育，治標的方法就是利用運動會：「常與本國或外國隊作長時間
多次數之比賽，藉增經驗，而免怯陣。二者並進，再益以精良訓練，將來自
不無成效可言。」〔註32〕

1932 年由南京體育場體育月刊編輯委員會出版的《體育月刊》第一期《本
場組織各種比賽之意義》中說：

外人之譏我中華人民爲東亞病夫，實非過也，試觀我民族，
除少數青年學子雄赳赳氣昂昂，稍有生氣者外，大都腰彎背曲，面
黃肌瘦，精神萎靡，意志頹唐，暮氣沉沉，聲息奄奄，弱者多而強
者少，健者寡而病者眾，推其原由，皆因不注重體育之故也，體育
者以運動爲基礎，欲運動而有興趣，訓練國民健康，所以按季組織
各種球類競標賽，舉行公開運動會等，意在斯也，比賽之目標有三：
（一）、發揚民族精神，（二）、改革業餘生活，（三）、促進運動技
能。〔註34〕

關於發揚民族精神，文章接下來詳細地解說：

發揚民族精神，非提倡社會體育不爲功，欲提倡社會體育，非
組織比賽不足以引起一般民眾之興趣，興趣既生，則對於運動有百
習不厭之快感，其軀體自必健全，軀體健全，則民族之精神必振作，
精神振作，則事業必發展，事業發展，則民眾之生產率高，生產率

〔註31〕 冷：《運動會與一般人》，《申報》中華民國十年。
〔註32〕 王復旦：《中學生運動會指南》，勤奮書局發行，中華民國二十二年六月出
版。
〔註34〕 《本場組織各種比賽之意義》，南京體育場月刊編輯委員會《體育月刊》，中
華民國二十一年十月，第一期。

高，則國家自可富強，凡百事業，均可循序設施，暢所欲爲，故發
展社會體育須組織比賽，則不第直接發揚民族精神，亦間接富強國
家之起源也。〔註35〕

對於運動會的服務於國家民族的政治意義，羅家倫於 1933 年在爲南京
四校聯合運動會寫的一篇文章中說：「運動會有兩種意義。第一是增進民族
健康，養成健全的體魄；第二是培養運動家的風度，而爲民族道德的楷模。」
這兩點無不和當時民族國家的建設重任相契合。羅家倫具體解釋這兩點意
義：

> 第一點的意義很明瞭。健全之心，當宅於健全之身。何況中國
> 民族前途的艱難困苦正多，設新興的一代，沒有持久耐勞的體魄，
> 其何以負建設國的責任。大器晚成，世界多少大政治家的成功，都
> 在五十六十歲以後，而中國人到了五十六十歲，往往就是衰老退休，
> 行將就木。設不從發展體魄來挽救，民族前途，何堪設想。

> 關於第二點尤爲重要。……中國政治的不上軌道，也就是由於
> 一般國民，缺少運動家的風度。要中國政治社會有軌道，非培養運
> 動家的風度，以爲國民道德的標準不可。〔註36〕

羅家倫認爲，運動會不是爲個人爭奪錦標的。「運動會的使命，爲培養運
動家的風度，以團體協調的動作，共同發展健全的民族體魄，使將來共同擔
負建立新中國的責任。」〔註37〕

戴季陶在《祝五屆全國運動會》中同樣強調運動會在國家民族建設上的
作用，他說：「運動大會的目的在於強種衛國，而其道實在身心並種、術德
雙修，使從事運動與參觀運動者，皆得自然之樂，則其事乃可大可久，其益
能實能多。」〔註38〕張信孚在分析全國運動大會的意義時，始終緊扣「民族」
這一話語。他認爲全國運動大會首先可以「促進民族健康」：「……我國民族
之積弱久矣，人民之萎靡不振無以復加矣。居今日而欲挽救危亡，自非改進
人民之健康不可。而全國運動大會之舉行，即所以促進全民族注意體育者

〔註35〕 《本場組織各種比賽之意義》，南南京體育場月刊編輯委員會《體育月刊》，
中華民國二十一年十月，第一期。
〔註36〕 羅家倫：《運動會的使命》，《申報》中華民國二十二年五月一日，第十六版。
〔註37〕 羅家倫：《運動會的使命》，《申報》中華民國二十二年五月一日，第十六版。
〔註38〕 戴季陶：《祝五屆全國運動會》，東方雜誌社《東方雜誌》第三十卷第二十號，
中華民國二十三年十月十六日。

也。」他認爲通過參加競技比賽和交流，可以引發人們對體育的興趣，而「民族的復興，國家之奠安，皆肇端於此。此全國運動大會有促進民族健康之功效者一也。」〔註 39〕張信孚認爲全國運動大會的第二功效是可以「團結民族精神」：「我國今日四分五裂之怪象，實由於民眾之乏統一觀念，民族無團結精神之所致也！……而全國運動大會，即具有達此項目之機能。」他分析1933 年那屆全國運動會的參加單位時說：「試查大會之報名單，有內地之名單，有邊疆之區域，而亡省痛苦之東北同胞，及寄人籬下之海外僑胞，亦皆踴躍參加。似此四方來同之佳象，所以表示內外民眾擁護中央之誠意，及發民族團結之精神，其價值之偉大可想而知。」他認爲，如果能把這種精神發揚光大，則能使「懷離心者，惕於民意之趨向，不敢阻撓反對中央之措施；而且昭示世界，暴力只能佔領我土地，不能剝奪我民心，則中國之統一，河山之收復，終有實現之一日，而今日之全運大會亦與有勞焉。」第三個張信孚認爲全運會能提供的功效是「提高民族地位」：「欲提高民族在國際上之地位，自宜多多參加世界之各種活動與集會，而今世界運動大會（即奧運會），即其一端。」他說，我國民族被人譏爲『東亞病夫』，對於體育，素乏研究，因此，正好可以借全國運動大會選拔人才，參加世界運動大會，以洗刷「東亞病夫」的恥辱。〔註 40〕張信孚的觀點，概括了那些主張支持運動會的人的意見。第六屆全運會舉辦時，大會籌備副主任郝更生在《全國運動會之歷史與意義》中，結合時局，認爲「世界潮流惡化，我國除民族自強外，寧有他策？而國內災變繁多，亦惟有訓練全民增加合群及耐勞力量，方可抗災應變。」〔註 41〕因此，應該提倡體育，舉辦運動會，「現在時艱較深，國人仔肩彌重，大規模之體育集會，正爲訓導全民與淬礪青年之最良方式。表演則顯示休養精神，競技則造成有勇知恥之習慣，而鍛鍊體格，促進團結，則又爲全會之共同目標。」全國運動會「其意義深遠，實視任何救時動作爲偉大。」〔註 42〕而時任考試院院長的戴季陶爲大會特致祝詞，同樣強調此運動大會

〔註 39〕張信孚：《全國運動大會之意義》，時事月報社《時事月報》第九卷第四期，中華民國二十二年十月。

〔註 40〕張信孚：《全國運動大會之意義》，時事月報社《時事月報》第九卷第四期，中華民國二十二年十月。

〔註 41〕郝更生：《全國運動會之歷史與意義》，《申報》中華民國二十四年十月十日，第二十二版。

〔註 42〕郝更生：《全國運動會之歷史與意義》，《申報》中華民國二十四年十月十日，第二十二版。

「強健身心之功，開壽民壽世強國強種之新運」〔註43〕的作用。這些有關於
運動會的正面言論，建基於運動會與民族、國家命運的關係的論述框架，極
為強調運動會對訓練國民身體以強國救國的重要作用。

在各種國內運動會中，不乏對運動會的支持言論，那些言論始終在發展
體育、強身健體的目標中，寄託追求強大的民族國家的理想。至於參加與操
辦國際性運動會，更不乏支持者，既然體育被認為有助於外交和提高國家在
國際上的地位，參加國際性的運動會，同樣被賦予同樣的功能。

參加國際性運動會，至少可以滿足中國這樣一個弱國，那種求強以參與
世界的欲望。中國運動員於 1932 年第一次參加了奧運會的比賽。作為這個代
表團的一員，沈嗣良在事後寫的總結性文章中，其情感的流露，未嘗不可以
看成中國那時在面對世界性大運動會的心境：

> 當第十屆世界運動會在硌杉機舉行的時候，會場裏破天荒第一
> 遭的忽然發現了大中華民國的國旗，和參加的代表，這是何等足以
> 使全世界注意驚奇而稱道的一件事！更是何等足以使國人欣慰自豪
> 而興奮的一件事！……
>
> ………
>
> ……這次我們孤孤單單的派去了一個人，無非要表明我們的精
> 神，而美國的所以熱烈地歡迎我們這一個孤孤單單地的代表，也就
> 是要表示他們重視這種精神的意思。況且這番我國的參加，使中華
> 民國的國旗在會場中占著一個地位確乎鼓起大會無限精神，同時也
> 使全世界注意到老大的中國，還保存著少年的精神，要在運動界裏
> 與列強角逐，絕沒有自棄的觀念，和任人宰割的可能。」〔註44〕

這段敘述所體現出來的心境，正是中國作為不得不進入世界體系的一個
弱國，在參與世界性活動時，對運動會和國際地位的關係有著特殊價值判斷
的民族心態。在《談運動會》這篇文章中，作者「東屏」很注意中國參加國
際性運動會對中國國際地位的影響：「歷屆遠東運動會，我國將運動成績，暴
露於天下。歐美日本的報紙，多記載詳明，加以推論。第二次遠東運動會，
我國名列第一，菲日兩國的輿論，都稱讚不已。歐美人士，亦說近來的中國

〔註43〕 戴季陶：《戴院長訓勉大會》，《申報》中華民國二十三十月十二日，第十七版。
〔註44〕 沈嗣良：《第十屆世界運動會和初次參加的我國》，江蘇省鎮江公共體育場《體
　　　　育研究與通訊》第一卷第一期，中華民國二十一年十二月。

和從前的中國，是大不相同了。我們看，因運動會的勝利，竟能增加國際地位。」這樣以運動員身體參與運動會，獲得參與世界的榮耀感滿足感，反過來又促使對體育強健身體問題的關注。所以「東屏」呼籲國人應在身體的強健上多加努力，而「運動會的舉行，乃國民體力測驗的一種機會。所以國際間的運動會，失敗得勝，足以比較國際間的國力民力。」〔註45〕近代中國參與國際性運動會，是在東亞病夫的身體國家陰影下展開的，在這個過程中反覆蒙羞的經歷，使得中國參與國際性運動會的熱情，除了基於藉以提倡推動中國國內體育發展的冀望外，還包含著雪洗「病夫」之恥的堅貞意圖。

　　正是因為運動會具有單純體育鍛鍊之外的諸多意義，才促使近代史上的體育運動會接二連三此起彼伏。〔註46〕這些運動會在特定的時代，也和體育運動的提倡言論一樣，不斷地帶上體育比賽之外的意義。民族國家政治力量，時時地在以各種方式進入體育場，使近代體育史上的運動會具有鮮明的時代政治特徵，也使運動會這一身體競技場內外，散佈著或多或少的與身體（認識、改造、政治化）有關的信息。

第三節　積健為雄：國內運動會中的身體政治

　　近代史的體育是為「強種救國」而發展的，這必然使作為體育發展最顯著之表現的運動會，也帶上這樣的「政治使命」——一方面要救國，一方面又要進行改造身體的關注。運動會在不同的政治經濟軍事背景下，往往也成為不同政治訴求的展示空間。運動會不是單純的運動比賽，它成為政治理想、意識形態、民族國家訴求等等一個特殊的宣揚舞臺。運動會在強身以服務於國家民族為根本欲求的體育發展史中，又是一個特殊的展示身體、評判身體、對國民的身體提出要求的重大集會。在這樣的聚會中，彙聚了各界人士對體育運動，對運動員的成績，對運動員的身體，最終對國民身體的關注和服務於民族國家的改造欲望。運動會操作者的政治意識形態的宣傳，表達著他們改造參與運動會的人員——運動員、觀眾、甚至包括會場之外的國

〔註45〕　東屏：《談運動會》，江蘇省鎮江公共體育場《體育研究與通訊》第一卷第二期，中華民國二十二年十三月。

〔註46〕　關於近代運動會的簡略情況可以參看體育院系教材編審委員會、中國近代體育史編寫組編的《中國近代體育史》（北京：人民體育出版社出版，1985年，第45〜52頁）

民——的欲望，國民在他們的計劃中應該被塑造成適合他們統治目的的國民。運動會中的各種細節，包括體育場、宣言訓詞演講及與運動會相關的言論、會場布置、運動會歌等細節，構成了運動會這一特殊的時空裏的身體政治。

一、體育場

　　舉辦運動會的體育場，本身就是一個特殊的空間。體育建築、運動場地所構成的空間，主要的用於體育鍛鍊及比賽。體育場是被管理的，但又是開放的，是公眾可以進入聚會的空間。在非運動比賽的時候，這個空曠的場所，經常成爲大規模集會的場所，當這種集會包含著特殊群體的政治訴求的時候，它也就成爲政治力量宣示場所了。例如在 1919 年 9 月 8 日《申報》上報導的一次集會，就是民間社會力量利用公共體育場來表述對國家政治的關心，以「徵求眞正之民意，討論救國之辦法」〔註47〕。而 1920 年元旦，上海各馬路商界聯合會同樣利用西門外的公共體育場，舉行慶祝元旦的大會，並且宣誓對日本侵華的不滿和抵制日貨。《申報》於 1 月 3 日，對集會的具體情形進行了詳細的報導：

　　　　………

　　　　場中之布置　門前滿紮松柏鮮花，上懸慶祝元旦四字，橫顧場中，搭四方講臺一座，國徽商旗，交相映輝。內懸彩綢上寫「萬眾一心」「擁護共和」之金字。臺之東，搭一宣誓壇，白布墨書宣誓全文於四沿……

〔註47〕《公共體育場各界大會紀》：
　　　「昨日午後三時，上海各界人士假西門外，公共體育場開會……
　　　………
　　　開會之演說
　　　會眾初推何葆仁爲主席，何因病力辭，乃改推王德熙、劉振群爲臨時主席。
　　　首由王君報告開會宗旨，略謂共和國家以人民爲主體，政府措施不當，有害
　　　國家人民，應當有以制裁之。今日開各界大會，即徵求眞正民意，討論救國
　　　辦法。末論我國現勢之危急，及國民自救之辦法。繼由劉君言到會各界各團
　　　體代表，此時再不設法救護國家，此後恐無自救之日。後由天津代表嵇儲業
　　　報告京津各界請願經過、情形，並解釋請願二字不過一種代名詞，其實乃國
　　　民表示民意喚醒群眾覺悟之手段，並望全國國民一致行動，國不難救云……」
　　　（《申報》中華民國八年九月八日，第十版）

………

　　慶賀之禮節　會場全部秩序悉由競體會童子軍擔任維持。至十
時，各馬路商界到齊，環繞臺前，各有該路之會旗豎立……各路董
事齊集臺上。由總董陳惠農主席請眾向國旗行三鞠躬禮，次高呼「中
華民國萬歲」者再……〔註48〕

　　大會之布置與儀式已經充滿了政治色彩了，大會的宣誓辭更是強烈地表
達了這次聚會之團體的政治態度。集會者是商人，利用體育場這一空間來表
達他們對現實政治的關注。宣誓全文如下：

　　維中華民國九年一月一日，上海各路商界聯合會全體會員，敢
以至誠肯切之言，昭告於全國父老昆季姊妹之前曰：日人無理凌滅
我華，先以二十一條之密約，逼我要盟，繼以數萬里之鐵道奪我要
害，軍事協定則謀攫海陸軍權參戰，借款則延長，南北內鬨，魯之
青島既思久假不歸，閩之南臺，更欲藉端肇種種暴行，不特直接擾
亂東亞之和平，即間接擾亂世界之和平，本會全體商人，公認日人
此種行動，不啻以第二朝鮮待我，萬難坐視亡國，公決自即日起，
永遠抵制日貨，有淪此言，天神共殛，謹誓。」〔註49〕

　　同月的31日，在同一個體育場，出現了一次規模更大的政治性集會。這
次集會有商工學界九十四個團體參加，人數在五千以上，「均手執小旗，上書
『收回日本通諜』『反對直接交涉』『魯案交國際聯盟』『直接收回山東權利』
『閩案照京滬八條』『廢除二十一條』『取消軍事協定』『毀棄高徐順濟滿蒙路
約』等字樣。場內又有中華職業學校、學生分會，分發「爭山東救福建」、「犧
牲精神」、「協力救亡」之傳單；又有青年會、商業夜學校、半夜遊行促醒隊
之宣言書。國民大會的組織者也印發題曰「亡國大禍臨頭了」的傳單，均用
白話編寫，言簡而意警。此外還有少年救國宣講團抵制劣貨的傳單。這些傳
單除了分發給會場內外的人，還派專人到一些交通工具——電車——上派
送。〔註50〕總之這些傳單印刷品，使這個體育場充滿了政治性的話語，它以
一種通俗的有效的手段，把這次大會的政治理念宣傳開來，烘託了大會的政
治氛圍。這次國民大會是在當時中國外交失敗的情況下召開的，大會的參加

〔註48〕　《元旦公共體育場商界集會紀》，《申報》中華民國九年一月三日，第十版。
〔註49〕　《元旦公共體育場商界集會紀》，《申報》中華民國九年一月三日，第十版。
〔註50〕　《昨日公共體育場國民大會紀》，《申報》中華民國九年二月一日，第十版。

者是商人、工人、學生等民間團體。他們利用體育場集會，集中地表達了他們對時局的「民間看法」，他們的活動使體育場這一「運動空間」暫時地成爲「政治空間」。大會在下午兩點召開，由全國學生聯合會理事長狄侃推舉姚作賓爲主席。姚作賓起立發言，略謂：「我國所受日本之壓迫極重，最近如山東問題，福建問題，均極顯著者。況歷來中國與日本，所結各種條約，均極不平等，現在國民自知醒覺，自當與之總算帳。山東問題，聞政府有與日本直接交涉之說，緊急萬分。故今日在此開國民大會，由各界討論最後辦法。」接下來由孫境亞介紹山東問題情況，孫說：「山東問題之失敗，以致有今日之情形者，均因軍閥……今日國民大會宜討論救魯方法云。」大會通過了一系列議案，並且把議決辦法通告全國、各國公使等等。〔註51〕

　　體育場在非運動時間（舉辦體育比賽、開展體育鍛鍊活動）內，作爲一種特殊的公共場所，被用作政治性的聚會的場所。當它作爲舉辦運動會用時，又是怎樣的情形呢。用作政治性聚會，只是體育場的一種額外功能，體育運動場首先是作爲開展體育運動之場所而被修建的，它的主要功能是爲身體的鍛鍊提供場地和器具，承擔運動會的舉辦任務。在江蘇省立南京公共體育場編印的《體育月刊》上，有一篇短文認爲公共體育場的使命爲：

一、使全縣的民眾，都相信運動，有機會來運動。

二、體育場可以做學校體育的中心，如聯合運動會，各種錦標比賽，體育場可做主辦機關。

三、公共體育場可主辦社會健康教育事業，如「民眾業餘運動會」「民眾健康比賽」「嬰兒幸福比賽」「大掃除運動」「衛生通俗講演會」等。

四、現在社會生活上，最感痛苦者，即民眾業餘之暇，無正當的娛樂消遣場地是也，公共體育場最大的使命，要使民眾視體育場爲一個大樂園的消遣地，民眾一有暇即隨時來場遊玩，如遊公園一樣的印象總好呢！」〔註52〕

〔註51〕此次國民大會通過的最後一個議案，是趙靜波提出的，趙靜波的發言爲：「第一，對外通告，則宣言國民決不能承認政府所訂條約，且請以後勿再借款與中政府；第二，對內通告，則聲明誓不承認北京政府所爲，如不納國民大會之意見，則須以不納稅抵制之；第三，國民大會，須有眞正之國民自決，以各地各界聯合組織自治機關；第四，以後凡對外問題，宜由各地國民大會常任委員解決，更須集合各地國民大會，共同討論解決內外問題。」（《昨日公共體育場國民大會紀》，《申報》中華民國九年二月一日，第十版）

〔註52〕驥：《公共體育場的使命》，南京體育場月刊編輯委員會《體育月刊》第一期，

　　從這四點可以看到，體育場的興建者對其功能的定位就是提供運動遊玩場地、促進康健訓練、舉辦競技比賽。而正是這些功能，體現了體育場被有目的組織管理與向公眾有目的地開放的雙重特徵。體育場是既被管理又被開放的空間，這一點使它和公園〔註53〕有些相似。公園成爲民眾閒暇的消遣地，在近代史上扮演了很特殊的角色，這已經引起研究者的注意；而作爲同樣在那個歷史時期出現的公共空間──體育場就被關注得比較少了。體育場作爲一個被管理的公共空間或有舉行運動會或者在平時向公眾開放，成爲了促進體育運動發展的重要形式。體育場作爲運動的場所，實現著競賽與娛樂的功能，而作爲這種開放的場所，它有時也「具有社會政治教育空間的功能」〔註54〕。體育場爲公眾提供了便利的鍛鍊場所，改變了一部分人的生活結構，在日常生活時間的分配上，他們專門劃出一部分的時間進入體育場進行娛樂、健康鍛鍊活動。（至於體育場在舉辦運動會時，在一段特定的「運動會時間」內，聚集了大量的運動員、觀眾，更是現代化生活中一種突出的現象，對此，將在下面一章節中繼續提到）1934年，江蘇省對各縣體育場的每日運動人數，進行了調查統計。現根據其統計，製表如下〔註55〕：

（一）鎮江三十五縣立體育場統計表

體育場名稱	每日運動人數（人）
鎮江縣體育場	1700
丹陽體育場	445
江都體育場	340

中華民國二十一年十月。

〔註53〕陳蘊茜對近代公園進行了專門研究，「考察了清末民初時期公園作爲近代旅遊娛樂空間的變化，嘗試從一個新的視角揭示清末民初社會由傳統走向現代的本質特徵」。（陳蘊茜：《論清末民初旅遊娛樂空間的變化──以公園爲中心的考察》，《史林》2004年第5期）

〔註54〕陳蘊茜指出「近代中國旅遊娛樂空間的另一重要變化在於民國政府通過公園向民眾灌輸現代觀念與意識，這使公園實際兼具社會政治教育空間的功能……一般政府建造或改造的公園都或多或少地成爲政府宣傳國家觀念、培養民族主義、教化民眾的教育場所。因此，公園這一旅遊娛樂空間又成爲宣傳民族主義思想的基地。」（陳蘊茜：《論清末民初旅遊娛樂空間的變化──以公園爲中心的考察》，《史林》2004年第5期）

〔註55〕該調查統計主要是鎮江三十五縣的體育場和崇明等十八個附設於民眾教育館的體育場的統計數據。

泰縣體育場	320
泰興體育場	210
溧陽體育場	46
宜興體育場	320
武進體育場	300
江陰體育場	330
靖江體育場	60
無錫體育場	435
吳縣體育場	1380
常熟體育場	124
崑山體育場	107
吳江體育場	78
松江體育場	320
南匯體育場	100
奉賢體育場	111
金山體育場	70
青浦體育場	98
南通體育場	200
如皋體育場	200
海門體育場	100
高郵體育場	80
東海體育場	94
淮安體育場	382
六合體育場	69
泗陽體育場	74
寶應體育場	123
興化體育場	78
宿遷體育場	520
溧水體育場	84

沛縣體育場	143
儀徵體育場	102
金壇體育場	163
	9306（總計）

（二）崇明等十八處民教館附設之體育場統計表

	每日運動人數統計（人）
崇明城區民教館	（缺）
崇明西鄉	111
啟東洋鎮	190
海門三陽	48
如皋城市	46
南通石港	126
南通金沙	242
南通縣治	88
川沙城區	190
松江楓涇	37
上海閔行	73
寶山城區	70
太倉瀏河	70
太倉城中	180
嘉定南翔中心小學	245
嘉定奎山	270
句容城中	58
半縣公園體育部	126
	2215（總計）

　　從這兩張統計表可以看到，被統計進去的縣體育場和民教館每日運動總人數，達到 11521 人；每個運動場日平均人數為 217.38 人。這已經是不小的數目了。而在 1923 年，上海公共體育場的運動人數則顯然高於這些運動場和

民教館。具體數字參見下表：

1923 年上海公共體育場運動人數統計表 [註56] （單位：人）：

時　間	部別	運　動　項　目　類　別						每月總計	每日平均	兩部合計	兩部日平均
		器械	球戲	田徑賽	遊戲	技擊	舞蹈				
一月（計開放 27 日）	男子	3240	2850	1250	2870	970		11180	413	15570	580
	婦孺	1890	1620		1080			4590	170		
二月（計開放 12 日）	男子	1170	1030			1030		4270	368	6160	513
	婦孺	590	470		380			1440	120		
三月（計開放 24 日）	男子	2490	2420	1530	2160	790		9390	340	14480	603
	婦孺	2631	1138		308		13	5090	212		
四月（計開放 26 日）	男子	3070	2840	2790	2650	861		12211	460	17598	678
	婦孺	2294	1408		1685			5387	207		
五月（計開放 26 日）	男子	2870	2620	3000	4190	974		13654	529	18694	719
	婦孺	2951	1058		819		221	5047	294		
六月　（缺）											
七月（計開放 27 日）	男子	3210	2720	1600	2770	729		11029	408	11956	443
	婦孺	637	338		257			927	36		
八月（計開放 26 日）	男子	2290	2080	1080	2040	556		8046	309	8741	336
	婦孺	344	27		324			695	26		

〔註56〕 此表根據以下資料做成，其中六月份缺：《公共體育場一月份之運動人數》（《申報》中華民國十五年二月二日，第七版），《公共體育場二月份之運動人數》（《申報》中華民國十五年三月七日，第七版），《上海公共體育場三月份運動人數》（《申報》中華民國十五年三月十五日，第十版），《公共體育場四月份運動人數報告》（《申報》中華民國十五年五月五日，第七版），《公共體育場五月份運動人數》（《申報》中華民國十五年六月二日，第七版），《上海公共體育場七月份運動人數》（《申報》中華民國十五年八月四日，第十一版），《上海公共體育場八月份運動人數》（《申報》中華民國十五年九月二日，第十一版），《公共體育場九月份運動人數》（《申報》中華民國十五年十月三日，第八版），《上海公共體育場十月份運動人數》（《申報》中華民國十五年十一月二日，第十版），《公共體育場十一月份運動人數》（《申報》中華民國十五年十二月二日，第八版），《公共體育場上月運動人數》（《申報》中華民國十六年一月七日，第十版）。

九月（計開放 25 日）	男子	2930	2650	2270	2380	404		10724	429	13263	530
	婦孺	1280	681		578			2539	101		
十月（計開放 27 日）	男子	3810	3400	3110	3380	775		14475	536	19878	736
	婦孺	2810	1107	1486				5403	200		
十一月（計開放 25 日）	男子	3270	3120	2490	3120	736		12736	509	17875	714
	婦孺	2283	1425		1428			9136	205		
十二月（計開放 18 日）	男子	2070	1920	1230	1890	453		7563	420	9168	509
	婦孺	754	421		439			1605	89		

　　體育場的政治教化功能，正是基於它作爲開放的運動場所，能夠彙聚大量的運動人群。這在運動會的舉辦上尤其明顯。近代體育史上，那些大大小小的運動會，大多被寄予了體育運動之外的特殊時代意義，那就是「發揚民族精神」、「富強國家」，而這些政治教化是針對在場的身體的。在體育是爲了強身，而強身是爲了救國的倡導體育運動的時代訴求中，和民族國家政治絲絲縷縷地牽連，便成爲中國體育史上諸多運動會的特徵。那些運動會，或者因爲特殊的政治原因而舉辦〔註57〕，或者在舉辦時的宣言、組織者的發言中，

〔註57〕 1927 年 6 月 17 日在上海西門公共體育場舉辦的各校聯合運動會，就是爲了慶祝北伐勝利的。大會主席張秉均報告大會宗旨云：「各界同胞同志們，今天開運動會，是以慶祝北伐勝利爲目的，我們國民革命軍北伐不到一年，已將孫吳軍閥剷除，現在北伐軍已過徐州，不久就可以直搗燕京，完成國民革命，我們革命軍是爲民眾謀利益，只要民眾站在北伐軍同一戰線上，幫助北伐軍，剷除一切惡勢力的軍閥，那時再開一個更偉大的慶祝大會。諸君要知道打倒軍閥，就得要同時打倒帝國主義，我們要完成北伐軍的工作，就得先要打倒擾亂後方的共產黨。這樣我們就能夠到永久的自由和平等。所以在今天，第一要請我們全上海民眾團結起來，大家去努力爲革命工作。」（《申報》中華民國十六年六月十八日，第十版）這樣的運動會宗旨，其實就是國民革命軍，國民黨的政治宣言。而於 1929 年舉辦的「上海特別市小學校第二次聯合運動會」，則是特意選擇在總理（孫中山）誕辰日開始，持續舉辦三天，作爲紀念國父的活動。運動會在開幕當天「行升旗禮，唱黨歌，向黨國旗及總理遺像行最敬禮，恭讀總理遺囑，靜默」。大會主席做報告，談了舉辦運動會的原因：「今天爲總理誕辰，凡中國國民、世界人民都在歡欣的紀念。我們全市小同學小朋友，對國父當然要和全世界人民、國民一同紀念，但是我們用什麼法子來紀念，想了好久，覺得總理一生的目的救中國，使中國得自由平等，我們應當繼續努力。但是救國，人民身體如此孱弱，如何可以救國，所以要救中國，必須有強健的身體，我們紀念總理誕辰，應當鍛鍊身體。運動會目的並不是來得錦標，是鍛鍊我們的身體，實行總理的主義，才是紀念總理。這是我們定於今日舉行運動會的意義，希望大家注意。」（《申報》，中華民國十

強列地表現出運動會本身的政治傾向。運動會中，運動項目的設置〔註 58〕、
對工作人員使用語言的限制〔註 59〕、宣言（報告講話）、儀式、標語、口號、

八年十一月十三日，第十一版）

〔註 58〕較早的運動會其中有些運動項目的設置，極具時代政治色彩。比如 1907 年南
京第一次校聯合運動會中，就設置一個表演性遊戲「收回路權」，這個運動項
目和當時的收回路權運動是遙相呼應的，由此可見收回路權運動對民眾的影
響。1927 年 6 月 17 日，爲了慶祝北伐勝利，在上海西門公共體育場舉辦的各
校聯合運動會，其第一日「秩序」中，安排在第十二個節目的則是「三人徒
手遊戲」，遊戲名爲「打倒英日帝國主義」。（《申報》中華民國十六年六月十
七日，第十版）在主席發表講話後進行的團體表演，「務本女校之徒手操、敬
業初中之技擊、市立第六女校之燕子舞，均具有國民革命之色彩。」（《申報》
中華民國十六年六月十八日，第十版）

〔註 59〕1933 年第五界全國運動會舉辦前，組織者對全運會術語的使用做出了「不准
使用英語」、對講英語的運動員進行處罰的決定。組織者認爲，在全運會中使
用英語會「墮落民族自信力」。《申報》報導如下：「（南京二十二日電）本年
全運會會期決不變更，一切籌備工作，加緊進行，會場規則，正在擬定，因
我國運動場中，往往有用英語者，資足墮落民族自信力，況運動場上所用術
語，若係外國名詞，亦盡可翻譯爲中文，故此次全運會時，無論職員裁判員
運動員，皆一律不准用英語，並擬規定運動員若用英語分別處罰。」（《全運
會術語不准使用英語》，《申報》中華民國二十二年八月二十三日，第十七版。）
英語的使用，實際上在一部分人看來使「體育過於洋化」。1937 年，王殿賢批
評中國體育發展的「畸形狀態」，列在首條的就是體育過於洋化，英語術語過
量使用。他說：「過於洋化。近年中國之體育，思潮既來自西洋，故舉凡一切
西洋人所發明之體育方法、體育工具。無不慕而仿之。……其能使體育普及
者，未之有也，抑尤有進步者，體育術語亦必須充分抄襲，即中國人與中國
人在中國練習比賽，亦不少更。如侵人犯規必曰 Personal faul；暫停時間必曰
Time out；球出界則曰 Outside；持球則曰 Holding。洋氣彌漫，矯揉造作，誠
可令人作三日嘔。我國目下文盲尚未掃除，懂英語者更寥若星辰，民眾歡喜
體育之興趣，有不被此語屈聲牙之呼聲，驅散淨盡者乎？年來體育之一味洋
化，不能不謂爲國民體育之障礙也。」（王殿賢：《現階段之中國體育》（節選），
見成都體育學院體育史研究所著：《中國近代體育史資料》，成都：四川教育
出版社，1988 年 7 月。此文發表於《勤奮體育日報》第四卷第六期，中華民
國二十六年三月）對體育過渡洋化、英語過量使用的警惕和反對，其中包含
著體育的民族主義意識，這種民族主義更明顯地體現在近代體育史上從洋人
手中收回體育操辦權的「收回體育權利」運動。早期的體育運動會大多是由
外國人操辦的，因此在後來出現了「收回體育權利」的運動。在 1949 年以前
總共舉辦了七屆的全國運動會，從第三界開始，基本由中國人主辦。舉辦者
特別強調這次由中國人自己主辦運動會的特殊意義。「這次運動會的突出特點
是，除游泳和棒球比賽中還有幾個外國人作裁判之外，其餘的工作人員全是
中國人，算是由中國人自己舉辦的全運會之始，這是『五四』運動後從外國
人手中收回體育主權的結果。」（國家体委體育文史工作委員會、中國體育史

會歌、獎品等等，都表現出了運動會在民族主義、愛國情緒、意識形態、政治理念等的影響下，無可懷疑的「政治化」。而這些政治化，又因為體育訓練身體的特殊功能，使得運動會的政治化，往往聯繫著國民改造、身體塑造的政治化導向。事實上，體育場或者說運動會被民國時期的一部分體育家認為是「國民鑄造場」，這就是運動會對國民身體進行「社會政治教育」的功能的集中歸納。體育是身體的一種塑造管理方式，運動會也是身體的一種關注和塑造手段。

二、政治化的運動會

運動會本身就是一個在體育場舉行的充滿儀式的集會。除了那些在集中的特定的時間內進行的運動比賽外，運動會的開幕式和閉幕式，就是最吸引人的是儀式。這些運動會的開幕閉幕儀式，吸引了大量的人的參加，組織者、工作人員、運動員，還有更大量的觀眾，在同一時間裏聚集到運動場這個空間中。在這樣的空間，運動會營造出了特殊的氛圍，如南京第四界公開運動會的開會盛況所描述的：「……軍樂隊前導運動員裁判員繞場一周，顯出運動會之燦爛精神，輝煌騰達，扶搖雲霄之偉舉；引起著雄糾糾氣昂昂之健兒身手，獨佔鰲頭，直搗黃龍之壯志；斯雖一時之煊赫，誠空前之盛況也。」〔註60〕在 1935 年 10 月 3 日《申報》上的一篇「特寫」中，一個普通市民，以其視角記錄下了他參加第六屆全國運動會第一天開幕式的情形：

> 「喜事年年有，今年喜事特別多。」拿這話來形容今年的雙十
> 節的確是一點也不錯：十月十日是國慶，恰巧又在這一天舉行二年
> 一次的全運會的開幕禮，更湊巧的是在上海市花了百多萬塊錢剛建
> 築成功的運動場上舉行。

學會編：《中國近代體育史》，北京體育學院出版社，1989 年 5 月，第 148 頁。）更早的關於體育主權的問題，還出現在 1906 年第二次京師大學堂運動會。「無我生」在《京師大學堂運動會記》的「與第一次運動會之比較」中，將第二次運動會與第一次運動會進行了比較，說：「第一次之主權，我中國自操乎？無有也（第一次運動會主權會長概假之日本教員）。」（《大公報》大清光緒三十二年四月十三日）在體育運動會上糾結主權意識，這也是近代半殖民地的國家體育發展過程中一種獨特的政治現象。

〔註60〕 許肖傳：《南京第四界公開運動會紀略》，南京體育場月刊編輯委員會《體育月刊》第二期，中華民國二十一年十一月。

在平常本來不大容易早起的我，那天也不得不破例起了一個絕早去恭逢其盛。從家裏動身時還不到七點鐘，可是一路雙層公共汽車上都裝滿了人在不停地一直駛過去；在站頭上等候了廿幾分鐘的時間，才只趕上了開過來的第五輛車子裏找到了一個座位，就這樣直駛到了虹口游泳池門口停下了。

市中心的運動場距離這裡還有十多里路，可是那種熱鬧情形彷彿有傳染性似的早就在這裡開始了；人是像潮水似的湧著，一部一部的雜色汽車聯成一串，蠕蠕地像爬蟲似地朝前輾動。從寶山路開過來的黃色公共汽車，駛到此地便會不得通過地難關；群眾爭先恐後的搶著上車，可是等到發現車子裏的人擠得像一包棉花時，便悵然把身子往後一仰，人聲又一陣鼎沸起來。

………

一會兒，車子停在國淞滬路上喘息著，人像蜜蜂出巢似的飛騰起來。運動場附近的幾條馬路上，到處只看見人頭晃動。會場門口，一座古堡般的紅色高牆底下，開著三個狀如橋孔的出口道，人潮正在往裏面激著。幾處售票的窗洞口都堆著一簇簇的人頭，波浪形的在動蕩，神情都顯得緊張，焦灼，票子一到了手，就彼此會心一笑，各奔前程去了。

……進了會場，一種雍容肅穆的空氣從司令臺上襲來，使我不禁打了一個寒戰。站在看臺出口道上出了一下神，放眼一看，各面的看臺上人都快坐滿了，紅的綠的衣服形成了各種不同的圖案。……四面的軍樂聲一齊放出，整個會場便顯露著一種「太平盛世」的情形。〔註61〕

這位親歷者以自己的觀察和感受，形象生動地記錄下了「運動會」這種從西方引進的體育集會，在激發人們的參與熱情上的特殊效果。《申報》在此運動會開幕的第二天報導如下：「昨晨自八時起，公共汽車、火車無不客滿擁擠不堪，氣力較小者有候至數小時尚無法上車者，其熱鬧可知。江灣路上沿途觀眾則更無機會乘車矣。田徑場四周全是人頭，數十餘萬，售票處入口處，

〔註61〕快馬：《全運大會開幕禮》，《申報》中華民國二十三年十月十三日，增刊第二版。

均異常擠亂。中午觀眾散場午膳，各菜館無不客滿，雖僻處邊角者亦門庭若市，其餘各商店亦利市百倍，誠爲市中心區空前熱鬧也。」〔註62〕

　　運動會的核心內容是「體育」；運動會的場所是特別修建的「運動場」，這種運動場有明確的空間分割：運動場地、觀眾的看臺、司令臺。「司令臺」在舉行運動會時，是這個運動場的「權力中心」，正像上面那段材料中親歷者感受到的那樣，一進會場，「一種雍容肅穆的空氣」，便「從司令臺上襲來」。這個司令臺是權力的「發散地」，是政治領導者、體育領導者、各種社會名流等在參加運動會開閉幕時所呆的地方。那些政治人物作爲領導者、嘉賓，坐在司令臺上，本身就是一種政治力量的宣示了。〔註63〕坐在司令臺上的「領導者」和司令臺下的運動員、觀眾，必然會形成體育競賽之外的「政治交流」——領導者通過發言來灌輸，而司令臺下的人用各種方式來回應。這樣的政治交流，在政府出面主辦的全國運動會中尤其明顯。讓我們再接著看那位運動會的親歷者所進運動場後，看到感受到的運動場的濃厚政治氛圍：

　　　　林主席（林森）是會場中最矚目的人物，他在許多人的簇擁中
　　　　從市政府蒞臨會場。這時政府的大員和外賓都已經在「西司令臺」
　　　　上端正地坐著，聽說林主席到了便都一致地站起來表示敬意。長袍
　　　　馬褂的吳市長這時連忙趕往入口道迎候主席的「尊駕」。林主席手握

〔註62〕《會場莊嚴熱烈　市中心空前熱鬧》，《第六屆全國運動大會特刊》，《申報》中華民國二十四年十月十一日。

〔註63〕大型運動會一般都會讓政治人物掛名，例如 1935 年的第六屆全國運動會，當時的大會職員名單如下：「

名譽會長　林主席（林森）　　名譽副會長　蔣中正、汪兆銘、孫科、居正、戴傳賢、于右任、孔祥熙、邵元沖、覃振、鈕永建、丁惟汾

名譽顧問　朱紹良、李溶、邵力子、沈鴻烈、何鍵、吳忠信、林雲陔、胡文虎、陳濟棠、陳儀、陳果夫、班禪、馬鴻逵、馬超俊、馬麟、秦德純、徐東藩、徐永昌、袁良、張學良、張群、商震、黃紹雄、黃旭初、雲龍、雲端旺楚克、傅作義、程克、熊式輝、劉振華、劉文輝、劉湘、劉峙、熱振、閻錫山、顏成坤、韓復榘
………」

以上這些基本就是當時政界軍界的主要人物，而接下來的「大會會長」、「常務委員」、「籌備主任」、「競賽委員」、「各股股長」、「審判委員」則主要都是運動會的具體組織者和執行者。

「中樞要員」具體的到場的情況則「大會會長王世杰主席、國府林主席、行政院汪院長，均躬與盛會，蔣委員長亦特派代表出席，各級長官及各國大使領事等，亦均柬邀赴會。」（《全國運動大會今晨開幕》，《第六屆全國運動大會特刊》，《申報》中華民國二十四年十月十日）

著帽子，銀白的長鬚在胸前飄著，像吃醉了酒的老人似的頻頻向外賓及政府大員點首答禮。

在全運會開幕禮之前，先舉行國慶紀念儀式。在呼三個「中華民國萬歲」的口號時，在場的外賓也不能不跟著偉大的呼聲之後喊起來。

………

各單位選手入場，最受歡迎的要算是東北，新疆和馬來亞了。東北選手的黑白相間的旗幟剛飄進場，無數的群眾和「司令臺」上的貴賓的掌聲便像燒枯竹似的響著，在熱烈的情緒中顯出國破家亡的同情的悲壯。借著馬來亞選手入場，又是一陣熱烈的鼓掌，且延長至數分鐘始漸次停歇……〔註64〕

這段運動會開幕式的記錄，很好地記錄了政治因素在運動會會場情緒中的激蕩作用。國民政府主席及各大員的出場、國慶紀念儀式、山呼「中華民國萬歲」的口號、東北運動員進場引起的民族主義愛國情緒，還有在這篇特寫中沒有記錄下來的領導者的講話等，使運動會中的所有參與者（運動會的領導者組織者、運動員、觀眾）以不同的方式在共同完成運動場的「政治化」建構。政治和體育的同時在場，使運動會成為特殊的時空，它凝聚起來的不僅僅是體育，還有民族國家政治。在運動會中，精心組織的開幕閉幕儀式，運動員激烈的競爭，所得到的不僅僅是觀眾們的感觀愉悅，也會有參與者內心裏契合於民族國家需要的情緒波動〔註65〕，甚至還有一些其他的政治聯

〔註64〕 快馬：《全運大會開幕禮》，《申報》中華民國二十三年十月十三日，增刊第二版。

〔註65〕 這種情緒波動，可查之於那些運動會後的「觀感」、「感想」。例如下面這篇感想式文章，把對運動會的感想，昇華到政治性理念、民族主義情緒的鼓動上來。《京市中小聯合運動會的片斷》：
「九月初，京市各職業學校及中小勞作科成績展覽會在第一公園烈士祠舉行……
這一次，三年來未開的京市中小聯合會，在十月八日開幕了。活潑融洽的精神始終是溢出了整個會場。
那些造成各項新紀錄的以及一切參與競賽的健兒們，他們的奮鬥的熱情，故此是在時時的打動著人們的心靈深處。激起興奮之同情的波痕；那些整齊的情緒和諧的團體操，以及天眞浪漫的幼稚生的表演，更是引起了人們的無限感慨，陶冶著人們的思維在流出愉快的熱淚而歎曰：啊！這是我們大中華民族生機的火焰！生機的火焰！

想。〔註66〕不同的政治意識形態、不同的利益群體，在一個擁擠的運動空間裏「碰觸」「交流」「衝突」，這使得運動會經常性地成爲政治理念的宣傳場所和交鋒的「擂臺」。以運動員和競技比賽爲主體的運動會，甚至往往成爲「民族國家政治力量」戰場，就像本章開頭部分說引述的馬約翰的故事。當組織者具有一定的政治背景，抱著一定的政治立場時，他們就必須考慮，他們要面對比運動員更大的「參加運動會」群體，那就是一般民眾構成的「觀眾」。於是，會場會被精心布置，開幕式和閉幕式的儀式表演會被用心地組織，通過組織領導者的講話發佈出來的「大會宣言」、「報告」，被精心地修飾。這些不僅僅是要提高民眾的運動興趣，而且是在利用「運動會」這一特殊的時空，

的確，大中華民族生機的火焰是劇烈的燃燒起來了！這一偉大的史迹，都從我們這青年幼童之群的結合中象徵出來！

大中華民族生機的火焰是劇烈的燃燒起來了！光華燦爛的火焰是要燃燒到東方南方西方與北方，延火到中華民族的邊疆上，毀滅了一切的赤匪軍閥貪污蠹賊之群，毀滅了帝國主義在華的鎖鏈！看！那是赤匪們在極度的走入鬼藉！

………

大中華民族生命線的青年學生幼童們，高度的燃燒著爲民族國家而奮鬥的情緒吧！那翱翔於空中的飛機在給你們助威！……」（「新」：《京市中小聯合運動會的片斷》，《學生生活》第二卷第六期，中華民國二十三年十一月一日）

〔註66〕1924年5月第三屆全國運動大會召開時，申報發表時評《全國運動會開會感言》，大談人民的體力與權力的問題，實際上已經在體育之中延伸出對政治民主的追求。全文如下：

「今日中國之大患在人民無權，中國人民之所以無權，在人民無力。世間所有之權，莫不由力而生，世間所有之權莫不由體力爲之基礎。所謂天付人權云者，因人各有天付之體，而體又各有天付之力也。多數之人民，悉棄天付之體力而不求發展與應用，於是爲一部分人所壟斷，遂號之爲強力，由強力而成權力，多數之人民雖欲保護其權而有所不能矣。此蓋今日民權衰弱之總原因也，雖百施其方法而終屬空言無補也。

全國之學生即將來全國人民中之有力者也。今日能表示其體力於群眾之前使人知人民之實力自有所在，感而興起者，與懼而悔悟者，胥於是乎在焉。」（《申報》中華民國十三年五月二十三日）

這和那種在提倡體育中看到民主希望的觀點是相同的。麥克樂就是一個相信體育教育有利於民主（德謨克拉西）素質培養的體育倡導者。他在《體育與德謨克拉西》中說：「中國將來德謨克拉西一線的光明，必須根源於教育。一個好的體育教育可以使教育界中德謨克拉西的教育精神，加倍的發達。所以中國如果要希望爲一個高尚德謨克拉西的國家，應該要從提倡體育教育著手。否則就是說得天花亂墜，說得非常有理，其結果總不免等於零。」（麥克樂：《體育與德謨克拉西》，中華全國體育研究會《體育與衛生》第三卷第一期，中華民國十三年三月）

對擁擠在一起的「觀眾」，進行一次政治理念的宣傳灌輸。然而觀眾除了作爲「受眾」，在被動地接受運動會組織者政治理念的教育，也會在一些特殊的時刻主動地利用這樣的運動「集會」，表達他們的民間政治態度。〔註67〕

（一）宣言 訓詞 演說詞等

每次運動會都會有宣言、領導者報告發言講話，正是這些精心撰寫和發佈的演講和文字性資料，最集中地體現了運動會組織者和給運動會提供支持的政治領導者的政治理念及對國民進行訓練、對身體進行改造的意圖。

1905 年，京師大學堂舉辦了首屆運動大會。學堂總監發函通知北京各學

〔註67〕 1934 年第十八屆華北運動會在天津舉行的時候，東北籍流亡愛國人士組織體育代表隊高舉用黑字寫著東北三省字樣的白旗，以莊嚴沉痛的步伐進入運動場，引起愛國觀眾和運動員們的強烈反響，群情激憤。同時在東邊看臺上，以天津南開學校爲代表的青年學生，用黑白兩色組成醒目的巨幅標語：「勿忘九一八」、「勿忘東北」、「收復失地」、「還我河山」。運動場變成了聲討日本侵略者的會場。（國家体委體育文史工作委員會、中國體育史學會編：《中國近代體育史》，北京體育學院出版社，1989 年 5 月，第 148 頁。）列席大會的日本駐天津領事，立即向大會主持人張伯苓提出抗議，並要求制止那些標語，張據理反駁。（白春育：《華北運動會上的一次風波》，《體育史料》1980 年第1 輯）
而一些政治反對派則會伺機在運動會時，以激烈的形式來宣傳他們的政治理念，例如無政府主義者在 1921 年的遠東運動會會場開槍及散佈無政府主義宣傳材料。《申報》報導了 1921 年 6 月 5 日在上海虹口公園遠東運動會會場的開槍事件：
「大陸報云，昨日午後，虹口公園遠東運動會場稠人中，發生開槍情事。開槍者在會場中發散無政府文字，當場被捕，又有其他五華人亦被拘，關係過激黨份子，後由捕房按照被捕者供出住址，續捕得二人，並搜見激烈文字。……被捕者稱日人甌擊之，故開槍自衛，但此說不確，蓋此人被馬醫士拘獲奪去其槍後，始有一日人來前力吭其喉也。……此人開槍後，即棄其一束小冊。……公園看守員與捕房數人，童子軍若干，及聖方濟學校某修道士，分在場中搜查散佈無政府文字之人。共拘獲五人，解往北四川路捕房，而小冊數千本與上書無政府字句之小旗七八面，亦一併送往捕房。內有一旗，係血赤色，一角畫一手槍，一角畫一槍彈，餘旗爲藍色，上書無政府萬歲，與推翻政府等字樣。所散小冊子共五種，三種華文，一種日文，一種英文。內有一種，勸遠東運動家用其能力，推翻政府，以造成遠東大革命，然後由東方推其革命勢力及於西方諸國。又一種係對工黨發言，勸其攻擊之本家，將各種實業收爲國有。華文小冊文義通順，詞意激烈，著者顯取材於俄國極端著作家之文字。日文小冊，係歡迎日人之參加遠東運動會，並勸其推翻帝制，釋放自由，以讚助無政府之運動。英文者，則文字不通，詞多費解。……」（《運動會中發現過激黨之昨訊》，《申報》中華民國十年六月六日，第十版）

堂，說明召開運動會的原因：「竊謂世界文明事業皆強剛體魄之所造成也。吾國文事彪炳，而武力漸趨於薄弱，陵夷以至今日。爲瀛海風濤之所沖激，士大夫之擔學事者，乃知非重體育不足以挽積弱而圖自存。直隸湖北等省，屢開運動大會，若京師者，首善之區，尤宜丕樹風聲，鼓舞士氣。」〔註68〕顯然，開運動會的目的在於救弱圖存這樣的民族國家目標。在《京師大學堂運動大會敬告來賓諸君子文》中運動會主辦者闡述了運動會效法西方強國提倡體育，「以體育造就人才」的宗旨。〔註69〕第二屆京師大學堂運動大會於1906年召開，其目的則是冀望「天下右文輕武之積弊從此庶可掃除」〔註70〕。

　　1914年5月21日到22日，在北京天壇召開的第二屆全國運動大會大會宣言全文如下：

　　　　中華民國者，亞東之新中國也，其將來榮茂滋長發迹飛騰之潛力，將何以爲標準乎？曰惟視其新國民之強弱爲何耳！然新國民之強弱又將以何爲標準乎？曰惟視其德智體之發育較歐美各國之國民爲何耳！夫歐美各國注重德智體方面之趨向，固夙爲吾人所稱慕，然其上下一心如熱如狂之毅力提倡體育者，則尤爲吾人所再三注意者也，然則彼等提倡體育之意旨果在民乎？曰體力之發達非僅兆國家前途之盛衰，又個人德智之發達所關切也！何以言之？曰欲於運動舞臺優勝者，必其人有下列之品德：（一）誠實：運動競賽時，千萬人目視之，千萬人手指之，其不能以欺詐成功也明矣。（二）貞德：運動員者貞德之代表也，一肌一絲無不由千錘百鍊而後得其功用，苟無自治操守之強立，其能出類拔粹高出群眾者未之有也。（三）強毅：運動時曾未見半途而廢而獲獎者，其人必堅忍恒毅始終如一，以臨機爲秘訣，以目的爲究竟，方克成功。（四）團力：運動種類甚繁，雖有賁育之勇，恐亦不能獨立而操勝算，必也團結，均勞逸以長攻短，以巧勝拙，而後能占優勝以享名譽。由上觀之，則運動場者，國民之鑄造場也，蓋國民有誠實有貞德有強毅有團力，而國之不興者，亦無理由之論斷耳！舊中國之學者，◎嘩案頭，囹圄學舍，

〔註68〕 蕭沖：《京師大學堂體育考》，《體育文史》1988年第4期。

〔註69〕 《京師大學堂運動大會敬告來賓諸君子文》，《大公報》大清光緒三十一年四月廿八日，第一千四十七號。

〔註70〕 《京師大學堂運動會紀》，《大公報》大清光緒三十二年四月初十日，第一千三百七十二號。

終身蟄伏，不知運動為何事，雖數十年不無傑出人物，然亦少數而已，至於開我國文弱之風，致衰微凌弱，一至如今者，其咎又安在哉！況二十世紀者，鬥智鬥力之世界也，苟欲再求以文弱孱懦而望圖於天演者，是愚而不及者也，此體育之不可不講求，而運動會不可不注意也。本月十八十九兩日開華北運動會於天壇，後三日內又隨開全國運動會，凡熱心諸君子，曷不往觀以察我國體育進步之如何，借表我國民均歡迎崇拜尚武之精神乎！〔註71〕

第二屆全國運動會是在辛亥革命後舉辦的第一次全國運動會。這篇宣言同樣是在體育救國這樣的思路下向國民闡述了開張運動會、提倡體育的原因。它努力在「新國民」與「新中國」之間建立關係，認為國民的德智體素質決定著國家的未來走向，而提倡體育使國民體力發達，必然預兆著國家的強盛和國民德智體素質的提高。它認為「運動舞臺」可以培養國民「誠實」、「貞德」、「強毅」、「團力」的品質，因此運動場是「國民之鑄造場」。所以「體育不可不講求，而運動會不可不注意也」。這篇運動會宣言中關於運動場及運動會價值的言論值得我們注意，它把運動場看成是「國民之鑄造場」，〔註72〕

〔註71〕 王振亞編著：《舊中國體育見聞》，北京：人民體育出版社，1987 年 10 月，第139 頁。

〔註72〕 與運動場是「國民之鑄造場」的說法類似的是程登科的「運動場是人格試驗場」。程登科在《中國今後民眾體育應有之動向》中提出民眾體育的目標是「要全民體育化，是預備民眾有禦侮抗敵的意志，和犧牲的精神，是準備復興民族的工具和增加政府的實力，除實行達到取消『東亞病夫』之譏語外，務使民眾從此『自強不息』，並將以往不協合，及畸形發展等的弱點從此振興。」程登科接著提出四種綱要作為「民眾體育之標幟」，其中第四條就是「實驗體育教育是人格教育，運動場是人格試驗場」。（程登科：《中國今後民眾體育應有之動向》，《體育研究與通訊》第二卷第一期，中華民國二十三年五月）有關運動場是「國民鑄造場」、「人格試驗場」的說法，其實是當時體育界普遍看法的精鍊表述。鑄造場或試驗場的意義就在於，它能提供國民身體與精神道德的塑造機會，這基於人們對體育之功能的認識。在著名為「驥」的《論體育之意義與目的》中，作者詳細羅列了體育的「意義」和「目的」。內容如下：
「……將體育之意義分析述之如下：
（一）體育是健康的科學，所以應以衛生學生理學為基礎；
（二）體育是公眾訓練的一種工具，所以應以人格教育為中心；
（三）體育是教育的一部分，共謀社會進化，因此教育中沒有體育，即不能算有完全的教育；
（四）體育是振興、發揚民族的一種工具，因此我們的政治思想不能不顧及到提出體育。
……體育之目的，可依此四點而定之：

可以看出在當時提倡體育和運動會的人，對體育及運動會價值的極度推崇。運動會實際上提供了對國民身體的關注機會。

　　讓我們再看看第二屆全國運動大會之後歷屆全國運動會的情況。1924 年 5 月 22 日至 24 日，第三屆全國運動大會在湖北武昌練馬場舉行。這界運動會的舉行，其「主因實鑒於去年運動會之失敗，且傷國家人格，致藉此機會，集會全國體育人材，團結本國國民獨立之精神，增進國民健康，以競爭於國際」〔註73〕。開幕時，熊希齡會長致詞：

> 舉行全國運動會之意，即欲使國民具有強身之基礎，現在我國文化已漸進步，而對於體育，亦在提倡之中。蓋人之強弱，與體育有密切之關係，如有強健之身，方能為社會服務，故強國強種，體育實利賴之。武昌為我國之中心點，亦軍事文化發動最早之地，故此次大會，深望大眾振奮精神，獲得最美之成績，又須力圖精進，為將來參加萬國運動會之預備，使得發揚國光。〔註74〕

這個講話同樣緣於對「強種強國」的追求，同樣在體育訓練身體上寄予了強烈的民族國家政治願望。而接下來的總裁判長張伯苓的講話，更是針對當時的南北分裂的政治現實，說：「各界提倡全國運動會，因全國運動會之運動員，不分南北，砥礪切磋，故希望各界亦以自治之精神，促成全國統一。」〔註75〕

　　（一）………；

　　（二）體育關於道德目的最重要者如：1 人格高尚，2 品格優良，3 遇事有快樂的精神，4 養成領袖和服務能力，5 發達社會上之忠信、服從、犧牲、愛國、合群等等；

　　（三）………；

　　（四）體育關於政治目的最重要者如：1 發揚民族主義，2 實行救國主義，3 雪國恥，4 實行全民訓練，5 強種救國。」（「驥」：《論體育之意義與目的》，南京體育場體育月刊編輯委員會《體育月刊》第一期，中華民國二十一年十月）體育對身體的生理和精神的塑造意義，被轉移到運動場這一體育的集中存在場所中去，並以「國民鑄造場」、「人格試驗場」這樣的定性提升其在國家民族政治需求中的價值。

〔註73〕《全國運動會解釋籌備情形》，《申報》中華民國十三年四月二十八日，第十四版。

〔註74〕《全國運動會大會開會紀》，《申報》中華民國十三年五月二十七日，第十版。

〔註75〕《全國運動會大會開會紀》，《申報》中華民國十三年五月二十七日，第十版。

　　於 1930 年在杭州召開的第四界全國運動會，是在國民政府的倡議下召開的，政府對這次大會的參與和重視，是前所未有的。〔註 76〕「由中央政府來發起主持，這次要算是第一回。」〔註 77〕此次大會的直接目的是「在提倡全國體育，適值第九界遠東運動會……趁此機會選成績優良者，赴日（本）出席，為國一爭光榮」。〔註 78〕朱家驊撰文《大會之意義》：

　　　　我國是久被列強嗤為「東亞病夫」的國家，但是這也是無足自諱的，只看我們國內的青年有幾個不是面黃肌瘦、弱不勝衣，青年尚且如此，其他的更不必談了。……這幾年來，因和別的強健民族相接觸，受他們的壓迫，才悟到我們國家衰弱的原因，最大的還是因為國民體力的衰弱。所以體育的問題，也逐漸引起了國人的注意。……所以這次運動大會比較從前的幾次，一定能發揮更深刻的和廣大的意義。

　　　　我們覺得這次大會的意義，第一點值得我們認識的，就是這次大會是中央決定的。中央所以決定這個大會也有兩層意思。第一層，國內革命的對象軍閥現在已經被革命的勢力摧毀殆盡，此後革命的方向，必須轉移向外，換句話說，就是要去實行打倒帝國主義。但是帝國主義壁壘的深厚，絕非像國內的軍閥那般容易摧毀，要去打倒帝國主義，必須要有相當的準備才行，否則雖日日高喊打倒口號，還是不中用的。別的不講，先講我們國民的體格，都像病夫一樣，舉起兩手拿一枝槍還有覺得吃力的，如果要以這般病夫去抵抗列強的勇士，那就是太不自量了，所以要打倒帝國主義，還應當從鍛鍊國民的體格做起。第二層現在已經到了訓政時期的最要工作，就是

〔註76〕　崇淦：「……此次大會，特色甚多，爰述數點於左：一、大會係政府議決舉行，而各省市群起追隨，先開預備大會，民眾踴躍參加，選擇代表赴杭比賽，此可見全國人民之合作精神；一、以前運動人員，皆為學生，而政工商各界不與焉，近來提倡業餘運動，頗為努力，赴大會比賽者，各界皆有人參與，此可見全國運動之普及；一、……（開始出現女運動員）而今一般肌肉豐滿短衣露腿矯健美麗之女子，雄糾糾馳騁於運動場上……可見我國體育已普及於女子。……」（《轟動全國運動會開幕・引言》，《全國運動大會特刊第一號》，《申報》中華民國十九年四月一日，第十一版。）

〔註77〕　戴季陶：《戴季陶談話》，《申報》中華民國十九年四月三日，第十二版。

〔註78〕　崇淦：《轟動全國運動會開幕・引言》，《全國運動大會特刊第一號》，《申報》中華民國十九年四月一日，第十一版。

建設。不過一個社會或國家經過了重大的破壞以後，要重新建設一
個新的社會或國家，是一件艱巨的工作。這種艱巨的工作，決不是
衰退的國民所能擔當得了，所以凡是我們中國的國民都應知道「革
命」而努力體育，爲「建設」而努力體育。〔註79〕

朱家驊實際上代表了當時剛成立不久的南京國民政府決定介入這次運動
會時所持的政治態度。朱家驊把舉辦運動會的意義與國民政府的政策目標結
合起來，在國民的體格狀態與國家的政治目標之間建立了聯繫，開運動會與
發展體育就是爲打倒帝國主義的對外革命和訓政時期建設工作服務的。陳布
雷親自爲這屆大會撰寫的宣言，同樣附帶了大量的身體關注：

有健全之體魄，始有健全之精神。合健全之國民始有健全之民
族。亦唯有健全之民族而後能創造健全之文明。……革命垂成，建
國方始，中央深維國民體育之不振，實爲文化衰落之總因，亦爲召
侮致亂之媒介。將欲丕變風習，樹之新基，是以決議舉行全國運動
會。

……總理孫先生有言，近代戰爭，恒心以弱國爲問題。故和平
民族，自衛尤亟。……吾黨服膺遺教，篤信主義，將以求國家之平
等，致世界於大同，是允宜發展國民體育爲建國宏業之根本。所願
自今以往，歲有斯會，……務使戶戶家家，咸以體育爲常課。鍛鍊
堅實之體質，養成健全之精神。疾厄不侵，乃爲眞自由；強梁無畏，
乃謂眞平等。強父必無弱男，優生所以淑種，則民眾健強而國家基
礎固矣。競賽規則，化爲習俗。直而不詭，競而不爭；於權利則保
所應保，於義務則盡所應盡。……則自治有堅實之基礎，而民權張
矣。……〔註80〕

在體育所塑造的強健的國民身體上託付民族、文化、國家的理想，使在
開幕式當天的「要人演說」成了身體與政治理念的宣傳。〔註81〕其他重要政
治人物，也是在這樣的體育場合，留下了關於身體的政治性論述，其中劭元

〔註79〕朱家驊：《大會的意義》，《全國運動大會特刊第一號》，《申報》中華民國十九
年四月一日，第十一版。

〔註80〕姜少敬：《陳布雷與民國時期四界全運會「宣言」》，《體育文史》1988 年第 6
期。

〔註81〕當天的演講可參見《全國動大會特刊第二號》，《申報》中華民國十九年四月
二日，第十一版。

沖的「訓詞」如下：

> 略謂中國幾千年來，只講文字，對於國民體魄，民族精神，毫
> 不注意，所以每逢外力來壓迫，往往不能抵抗。近年西方白種人，
> 運用其科學精神，中華民族處處表現其弱點，因此，總理提倡國民
> 革命，不當恢復固有之文化道德，同時恢復固有的能力、民族的精
> 神，將中華民族體格強健起來，完成國民革命。此次全國運動大
> 會……倘使一般國民，能個個認識這次大會的使命，國家就有希望
> 了。近代國家國民，完全以知識能力相競爭，根本要有強健體力，
> 才可以將文化道德民族精神振作起來。並且運動要普遍於全民，社
> 會能整個強健，才能達到在世界上為最優的民族，而能創造新文化，
> 以發展國性，望全國運動員，認識這重大的責任。〔註82〕

蔣介石則訓詞兩次，第一次和朱家驊的文章一樣，是在傳達中央的政治
精神，大談國民革命、反抗帝國主義的民族主義目標：

> ……我們在此地舉行全國運動大會，他的意義與使命，現在
> 要向諸位報告一下。我們中華民族，在世界上是開化最早的、人口
> 有四萬萬之多，在世界上又占第一位置，土地又很廣大。但是我們
> 的國家，在世界上的地位，在國際上的地位，又是占著怎樣一個位
> 置呢？說起來是極其恥辱的，可是這種奇恥大辱，又從怎樣來的
> 呢？是帝國主義者用種種方法，壓迫我們所致。這一次全國運動大
> 會，就是我們中華民族對於帝國主義示威的表示，是一種獨立精神
> 的表示。這一次大會，是集全國最優秀最強健的國民於一場，換句
> 話說，就是對於中央政府，表示一致的擁護，所以這一次大會的意
> 義，不單是發揚國民的體格，也是對於帝國主義軍閥反動勢力表示
> 示威，以完成國民革命，建設三民主義的國家，來洗刷從前一切的
> 國恥。……〔註83〕

第二次訓詞針對運動員，實際上是第一次演講的補充，仍然是在「黨國」
「帝國主義」這樣的政治詞彙上做文章。蔣介石也認定運動會「發揚國民體

〔註82〕《中央黨部劭元沖訓詞》，《全國運動大會特刊第二號》，《申報》中華民國
十九年四月二日，第十一版。

〔註83〕《國府蔣主席訓詞》，《全國運動大會特刊第二號》，《申報》中華民國十九
年四月二日，第十一版。

格」的意義，但最根本的是，這種發揚要服務於國民革命的政治目標。

　　1933 年 10 月舉辦了第五界全國運動會，第六屆則於 1935 年 10 月舉辦。
這兩次大會都是在日本侵略中國，國難深重的環境下舉辦的，因此，兩次大
會開幕式上的重要政治人物的講話都和第四屆的情形差不多。那些訓詞都是
在號召提倡體育、重視體育、鍛鍊身體的主張中，寄予「打破國難」、「復興
民族」的重大政治任務。〔註 84〕大型的全國運動會如此，那些區域性的（如
華北運動會）、省市級的運動會（如蘇全省運動會、上海市運動會等）也是如
此。《申報》上的教育體育專欄，對很多運動會都進行了報導，留下了各種運
動會的宣言、訓詞、報告。〔註 85〕這裡只是部分地介紹一些運動會開幕式的

〔註 84〕第五屆時，汪精衛到大會進行了演說，其發言把現實的國難（東三省的淪亡）
　　　　和國家民族的興存亡，與民眾的體魄結合起來，同樣重視體育的強國強種的
　　　　價值。演說詞爲：「全國運動大會在國慶日開幕，在國難期內之國慶日開幕，
　　　　一方面我們感覺著無數先烈血鑄造中華民國之過去的光榮，我們應該如何振
　　　　奮精神，以負起承先啓後的重大責任。一方使我們懷念著當前嚴重的國難，
　　　　關係國家民族的興衰存亡，我們更應該如何沉著猛進，自強不息，打破目前
　　　　的困難，開闢一條將來光明的大路。現在世界所藉以競爭生存的，不僅在人
　　　　力，尤在利用物質，而中國目前所缺乏而急切需要的，亦在物質。這誠然是
　　　　無疑的，但運用物質，仍在人的精神，有健全之精神，必寓於健全之體魄，
　　　　有健全之體魄，然後能奮鬥到底，不致半途而廢，有始無終。不然，雖有砥
　　　　礪無前之精神，亦必不能持久不敗。體育的重要意義，就在與此。歷屆運動
　　　　大會，曾充分表現過。……我們所展望於這次大會的，便是發揚蹈厲的精神，
　　　　互相感發，互相砥礪，發現優點，則從而增益之，發現缺點，則從而矯正之。
　　　　選手諸君所競爭，不只是全國民全民族永久的悠遠的勝負，強國強種，實繫
　　　　於此。運動大會還有一要義，便是結一種強國健種的印象於一般的民眾。這
　　　　是民眾一種重要工作。喚起今日到會參觀的民眾，不下十餘萬人，我盼望個
　　　　個都轉弱爲強，爲挽救國難之健全分子。今日各省旗幟裏頭，有東三省，有
　　　　熱河，有哈爾濱，我們看見還是悲哀，還是歡喜呢。自然是悲哀，但悲哀中
　　　　卻含有歡喜，這種悲哀與歡喜的情緒，激動了我們的熱血，一個個從病床中
　　　　跳了起來，加緊去做自強不息的工作。今年運動大會關於國難期內之國慶日，
　　　　我盼望明年國慶日，我們已打破國難，國慶日永遠是國慶日，這仗全國同胞
　　　　之共同努力。謹以此願，祝全國運動大會萬歲。」（汪精衛：《汪院長演說詞》，
　　　　《全國運動會特刊第二號》，《申報》中華民國二十二年十月十一日）
〔註 85〕1930 年爲全國運動會選拔運動員而在鎮江運動場舉辦的「蘇全省運動會」上，
　　　　大會主席報告很有代表性。陳和銑主席報告：「……我們這次運動會除準備參
　　　　加全國運動會外，其目的在求健康。『健』是健全的體育，『康』是要充分的
　　　　體能。我們所負的使命，是要把中國建設起來，是要全國人民多數的健康，
　　　　不是少數人優勝所能成功。所以我們這次運動會除游泳未能設外，其餘各項
　　　　運動均應有盡有，並且添了一項健康比賽，使用科學的方法，來測驗各與賽
　　　　員身體健康達到何種程度，即希望以後吾人時時刻刻要講究體育也。吾人生

演講訓詞，在運動會閉幕式上同樣存在大量的關於身體與民族國家政治的演講文本。這些都是研究近代體育身體政治的很好的材料，通過全國運動會開幕式演講文本，足以據之解其他運動會的身體政治言論。在這些最能表明領導者和組織者政治意圖的文字資料中，幾乎都是千篇一律，反映著對提倡體育的態度和對體育價值的認識，包含著對國民身體的憂慮和用體育進行改造的欲望。運動會通過領導者的政治性演講，使體育的提倡發展納入民族國家政治大框架；理想或現實政治目標的實現，總是被寄託在發展體育、強健國民身體上。

運動會開閉幕式中領導人的演講，把民眾對有限的運動員的身體的關注，擴展成對民眾身體、民族身體狀況和民族國家前途命運的關注。於是作為發展體育最顯著的形式的運動會，在大量政治意味濃厚的宣言講話報告的引導下，成為使中國人的身體與民族國家政治使命緊密結合在一起的「熔爐」。從這些有關身體與政治的演講來看，運動會實際上就是對國民進行「強身強種救國」意識的灌輸。正如章淵若在第五界全國運動大會感言中所說：「第五界全國運動大會……蓋其為民族前途謀者，實至重且遠也。……世變方殷，國亡無日，復興自強，責無旁貸。大會健兒，全國菁英，幸各記取國家教育長官臨場之深刻贈言。認識中國民族所處危難之局勢，深體此次運動大會強種興國之意義，負起光復中華，捍衛社稷之責任。奮而志，健而行，毋玩物以喪志，宜苦修而勤練，怯私鬥，勇公戰，勿斤斤於人我之勝負，計較一日之短長，應勤求自己身心之健全，以鍛鍊其為民族國家生產戰鬥之勇氣與能力。則此次大會之結果，庶幾不為過成功之鋪張，無謂之浪費，而將別有其偉大之代價焉。」〔註86〕在國民黨治下，一直到其敗亡大陸前夕舉行的最後一屆全國運動會，仍然引發著有關於中國人身體與國家命運的慨歎：

　　……我們這個民族，素來以衰弱見譏於人。現在全國國民體格

　　究竟是怎樣一種情況，我們雖然無從得到確切的測驗統計，但是可

活於此奮鬥之世界，如無健全身體，即無以貢獻於社會國家及世界矣。望各位一致努力。」雖然健康比賽因為諸民誼未到會主持，所以未能舉辦；但是這個項目的設置，說明了身體健康在當時是受關注的，並且身體健康與國家社會的命運緊密聯繫，這在這次運動會接下來朱經農、張道藩、楊杏佛、何玉書的訓話演講中，體現得更明顯。（《蘇全省運動會昨開幕》，《申報》中華民國十九年三月十六日，第二十一版）

〔註86〕章淵若：《國防與體育》，《申報》中華民國二十二年十一月三日，第十四版。

以推知「衰弱」的程度一定比以前更嚴重。國家國民是由結合成功的，國家一切事業需要國民去做。國民體質的強弱直接關聯著國家的興衰。假如我們不能把「衰弱」的現象消滅掉，就只這一點，已足以影響民族前途的安危。……〔註87〕

（二）會　歌

音樂是運動會的構成元素之一。被精心安排的聲音除了像「三呼中華民國萬歲」這樣的口號外，還有，各種各樣的「軍樂」、「歌曲」。這些聲音有助於烘託運動會會場的氣氛，「軍樂揚揚，歡聲四起，一種嚴肅勇壯之氣，令人起敬」〔註88〕。在南京國民政府成立後，那些在國民黨政權控制下政治上服膺於國民黨的運動會，在運動會開幕式中，唱國民黨「黨歌」是一個必要的儀式步驟。〔註89〕唱黨歌，可以理解為是運動會的參加群體對國民黨政治的

〔註87〕　思玄：《卷頭語‧祝本屆全國運動會》，中學生雜誌社《中學生》第一九九期，中華民國三十七年五月號。

〔註88〕　《全國運動大會開會紀》，《申報》中華民國十三年五月二十七日，第十版。

〔註89〕　南京國民政府成立以前的運動會，在開幕式中出現的政治符號還僅僅是「國旗」和「中華民國」，全體人員三呼「中華民國萬歲」，國家在這裡只是唯一被崇敬的政治對象。例如：
《三日間之廣東運動大會記》：「第一日，十三日廣東第六次大運動會在東較場開會，是日七點餘鐘，省城四鄉香港各學校各團體已紛紛到會。八點鐘開會式，正副會長各部張同到會中間，對國旗平立，先用話筒布告齊集，次由正會長朱慶瀾親往扯旗，將國旗升高畢，退回原位，各職員會員全體向國旗三鞠躬禮，由文牘部長陳夢生宣讀開會詞，四邊同奏軍樂。各校學生齊唱運動會歌以和之，唱畢全體舉帽三呼中華民國萬歲，廣東運動會萬歲，會員萬歲，復奏樂數分鐘，始宣佈禮畢。」（《三日間之廣東運動大會記》，見《申報》中華民國六年二月二十二日，第六版）
中華全國武術運動大會「開會儀式」：「（一）搖鈴開會（二）會場報告，唐豪用傳聲器請運動員按次排隊入場，面臺而立（三）行敬國旗禮，先由童子軍在場左升國旗，同時奏樂，各長官及職員會員列隊向國旗立正，注目致敬，全場一致脫帽立正（四）行升會旗禮，先由童子軍在場左升會旗，全場注目敬禮（五）奏國樂，全場人員三呼中華民國萬歲（六）職員全體攝影（七）入座（八）會長報告（九）名譽會長致詞（十）宣讀頌辭（十一）打鐘開始表演。」（《全國武術運動大會開幕紀》，《申報》中華民國十二年五月十五日，第十三版）
1924年全國運動大會「開會秩序」：「一、文華大學軍樂隊奏國樂升旗，二、全體童子軍三呼中華民國運動大會，三、各省代表男女選手遊行繞場之四周，約經四十分鐘始畢，四、熊會長希齡致詞……」（《全國運動會大會開會紀》，《申報》中華民國十三年五月二十七日，第十版）

認同，也和開幕式儀式中的孫中山崇拜一樣是國民黨精心政治灌輸的一種手

從國民黨逐漸掌握國家政權開始，在運動會中出現的政治化的開幕儀式，已經不只是「國家」、「中華民國」。伴隨著國民黨獲得國家權力及推行其意識形態統治，體現國民黨政治統治、意識形態特徵的政治因素也在運動會的開幕式中出現。例如：

北伐勝利各校聯合運動會今日開幕之「三日秩序」：「第一日：（一）開會，（二）奏樂，（三）主席團總指揮司令評判員入席，（四）運動員入場，（五）向黨國旗及總理遺像行三鞠躬，（六）主席恭讀遺囑，（七）靜默三分鐘，（八）主席報告開會宗旨，（九）奏樂，（十）全體唱慶祝北伐勝利歌及革命戲……」（《慶祝北伐勝利各校聯合運動會今日開幕》，見《申報》中華民國十六年六月十七日，第十版）

中央大學區中等學校聯合運動會「開幕儀式」：「一、奏樂，二、職員運動員繞行會場一周，三、升旗，四、向國黨旗及總理遺像行最敬禮，五、主席恭讀總理遺囑，六、靜默、七、主席致開會詞，八、黨歌，九、演說，十、運動會歌，十一、奏樂，十二、歡呼，十三、攝影。」（《中大區中校聯合運動會今日開幕》，《申報》中華民國十八年五月四日，第十一版）

上海市第一界全市運動會於陽光普照之中，行開幕之盛典，「遊行與行禮」情形：「……（職員和運動員入場）至司令臺前，乃列陣，唱黨歌，向黨國旗向總理遺像行最敬禮，主席陳德徵恭讀總理遺囑畢，即致開會辭，次市長，代表致訓詞，次教育蔣部長部長代表致訓詞，次名譽指導致訓詞。」（《全市運動會開幕盛況》，《申報》中華民國十九年三月十四日，第十七版）

第四屆全國運動大會「開幕禮節」：「一、鳴炮（奏樂）二、全體運動員繞場遊行，三、就席，四、全體脫帽肅立，五、國民政府蔣主席升旗，六、唱黨歌（奏樂），七、向國旗黨旗總理遺像行三鞠躬禮，八、蔣主席恭讀總理遺囑，九、靜默三分鐘，十、戴季陶會長致開會辭，十一、史羅煥代表張靜江致開會辭，十二、唱歡迎歌，十三、朱家驊主任報告籌備經過，十四、勁元沖代表中央黨部致訓辭，十五、蔣主席致訓詞，十六、袁敦禮代表各省市及華僑團體答辭，十七、運動員宣誓。」（《大會昨日開幕盛況》，《全國運動大會特刊第二號》，《申報》中華民國十九年四月二日，第十一版）「閉幕盛況」之「儀式秩序」：「一、就席，二、全體肅立，三、奏樂唱黨歌，四、全體向黨國旗及總理遺像行三鞠躬禮，五、主席恭讀總理遺囑，六、會長致詞……」（《全國運動會昨日閉幕》，《全國運動大會特刊第十二號》，《申報》中華民國十九年四月十二日）

東北四省聯運會「開會情形」：「上午九時，張學良偕夫人於鳳至蒞場，即舉行開會，各選手隊均站至於主席臺下，由司儀員呼奏樂升旗，旗杆設場南部，在微風飄展中，燦爛之青白旗徐徐升起，繼以燃放萬頭雙響鞭炮，用代禮炮，此全體在場人員，由張副司令率領，向黨國旗行三鞠躬禮，禮畢，張學良恭讀總理遺囑，復唱黨歌，次籌備委員長作報告，略謂……」（《東北四省聯運會》，《申報》中華民國十九年十月十七日，第八版）

升旗、向黨國旗敬禮、崇拜孫中山遺像、恭讀總理遺囑、唱黨歌，無不是國民黨在利用運動會向參加運動會的人員進行政治意識形態灌輸。

段。許多運動會除了唱黨歌，還特意譜寫會歌來傳唱，運動會會歌的歌詞同樣在傳達豐富的身體政治內涵。

清光緒三十二年（1906 年），在浙江省城學校聯合運動會上，當時著名的文學家汪曼輝先生為運動會譜寫的會歌，被認為是中國近代最早的運動會會歌。其歌詞如下：

> 溯我祖五麀六素，媲美花國奠金甌。國魂不復，武德全休，文采競風流。青衫白袷，緩節輕裘，辜負了多少健兒身手，誤盡了多少英雄八縠。莽神州，只餘古國羼愁。休一休，整頓全神，待扶起脂韋宇宙。醫我同仇，偕行偕行，浩氣摩空，健骨淩秋。碧革平鋪驊騮驟，風揚素影龍蛇走。千夫扶拾，萬人俯首，黽勉，遮莫夷擾。儲能效實，智勇兼修，競爭詎落他人後。秋高氣爽，鼓勇同仇，名譽轟傳萬人口。進兮哉，肅肅貔貅壯矣哉，龍虎風雲鬥。聯合大同盟，自今伊始歲其有。〔註 90〕

歌詞體現了尚武的軍國民體育時期的政治追求，表達了在二十世紀初中國「國魂不復，武德全休」的「古國羼愁」中，振弱救弊「醫我同仇」的身體救治欲望。

全國運動會在 1931 年確定了全運會會歌〔註 91〕，歌詞如下：

> 大會皇皇，多士蹌蹌，誰奪得錦標，來便博得萬人獎，健兒們澈始澈終，圖精圖強，大家向上向上向上，勝敗雖在一時關鍵，卻在平常舉止堂堂，眉宇洋洋，勝了雖然可喜，敗也決不頹喪，健兒們有勇有德知禮知方，大家歡暢歡暢歡暢，發揚尚武精神，增進民族健康。〔註 92〕

歌詞前半部分是在表達競技體育的奮鬥精神，結尾兩句則把體育運動與競技，昇華到「發揚尚武精神」、「民族健康」的高度，這與當時體育「強種救國」的訴求是相契合的。

〔註 90〕　《我國早期運動會會歌》，《體育文摘》1984 年第 1 期。又見趙延益：《龍騰蛟舞波譎雲詭── 對我國早期的〈運動會歌〉注釋》，《體育文史》1987 年第 4 期。

〔註 91〕　《全運歌詞制定》：「二十年全運會歌，經教部代為徵集後，現有籌委會派陳小田張信孚杜庭修，會同教部郭有守審查，擇定較佳者一首，加以修改，以由籌委會決定採用。……」（《申報》中華民國二十年六月十七日，第十一版）

〔註 92〕　《全運歌詞制定》，《申報》中華民國二十年六月十七日，第十一版。

1934 年上海市第三界中等學校聯合運動會，其會歌爲：

> 今日何日，我輩青年擔負黨國須鐵肩，臥薪嘗膽百鍊千錘，聯
> 合角藝非偶然，振作精神團體表演，整齊活潑求兼全，和平奮鬥不
> 屈不撓，田徑比賽競登先，大家歡呼全市中學生積極可爲雄，大家
> 宣誓持此好身手赴難作前鋒。〔註93〕

這首運動會歌對青年的身體也是飽含著「強健」的期望，希望青年用鐵
肩「擔負黨國」，在當時的日本侵華的「國難」聲中，「赴難作前鋒」。強身救
國也是這首歌所要表達的內容。在表達像「赴難」抗日這樣的現實政治軍事
需求時，共產黨控制下的運動會，顯得更爲強烈。早在蘇區時期，中華蘇維
埃共和國的第一界，也是唯一界的全運會中，就提出了具有明確政治鬥爭傾
向的指導思想：「在開展革命戰爭，發展蘇維埃運動，援助白區，反日反帝反
國民黨運動與工農群眾鬥爭中，鍛鍊我們的身體，適宜於階級鬥爭，養成工
農的集體精神。」〔註94〕1942 年 9 月 1 日至 6 日，在延安召開了抗戰期間革
命根據地最大的一次運動會──擴大的延安「九一」運動大會。大會的會歌
爲：

> 民族的健兒，革命的勇士，來！咱們一顯好身手。叫國際強
> 盜血腥的法西斯，在我們面前發抖！爬山的登高峰，賽跑的占前
> 頭，射擊的瞄好準，投彈的猛力投，看司令臺上朱賀將軍他指揮我
> 們前進！民族的健兒，革命的勇士，來！咱們一顯好身手。讓國際
> 青年反侵略的戰友，向這裡歡呼招手。在水裏像蛟龍，在陸上像猛
> 虎，優勝者不驕，失敗者不低頭，看司令臺上朱賀將軍他指揮我們
> 前進！〔註95〕

共產黨對「好身手」的呼吁，對健兒勇士的推崇，就是要求民眾身體具
備軍事鬥爭所需要的優越素質。這次運動會的誓詞爲「提倡體育，普及運動；
強健身體，戰鬥準備；打倒法西斯，革命精神；遵守紀律，團結作風；勝不

〔註93〕 《本市第三界中等學校聯合運動會》，《申報》中華民國二十三年十月二十
日，第十四版。

〔註94〕 國家体委體育文史工作委員會、中國體育史學會編：《中國近代體育史》，北
京：北京體育學院出版社，1989 年 5 月，第 385 頁。

〔註95〕 國家体委體育文史工作委員會、中國體育史學會編：《中國近代體育史》，北
京：北京體育學院出版社，1989 年 5 月，第 385 頁。

足驕，敗也不餒。」〔註96〕身體是抗戰的工具，對身體的強健要求集中地聯繫著抗戰的政治目標。

一二九師所在的太行第三軍分區部隊中，曾流傳過一首《體育運動歌》，內容如下：

> 紅日墜，晚風涼，鍛鍊身體齊下運動場。打棒球，翻雙槓，跳高、跳遠、投彈、瞄準又刺槍。看！看誰的臂膀粗；瞧，瞧誰的身體壯！只要久煉生鐵也成鋼。努力運動弱人能變強。加緊鍛鍊好身體，英勇殺敵在戰場。我們個個身強像猛虎，誰也不願做羔羊。
> 〔註97〕

1939 年，新四軍二師在津撲路東的淮南地區開闢了 8 個縣範圍的根據地，成立了淮南行署。1942 年在盱眙縣大柳營召開了路東八縣運動會，這次運動會的會歌歌詞為：

> 秋天好，太陽天空照，運動會上紅綠旗幟隨風飄。男女健兒個個逞英豪。號聲響了，同志們！我們的精神不是為了「得錦標」，為的是把身體鍛鍊好！學習本領高！好把抗日根據地來建設，好把日本鬼子來打倒！〔註98〕

歌詞反映了共產黨對身體的政治化理解和設計。

以上這些運動會歌或運動歌，全都是在強身健體的欲求中，摻雜了各種各樣的民族國家理想或現實的政治軍事需求。在充滿政治儀式的運動會開幕式中，運動會歌的歌詞顯然有助於營造運動會會場的「政治」氛圍，並且這

〔註96〕國家體委體育文史工作委員會、中國體育史學會編：《中國近代體育史》，北京：北京體育學院出版社，1989 年 5 月，第 385 頁。這樣的宣誓和在國民黨控制區的運動會的運動員誓詞完全不一樣。這樣的宣誓政治色彩濃厚，而國民黨政權組織的運動會的誓詞則比較純粹地在強調運動員的職業道德和競賽精神。例如第五屆全國運動會的「選手誓詞」為：「余等謹本總理提倡體育之精神，以業餘運動員資格，參加比賽，願恪遵大會一切規則，並服從裁判員之裁判，謹誓。」（《全國運動大會今晨在京開幕》，《全國運動會特刊第一號》，《申報》中華民國二十二年十月十日）誓詞只在首句體現了總理崇拜的特色，其餘的是在宣誓體育競賽原則。
〔註97〕辛肴：《抗日戰爭中太行三軍分區的棒球運動》，《體育文史》第 3 期，人民體育出版社，1984 年。轉引自國家體委體育文史工作委員會、中國體育史學會編：《中國近代體育史》，北京：北京體育學院出版社，1989 年 5 月，第 409 頁。
〔註98〕國家體委體育文史工作委員會、中國體育史學會編：《中國近代體育史》，北京：北京體育學院出版社，1989 年 5 月，第 415 頁。

此歌也體現著體育身體訓練與國家民族政治的緊密聯繫。

（三）標語　口號　傳單　獎品

運動會成為政治宣教場所，很重要的一點在於，會場本身的布置就經常是政治化的。馬來亞華僑運動大會「會場布置美麗」：「會場門外大書『馬來亞華僑運動大會』等字，上面高掛中英兩國國旗。會場之東南隅，設司令臺一座，臺後以白布為屏障，恭懸總理遺像，遺像之四周，均環繞美麗奪目之五色鮮花，交叉黨國旗。……會場四周布滿萬國旗，其中尤以吾國黨國旗為最多，並隔三五小旗之中又懸掛有標語之小旗，如『大道之行天下為公』『三民主義』『民國萬歲』『擁護黨國』等。」〔註99〕這樣的布置，表示馬來亞華僑對國民政府的認同。第五屆全國運動大會的會場布置，充滿了黨治國家的政治色彩：「大會會場正中之田徑場南門前，交懸黨國旗。門前數箭處，紮一精緻松柏牌樓，上書民國二十二年全國運動大會字樣。其與會場相隔之間，每數碼懸掛黨國旗，看臺四周均用三角黨國旗，相間插滿，遠望之五光十色，燦爛繽紛，令觀者目曠神怡。籃球場與國術場相對，田徑場之左右，門前均交懸黨國旗，場右數丈處，亦紮一綵牌樓，所書字樣，亦與會場前牌樓上字樣相同……」〔註100〕這樣政治化的布置在民國時期的運動會場是非常普遍的。在國民黨政權建立後，運動會的會場布置還有一個特點就是，總理遺像經常成為會場布置的核心，懸掛在「司令臺」的正中，在運動會開幕式中作為崇拜敬禮的對象。標語、對聯，還有傳單，顯然也是會場布置的手段，這些不惹人注意的細枝末節，往往包含著豐富的文字信息。

運動會的舉辦者歷來都是很重視利用運動會這一宣傳機會。正是因為運動會本身是大量各色人員的聚集場所，所以組織者才會千方百計在文字宣傳上下功夫，甚至也要集中注意力來防止敵對政治勢力宣傳的滲入。〔註101〕在

〔註99〕　《會場布置美麗》，《馬來亞華僑運動大會（一）》，《申報》中華民國二十年四月十六日，第八版。

〔註100〕　《全國運動大會昨在京開幕·會場大門壯觀》，《全國運動會特刊第二號》，《申報》中華民國二十二年十月十一日。

〔註101〕　《申報》1933年報導全運會限制散發刊物，防止羼入「反動刊物」。「（南京一日電）全運會開幕在即，聞各方報有特刊等件，以廣告宣傳。大會宣傳組，為防止反動刊物及傳單，乘機羼入，妨礙大會秩序，凡在會場分送，或出售之各種刊物傳單，均須預先送由該組審查，以示鄭重。除反動刊物，予以嚴密查禁外，與含有營業廣告之刊物傳單，亦不得在會場散發。……」（《全運會會場限制散發刊物，防止羼入反動刊物》，《申報》中華民國二十

體育場布置標語首先是爲了宣傳提倡體育的。上海公共體育場在解釋爲何要在體育場布置標語時說：

> 上海公共體育場，爲民眾對於體育學理和技藝，甚爲缺乏，並且覺有枯燥之意味。因爲吾國體育，只重技藝，輕視學理，相沿至今，亦無善良之改進，而民眾對於體育，當然不能領悟其眞義。以國際地位觀察，吾國體育當立於幼稚地位，雖經熱心體育者和專門研究體育者，極力提倡，亦見稍有起色。茲該場爲鼓勵民眾，對於體育發生濃厚意志和興趣，使其得到健康之身體和快樂之精神，並識體育的目的和效能，爲社會上健全分子有宏著之建設，故極有圓滿快樂之意味。固特撰體育標語數十句，用藍底白字漆於壁上，顏色顯明而易見，來場運動者，無一不被其感動，以尋運動快樂之生活。〔註102〕

大量的體育標語在運動場、運動會中的出現，都首先是爲了促進運動發展的。它們以宣傳鍛鍊身體、增進運動爲主要內容，其中又往往包含著強身以服務於國家民族之事業這樣的身體政治內容。顯然精心設計的標語口號，還有對聯之類的會場文字裝飾，是「強種救國」的體育身體政治的延伸，同樣在傳達著身體改造的政治導向。在報告第五界全運會的籌備經過時，張信孚特別強調運動會的宣傳事宜：「……關於宣傳事宜，本屆運動會尤爲注意。其意在藉全國運動會之舉行，以引起國人發憤圖強，團結禦侮之精神。故除利用二十年運動會所印之標語及壁畫外，復添製國難標語及布質標語，分發京內外各地通衢，廣爲黏貼，以引起國民對於體育之注意。」〔註103〕接下來將舉一些運動會場的文字宣傳布置的例子，以展示運行會會場的文字宣傳中的身體政治。從《申報》上運動會報導中一些零星的記錄中，我們確實可以看到這些文字信息和那些開幕式的大段文字演說一樣，也傳達著那個時代的體育身體政治觀。

上海公共體育場所的標語如下：

> （一）體育可以養成團體紀律化及發揚奮鬥的精神（二）高尚

二年九月二日，第二十一版）

〔註102〕《上海公共體育場之體育標語》，《申報》中華民國十七年一月二十七日，第十二版。

〔註103〕張信孚：《第五界全國運動會籌備及開幕經過》，時事月報社《時事月報》第九卷第五期，中華民國二十二年十一月。

運動員的態度，必正大光明，其志誠懇堅決（三）體育場是人格教育的實驗場（四）跑跑跳跳能健身，不跑不跳要生病（五）轉動之石，不生苔蘚（六）道德之本，繫於健康（七）精神愈用愈出（八）體魄愈練愈強（九）愛國應先愛身（十）愛身即愛國（十一）運動能使病者健（十二）煙酒能令健者病（十三）體育可以養成人有優美的德性（十四）社會的安寧係健全分子所建設（十五）懷才抱病何濟於世（十六）多進體育場少去療病（十七）健康的精神寓於健康的身體（十八）每日運動勝服補藥百種。〔註104〕

　　上海特別市第一次民眾業餘運動會在南市第一公共體育場舉行，會場的布置：「大門上懸白布橫額，文曰上海特別市第一次民眾業餘運動會，場之北端搭蘆蓬一座，中懸總理遺像，為司令臺」，臺前有聯云：

好身手全憑平時鍛鍊

新國民應下此種功夫〔註105〕

　　「四周滿貼標語，各種運動員休息處，則於場中各空室布置多處。」那些標語為：

身體好同道德好學問好一樣的可貴；

公共體育場是人人可以來運動的；

民眾業餘運動會是人人可以加入者；

有了運動會的比賽表演，才顯出各人鍛鍊的工夫；

常做跑跳擲擊踢的工作，才不廢四肢百體的功用；

這次運動會覺得有趣味，下次加入運動會一定更有趣味；

有了活潑的身手多麼快樂；

運動成績優良是身體強壯的表示；

你也能跑得快，跳得高表演的好拳，只須天天到此練習；

強健的身體，活潑的精神，都從平日鍛鍊上得來的；

手足動作活潑，即證明內部機械健全；

運動會是測量健康的標尺；

這次運動會得一寸的成績，即有了一寸的健康，下次運動會得

〔註104〕《上海公共體育場之體育標語》，《申報》中華民國十七年一月二十七日，第十二版。

〔註105〕《市民眾業餘運動會》，《申報》中華民國十八年五月十二日，第十一版。

一尺的成績，即有了一尺的健康；

　　學問要你自己去尋求的，健康也要你自己去尋求的；

　　人人有運動的本能，即人人有健康的福分；

　　有很好的運動成績，並有好的運動道德，是人生無上的光榮。

〔註106〕

國術遊藝大會：「浙江省政府爲鞏固國民革命，發揚民族精神起見，在杭州市組設浙江國術館，並舉行遊藝大會，……會場四周之一瞥……大門……紮松柏牌樓兩座於進出口處，上以紅綠綢纏之，有提倡國術發揚民氣等字，入場正中爲表演臺……場中四處，滿貼標語，美不勝收。誠空前盛舉也。」〔註107〕臺前懸有橫額：

　　願全民眾均國術化

旁有聯云：

　　一臺聚國市英雄，虎躍龍騰，表演畢生功力，歷來運動會中無
　　此壯舉；

　　百世樹富強基礎，頑廉懦立，轉移千載頹風，民眾體育史上應
　　有餘思

臺前懸總理遺像及黨國旗，並有聯云：

　　五州互競，萬國爭雄，於斯一髮千鈞，願同胞見賢思齊，他日
　　共供邦家驅策：一夫善射，百人抉拾，當今萬方多難，請諸君以身
　　作則，此時且資民眾觀摩。〔註108〕

第一界上海市全市運動會司令臺之布置，「臺中央供總理遺像，黨國旗交護左右」，臺口左右各懸一聯，「上聯指目前事實，下聯言此會希望於本屆大會公開舉行之目的，賅括無遺」，文云：

　　積健爲雄，何難挽救中華，完成革命；

　　自強不息，會看蜚聲全國，馳譽遠東〔註109〕

第五界華北運動會大會的口號爲：

<hr>

〔註106〕《市民眾業餘運動會》，《申報》中華民國十八年五月十二日，第十一版。

〔註107〕陶詠春：《國術遊藝大會瑣聞》，《申報》中華民國十八年十一月二十五日，第十二版。

〔註108〕陶詠春：《國術遊藝大會瑣聞》，《申報》中華民國十八年十一月二十五日，第十二版。

〔註109〕《全市運動會開幕盛況》，《申報》中華民國十九年三月十四日，第十七版。

提倡國民體育，鍛鍊國民體魄，團結民眾力量，發揚民族精神，

華北大會萬歲，中國國民黨萬歲，中華民國萬歲，中華民國萬萬歲。

〔註110〕

上海市第五界小學聯合運動會「……司令臺設場之北面，上懸上海市第五界小學聯合運動會白布橫額，旁掛對聯一副：

集全滬小學生考成體育；

促中華大民族增進武功〔註111〕

上海市第六屆小學運動會開幕典禮司令臺懸掛對聯一副：

集合全滬兒童，比較尚武精神，六稔於此；

注重小學運動，鍛鍊干城體格，三年有成〔註112〕

上海市第三界全市運動會，臺前懸對聯一副：

天道行健，聚滬市英才齊來運動；

我武維揚，為中華民族振起精神〔註113〕

第三屆中校聯運會，司令臺之左右，懸對聯一副，為：

衛國端賴青年，為時勢造英雄，功在三復；

尚武以強華胄，屬精神而運動，氣壯萬民〔註114〕

第四屆全國運動會大會口號：

提倡體育是總理的遺訓，強健體魄是革命的基礎，德智體群美五育全備的才是體育化，農工商農兵皆有的才是體育化，全國運動大會是普及體育的出發點，全國運動大會是聯合奮鬥的好榜樣，全國運動大會萬歲。中國國民黨萬歲，中華民國萬歲，中華民族萬歲。

〔註115〕

〔註110〕《今日第五界華北運動會在濟南開幕》，《申報》中華民國二十年五月二十七日，第八版。

〔註111〕《全市小學生總動員市小運動會昨閉幕》，《申報》中華民國二十二年十一月十日，第十四版。

〔註112〕《本市第六屆小學運動會昨開幕》，《申報》中華民國二十三年五月二十五日，第十四版。

〔註113〕《上海市運動會田徑賽第一日》，《申報》中華民國二十二年九月二十二日，第十五版。

〔註114〕《轟動徐家匯三屆中校聯運會開幕》，《申報》中華民國二十三年十一月九日，第十三版。

〔註115〕《全國運動大會特刊第一號》，《申報》中華民國十九年四月一日，第十一

而大會召開時，有飛機在會場上空散發傳單，上有祝詞：

江漢館轂，爲國之中，華洋輻輳，輪機交通，運動大會，萃此全國，自西自東，自南自北，集四方彥，各較所長，身同百練，首聚一堂，共邁齊前，有進彌止，樹之風聲，展也君子，國旗飄揚，國歌洋洋，國技擅長，邦家之光，自茲以往，邁歐軼美。爰視進步，一日千里。〔註116〕

第六屆全國運動會會場標語爲：

全國運動大會是提倡鍛鍊全民體格；

全國運動大會是重在發揚公平奮鬥的精神；

全國運動大會的目的在喚起國民注意體育；

提倡體育運動兼須注重內心陶冶；

提倡體育運動復興民族精神；

提倡體育運動培養團體合作精神；

提倡體育運動繁榮民族生命；

提倡體育運動培養堅忍勇敢的美德；

提倡體育增進幸福；

提倡體育挽救危亡；

強國必先強身，救國必先救己；

爲強身而運動，不爲錦標而運動；

健全的思想，寓於健全的體魄；

偉大的事業，寄於堅強的體格；

人生以健康爲最榮；

人人應養成每日運動的習慣；

利用運動娛樂身心。〔註117〕

以上所引的各種對聯、標語、口號，其內容各有差別，但都是在表達強健身體追求，而強健的目的是爲了服務於民族、國家或者黨治政權的政治目

版。

〔註116〕王振亞編著：《舊中國體育見聞》，北京：人民體育出版社，1987年10月，第147頁。

〔註117〕《大會標語一斑》，《第六屆全國運動大會特刊第一號》，《申報》中華民國二十四年十月十日。

標。身體在這些懸掛於會場引人注目的文字中被強烈地要求爲了政治而改造。

　　運動會的獎品也是一種可以附帶文字進行宣傳的方式。在 1932 年南京第四屆公開運動會中，獎品上的題字傳達著運動會的「喚醒民族復興之精神」的政治意義。「我武揚威」、「尚武精神」、「雄飛東亞」、「自強不息」，這樣簡短的格言既是在表達對身體的一種強健渴望，也是在表達國家民族的振興宏願。當時的獎品題字及贈送者情況主要如下：〔註118〕

獎　　品	題　　字	贈　　送　　者
大銀盾	努力奮鬥	軍事委員長蔣中正
大銀鼎	我武揚威	事業部長陳公博
大銀盃	健兒身手	鐵道部長顧孟餘
銀盾	尚武精神	財政部長宋子文
銀盃	民族精神	張順祥徽章號
銀盃	優勝	首都警察廳
銀盾	尚武精神	司法院
銀盾	優勝	南京市長石瑛
錦旗	雄飛東亞	軍政部長何應欽
銀盾	超距揚威	行政院
錦旗	尚武精神	南京省立民眾教育館
錦纛	自強不息	海軍部
錦旗	民族精神	南京市社會局
錦旗	體育之光	南京市社會局
銀盾	奮力圖強	內政部長黃紹雄
銀盾	捷足先登	中大校長羅家倫
銀盾	我武揚威	南中校長張海澄
銀盾	民族之光	中央軍官學校
銀盾	強種強國	軍校教育長張治中
立軸	爲民爭鋒	監察院于右任

〔註118〕此表根據許肖傳《南京第四屆公開運動會紀略》整理，南京體育場月刊編輯委員會《體育月刊》第二期，中華民國二十一年十一月。

上海特別市第一次民眾業餘運動會的獎品爲：

> 昨日收到獎品，有兩江女體專校長陸禮華「優勝紀念」緞旗一
> 面，南方中學「餘勇可貴」鏡架一座、「尚武精神」鏡架一座，新民
> 小學「自強不息」鏡架一座，保衛團李主任「好整以暇」鏡架一座，
> 愛群女學「我武維揚」鏡架一座，張市長銀盾七架「觀德」「仁俠」
> 「民族精神」「我武維揚」「有勇知方」等，市教育局陳局長銀盾一
> 座，教育局銀盾三座，馬崇金緞旗一面。〔註119〕

獎品的題字大同小異，都是集中在「民族」、「尚武」、自強、強種等上面，這是近代體育運動會的特色。運動會的組織者喜歡在頒發給運動員的獎品上，題上那些能夠同時容納身體與民族國家兩個意象的格言，身體的強健追求，和救國救亡的政治追求，混同在一起。

以上主要是以國內一些大型和地區省市運動會爲對象進行的初步研究，我們可以看到，運動會成爲了鍛鍊身體與追求民族國家目標的結合點。如《時事月報》「全國運動會特大號」上所刊登的這副「民族復興的基礎」漫畫一樣，「運動員」代表著民族的成員，他的身體的運動能力所代表的健康性，實際上代表者國家的實力。「運動員」的投影，是一個「軍人」，「軍人」的左手握著一把搶，「軍人」和「運動員」身體姿勢是一種瞬間勃發的狀態，充滿了力度和緊張感，「揮手」向前顯然代表一種前進的希望。漫畫作者在創作中，表達的正是身體強健與國家軍事實力提升的關係。「運動員」的身體以投影的形式轉化成一個武裝的「軍人」，這意味著，在作者的眼中，身體的運動、健康、力量，實際上暗藏的是民族國家的軍事實力和政治前途。所謂民族復興的基礎，就是國民身體能否像漫畫中「運動員」那樣充滿力量和健康。

〔註119〕《市民眾業餘運動會》，《申報》中華民國十八年五月十二日，第十一版。

該漫畫是 1933 年第五界全國運動會期間,《時事月報》「全國運動會特大號」漫畫專欄上登載的有關運動會漫畫作品之一。(見《時事月報》第九卷第四期,中華民二十二年十月號)

　　各種各樣的運動會宣言報告,運動會的會歌、標語、傳單、獎品等,這些爲一般研究者所忽略的「細節」,強烈地體現了近代中國運動會的身體政治內容。中國近代體育的提倡始終拋不開愛國救亡的民族主義政治責任感,「強種救國」的體育,必然決定從主張舉辦運動會的言論開始,運動會就一直沉浸在民族國家現實或理想的政治需求與對身體的強烈要求的語境中。總的來說,運動會成爲表現民族國家、黨派利益集團意志的特殊時空。

第四節　參與、展示與爭執：參加國際性運動會的身體與國家

　　除了頻繁舉辦各種國內運動會,中國在近代也頻頻參加國際性的運動會。1913 年,中國首次參加在菲律賓舉行的第一屆遠東運動會,這成爲中國體育運動進入國際體壇的開端。此後中國政府參加了歷次遠東運動會,並且在 1932 年首次參加奧運會。我們現在一談到中國走出世界參與國際性比賽,很自然地就想到外國媒體如何用漫畫的方式來諷刺中國人體質的疲弱和體育

的失敗。這就是中國涉外體育的全部記憶。眞實的歷史顯然不是這樣的。不能說那些對外競技比賽沒有任何成功收穫，但是，正如國家的衰弱最終影響了對國民身體、對體育成就的評價一樣，貧弱的國家最終影響了中國人對自己的體育史的描述。弱國的體育更急於去解除恥辱的魔咒，但也因此變得更爲脆弱，容易爲偶而的譏諷而背負長久的屈辱感，造成對國民身體素質的不自信。「東亞病夫」對理解中國國民的心態史顯然具有特殊的意義。不管「東亞病夫」的記憶是建立於怎麼的錯誤想像，但這樣的屈辱感在中國的近代心態歷程中確是歷史眞實。中國人樂於在感受國家命運中回憶那個屈辱的體育歷史，並把「摘掉東亞病夫的帽子」的行爲不僅應用於評價體育發展取得成就，而且把它擴展到描述那些有重大意義的政治事件中。〔註120〕「東亞病夫」是政治性話語，即使專用於體育史中，它仍然是國家在進入列強主導的國際秩序時象徵著國家利益受損、國家弱小的政治性恥辱。

　　體育是一種外交手段，這是近代體育史中一部分體育家在認識中國參與國際性競技比賽時，對體育的政治功能的認識。因此，涉外體育對中國來說，也是中國參與世界和以什麼的體育成績來展示自己的國家形象的問題。這背後又必然涉及到身體。參加國際性運動會比賽，是那些經過特殊訓練的運動員，他們的身體的競技能力，直接地造成了體育成績的好壞，最終又事關國家榮譽。運動員代表著國家，他們的身體是高度國家化的。正是因爲他們的身體的國家政治性，才使他們的外出比賽具有國家參與世界「事務」的意義，

〔註120〕摘掉帽子，是一種身體行爲，但是這種行爲被形象地用來描述歷史的轉折性變化。摘掉，意味著和過去告別，去除某種狀態，獲得新的狀態。摘掉「東亞病夫」的帽子，往往是表示政治成就的象徵性行爲，例如，過去在描述 1949 年 10 月 1 日中華人民和國成立的轉折意義時，就曾經用「摘掉『東亞病夫』的帽子」。這和描述中國人的政治解放時用的「站起來」具有同樣的意義，都是用身體的某種行爲，來描述政治的變革。與此類似，在民國初期，就有人用「老大帝國，亦已成過去之名詞矣」，來描述民國成立對中國政治史的意義。「老大帝國」其實就是「東亞病夫」的另一種說法，「摘掉帽子」和「名詞」成爲過去的意義一樣，都是在描述中國社會政治的革新。「歐亞大陸，自昔以老大著稱於世。而今以少年自負者，非土耳其與我中國乎。土耳其忽而老大，忽而少年，近且以巴爾幹聯軍一役，而譬彼舟流不知所止矣。若我中國則於創深痛巨之餘，變計圖強，破除國故，吸收歐化，義旗一舉，政治革新，卒以形成東洋共和之先進國。今中華民國產生二齡矣，老大帝國，亦已成過去之名詞矣。懿矣休哉。少年中國其方興未艾哉。」（方洌泉：《少年中國之社會觀》，東方雜誌社《東方雜誌》第十卷第八號，中華民國三年二月一日）

才會因爲他們的成績好壞、身體競技能力的優劣，成爲國家戴上或者摘掉「東亞病夫」恥辱帽子的依據。身體（運動員）在參與，身體（運動員）在表演、競爭，而這又全是政治性的，是國家在參與，國家在爲榮辱而表演、競爭。本節嘗試用身體的視角，來理解體育運動會所糾結的國家榮辱、外交紛爭問題，探討那些中國參與的國際競技運動會中與「政治化的身體」有關的現象。

1930 年第九界遠東運動會即將召開時，黃寄萍在記述歡送選手的《歡送中華選手團兩日並誌》開頭寫到：

> 這次含有非武力性質之國際戰爭的遠東運動大會，將於本月二十六日在日京舉行。〔註121〕

稱遠東運動會爲非武力性質的國際戰爭，確實從另一種角度反應了國際性運動會的特徵。現代競技體育，雖然標榜和政治保持距離，但實際上很多國家間的政治軍事糾紛，往往被帶到了運動場上，以體育競賽的形式表現出來。運動場總是迷漫民族主義情緒，民族主義的因素使得體育競賽包含了複雜的民族國家「角力」的成分，一些比賽甚至被無限的解釋，成爲事關國家榮辱的問題。1936 年在奧運會中量級拳擊比賽中，中國選手靳貴弟與英國選手歇林登對陣，比賽中，歇林登犯規被裁判判罰，英國代表團抗議，於是裁判員改判爲非犯規。馮治奎對此慨歎道：「國際競技場，原來是國際的政治舞臺；一言之下，強國可以反敗爲勝。」他認爲這樣的不公平評判，就是帝國主義者強權勝公理的國際政治現實。他以弱國之民的無奈，呼籲「反抗帝國主義的侵略，爭取民族的生存和獨立的戰鬥中，只有大眾一同起來，奮發圖強。」〔註122〕近代中國在「東亞病夫」陰影的籠罩下，其參加國際性運動會

〔註121〕黃寄萍：《歡送中華選手團兩日並誌》，《申報・自由談》中華民國十九年五月十七日，第十七版。

〔註122〕馮治奎的評論如下：「……國際競技場，原來是國際的政治舞臺；一言之下強國可以反敗爲勝。一舉手之下弱者可以永不超生。弱者啊！如果是低頭到底，甘心爲奴，當作別論；不然的話，我們必須挺住胸膛，爲正義，爲人格，爭得一個永久的自由。因此感覺到帝國主義者，都是抱著以強權勝公理的主張的。我們的孫總理，因爲受盡了帝國主義者的侵略和壓迫，好像一個人被強盜捆縛起來，手足都動彈不得，多麼的痛苦！所以在孫總理遺囑上不是很透澈地指示著我們要『聯合世界上以平等待我之民族共同奮鬥嗎』？這次英國下了這隻辣手來對付我國，在反抗帝國主義的侵略，爭取民族的生存和獨立的戰鬥中，只有大眾一同起來，奮發圖強。」（馮治奎：《世運鱗爪拾集》，江蘇省鎮江公共體育場《體育研究與通訊》第三卷第四期，中華民國二十五年九月）

的歷史，在現在已經被解讀爲蒙羞的體育史了。實際上就是在當時，一有中國參加國際性運動會，中國人自己就總是深陷於「東亞病夫」的語境中，表達著對恥辱的失望和雪恥的奮爭熱情。例如 1921 年遠東運動會召開前，有人敬告參加大會的運動員說：

> 大中華民國遠東運動大會選手諸君，君等知中國向有老大病夫之譏乎。君等爲中國之健男兒，盡一雪此奇恥大辱乎。此界大會開幕，余知君等之加入，非爲爭個人之名譽起見也，博母國之榮光爲目的也。余知君等之加入，必爲中國嶄然露頭角，雪病夫之誚也。諸君其勉之哉。……願諸君於此數日中更宜珍重身軀，發揚全副精神以博今屆之勝利，揚吾中華之國光，此不特不才個人之希冀，亦國人所共盼切者也。〔註 123〕

那些關心和主張中國參加國際性運動會的，除了看重參加國際性運動會對發展中國體育的推動作用〔註 124〕外，還看重國際性運動會的外交意義——中國可以借之參加世界「事務」。國際性運動會，能部分滿足剛被打開國門的中國成爲國際社會一員的欲望。吳退庵在論述遠東運動會與中國民族體育的關係後，進一步提議中國加入「萬國運動會」。他認爲，遠東運動會雖然讓中

〔註 123〕周大啓：《敬告我國加入遠東運動大會選手諸君》，《申報》中華民國十年。
〔註 124〕例如吳退庵在《論遠東運動會與中國民族體育之關係》中就大談中國參加遠東運動會對促進中國體育之進展的作用。全文如下：
「十餘年前，西人視中國爲無體育之民族，稱吾人曰東方病夫，當時人士引爲奇恥。降至今日，此語竟不復聞，推闕原因，實運動會之功效居多。蓋運動會所以表現一國民族之體育精神者也。非謂無運動會即無體育，然有體育而無運動會以表現之，則不獨外人無由窺見其民族體育精神之所在，即同一國人，亦不能稽覈其國民體育之程度若何。此第五次遠東運動會第四次通告中（見本報二十四日本埠新聞）所以有『遠東運動會之最終目的在每一過完成一體育機關，俾能提倡該國之體育運動，監察該國體育家之遊藝狀況』之語也。自遠東運動會成立以後，我中華民族始與亞洲體育最優之日菲二國相周旋，作國際的體育競爭。在過去四次之中，中國運動成績，未嘗落人之後，而在菲律賓舉行之第四次遠東運動會中國位列第二，所得分數超過日本。於是中國民族之體育精神，乃大表白於世界，昔之詆我爲東亞病夫者，今乃嘖嘖稱歎我體育之優良。而國內之省立學校聯合運動會，東方各大學運動會，華北運動會，皆繼第一次之遠東運動會而起。中國體育精神之得表彰於世，與國人注重體育觀念之引起，皆可謂導源於第一次之遠東運動會。吾故曰，遠東運動會與中國民族體育至有關係也。……」（《申報》中華民國十年五月二日，第十八版）

國體育得到了極大進步，「東方病夫之譏，乃不復聞」，但是遠東運動會僅限於中國、日本、菲律賓三個國家，終久局限於「亞東一隅」。「各國人民未至東方者，猶以爲今日之中國與十年前女子纏足男子吸煙無異。」所以中國迫切需要派出選手，參加萬國運動會，使世人瞭解中國。吳退庵說：「萬國運動會者，顧名思義，任何國家皆可加入之謂也。中國爲國際之一員，於國際聯盟會、萬國絲業博覽會，皆派員參與，豈可於此與民族體育最有關係之萬國運動會，獨不加入，而自屏於國際之外哉？……中國加入之宗旨，在中國民族之體育得表現於各國人士之前，固不必斤斤於勝負。」〔註 125〕這種觀點體現了中國急切參與世界、融入國際社會，並且渴望雪恥的混合心態。參加國際競技體育運動會的中國，在開放的運動場中，想用運動員的身體展示中國人的體能狀況和中國民族國家的實力，冀望「由運動家之勝利而感奮起來，將來我國國家在世界上亦占勝利之地位」〔註 126〕。1932 年《申報》在報導中國第一次派選手劉長春參加奧運會時，說這是「我國破天荒最值得紀念之新紀元」，中國得以第一次在奧運會上向國際社會展示自己的存在：「青天白日之國旗，首次飄揚於世界競技場上，至少予各國以相當之認識，以增進我國在國際體育界之地位。」〔註 127〕當時體育界，極度欣喜於這種以國旗飄揚於運動會場的「國家出場」，爲此，在送別運動員時，王正廷特別到上海新關碼頭行授旗禮，「藉壯行色，而爲我國體育史上之紀念」。〔註 128〕足球運動員李惠堂率領中國足球隊，隨中國代表團參加 1936 年第十一屆世界運動會（奧運會）前，發表文章《參加世運的目的和希望》，其中談到參加世運會的希望就是：「……能把我國數千年來的東方文化和新時代的青年精神，表現到世界人

〔註 125〕吳退庵：《中國加入萬國運動會之提議》，《申報‧常識》中華民國十年五月十九日，第十六版。

〔註 126〕「雜評三」《祝中國運動家》，《申報》中華民國四年五月二十三日，第十一版。

〔註 127〕《威爾遜總統輪今晨送劉長春宋君復赴美》，《申報》中華民國二十一年七月八日，第十一版。

〔註 128〕「王正廷博士行授旗禮」：「凡一國選手負重大使命出席國際競技，不能不有一種莊嚴儀式，此儀式爲何，即所謂『授旗禮』也。我國特精製青天白日國旗一面，於今日上午九時半由全國體育協進會主席董事王正廷博士在新關碼頭舉行授旗禮，藉壯行色，而爲我國體育史上之紀念……」（《威爾遜總統輪今晨送劉長春宋君復赴美》，《申報》中華民國二十一年七月八日，第十一版）

士耳目集中的夏令匹克大會裏，一洗外人們對華的東方病夫惡劣心理。」〔註
129〕中國體育渴望在強者面前證明自己、表現自己、融入世界，這使代表中國
出場的運動員身體，有了艱巨的政治責任。

　　參加運動會，必須有出場者，而這其中最爲主要的就是「作爲代表的」
運動員了。國內的運動會，運動員是特定區域的代表（或者是省，或者是市
縣區等等），他們的身體在運動會中出現時，總是有地域的、政治的歸屬。這
在全國運動會中尤爲明顯。1933 年第五屆全國運動會召開時，東北地區運動
員的與會惹人注目。因爲當時東北被日本侵佔，東北代表的出場就有了特殊
的政治意義。〔註 130〕當運動員作爲國家的代表出席國際性的運動會時，他們

〔註 129〕李惠堂：《參加世運的目的和希望》，《申報》中華民國二十五年五月九日，
　　　　　第十五版。
〔註 130〕1933 年第五屆全國運動大會召開時，在東北甚至整個華北處於日本控制威脅
　　　　　的情況下，東北能否派出代表參加，意義重大。正如前文曾引的關於提倡全
　　　　　國運動大會的主張所闡述的，全國運動大會本身就是一種全國政治統一的標
　　　　　示，因此東北地區 —— 失地 —— 派出運動員參加全國運動大會，其實就是
　　　　　一種對現實政治外交的反抗。《申報》報導道：「（南京十日電）此次大會中，
　　　　　最引人注目者，爲東北四省選手之參加，我人於國難中，觀熱河吉林等健將，
　　　　　繞場而過時，衷心之痛，無以復加。故觀眾於選手巡行時，對此四省之失地
　　　　　選手，尤致敬意，掌聲雷動，而熱血人士，猶不免淚隨掌聲而齊起也。」（見
　　　　　《歡迎東北選手淚隨掌聲下》，《全國運動會特刊第二號》，《申報》中華民國
　　　　　二十二年十月十一日）東北五省區選手在參加大會時，特別致書全體選手表
　　　　　示「江南風景觸景傷情，最大錦標恢復失地」。其書云：
　　　　　「諸位同志，我們是代表淪陷的東北五個區，而來赴全運會的選手。我們不
　　　　　敢猜想諸位朋友對我們作何樣的感想，但我們自己實在是痛楚到萬分，因爲
　　　　　國辱民奴，我們的父母兄弟姐妹，天天在東北過著牛馬不若的生活，我們竟
　　　　　不到戰場上去與敵人拼死，爭回來國家同自己的人格，還來參加這樣的盛會。
　　　　　然而我們也想到，假使我們不來參加，諸位竟看不見東北的旗幟，竟看不到
　　　　　東北健兒的身手。諸位國喪之感，同類之悲，其痛心又當如何？所以我們冒
　　　　　著好多困難來了，我們眼簾映著這江南的風景，觸動了我們家亡國破之悲哀。
　　　　　我們進入這莊嚴宏麗的運動場中，愈令我們想念到北陵旁邊馬蹄形的偉大建
　　　　　築物。『男兒有淚不輕灑，皆因未到傷心處』，我們說到此地，眞是泣不成聲
　　　　　了。
　　　　　我們這次來，如果說是來參加比賽，不如說是來報告東北的慘狀。如果說是
　　　　　來表演大好的身手，不如說是來宣示我們的苦鬥決心。我們謹代表我們家鄉
　　　　　父老兄弟宣佈說：『東北人心不死，渴盼全國同胞早來拯救，滿洲國是日本人
　　　　　自製自戴的假面具，沒有一個中國人甘心事仇的。』我們更願大聲疾呼的說：
　　　　　『我們深深覺得這回國家空前巨創的病根，由於國家不統一，政府不穩固，
　　　　　各方面不合作。』我們熱烈的希望著，這足籃球場上所表現的團體合作精神，
　　　　　能廣播到各方面去。我們也虔誠的祈禱著，我們心目中要共同競爭的錦標，

是恢復東北五個省區的地圖顏色。在這個盛會之下，諸位要知道東北的慘狀嗎？我們真不知從何處說起。不過諸位看到跳高場中，被鐵釘鞋踐踏的砂土，你們正可以想像到日人鐵蹄下被踩躪的東北民眾。諸位看到鐵餅標槍下所留的創痕，你們可當作暴敵劫掠後的東北市村。我們呢？便是這劫灰下僥倖逃生的沙蟲。我們的生命，在敵人的樂園中，直是螻蟻不如。諸位，關於東北的慘痛，請原諒我們，便只能這樣的報告了，如果必欲我們作詳盡的敘述，恐怕諸位惟有看到些眼淚，聽到些哭聲。

愈堅強，我們的信念便是，中國有四千年歷史文物，有四萬萬忍苦耐勞同胞，擁著偉大的豐富土地，天理不容我們亡國。我們再看看各位同志，龍騰虎躍的英姿，挾山超海的氣魄，更不像具亡國的條件。我們的絕大信心，便是中國不亡，東北不亡。多難可以興邦，三戶可以亡秦。諸位同志，我們今日要宣誓共同奮鬥，去奪取我們最大的錦標，光復東北四省。

末後，我們願代表東北父老兄弟，謝謝政府及同胞二年來對我們同情及援助，遼吉黑熱哈五省區選手敬叩。民國二十二年十月十日南京。」（《東北選手的血淚語》，《全國運動會特刊第二號》，《申報》中華民國二十二年十月十一日）

這個致書，強烈地表現了東北選手自身的「區域代表性」，他們來參加運動會，不只是要表演身手，更重要的是，以身體的在場來轉述東北淪陷區的政治現實，同時也自覺地以「東北父老兄弟」代表的身份，來表達淪陷區人民的「政治欲求」。從這裡我們可以看到，運動員確實不只是作為他們自己在運動場中出場，他們的身體總是被他們的所代表的區域「佔有」，他們作為運動員的身體出場，總是自覺不自覺地成為這個區域的政治的代表。就像這些東北選手，他們不斷地強調自己來自淪陷區的事實，強調自己代表東北地區，代表東北的「父老兄弟」，因此他們的言論必然地表現為東北地區「淪陷區」人民的「國亡民奴」之痛。在全國運動會結束時，東北選手又發表「告別書」，告別書裏進一步表達了東北淪陷區人，深處國難中的救國願望：「全體同志同胞，大會閉幕矣。諸位各個有家歸去，我們竟是隨地漂流。……諸位，別矣，竟別矣。一語珍重聲中，諸位賜給了我們寶貴的紀念品──希望同信心，我們是何等的感激。我們何以回報，我們所有的，只是慘痛經驗後所留的創痕，覺悟與認識，來贈送諸位吧。我們覺悟今日以前，中國青年所慣走的道路全錯了，喊口號，貼標語，離開國家講革命，丟下學校談救亡，畢竟是擋不了有計劃的侵略，抵不住帶民族性的戰爭。我們上下各顧己私，各謀己利，到最後皮之不存，毛之焉附，惟有同歸於盡而已。我們今後惟一的生路，就是埋頭用功，忍苦鍛鍊，一言以蔽之曰蠻幹。……我們的覺悟與認識，是由國家受空前的犧牲，自身受莫大的痛苦得來的，代價太大了。我們送給諸位帶回去，分贈給人人，勸他們不必付同樣的代價了。唉，亡國的滋味，實在是不可嘗試的。……我們所受的慘禍，盼望足夠同胞們借鑒了。若是全國青年都能認識己責，我們的希望，一定完成，我的信心，一定實現。最後我們熱切的希望著，下次中華民國全國運動大會到北陵體育場上去舉行。下次中華民國全國運動大會的總錦標，是恢復東北河山的顏色。」（《一字一淚不忍卒讀 東北五省健兒告別書》，《全國運動會特刊第十一號》，《申報》中華民國二十二年十

的身體則完全國家化了。運動員和在運動場中出現的國旗一樣，身體成為符號，成為他們的母國的代表和象徵。在歡送中國選手赴日本參加遠東運動會時，青年會全國協會副總幹事顧子仁發表演說：「……諸君應知代表中華大國民資格，為大方的行動，俾日本國民，得知中國國民精神。蓋諸君實有代表中華青年及體育屆知識屆之道德也。」〔註131〕而在中國運動員即將赴德國柏林參加第十一屆奧運會時，蔣介石特別召見代表團全體成員。蔣介石顯然也看重這些即將代表中華民國出席奧運會的運動員，在為國家爭榮譽和展示國家民族之精神面貌上的價值。在對赴德考察體育團員和運動員選手的訓詞中，蔣介石結合當時正在開展的「新生活運動」，勉勵他們要表現中國固有的禮義廉恥的精神面貌，為國家爭光：

> ……諸君此次赴德參加世運，實為新中國之代表。諸君之成敗，乃國家榮辱所關，望特別努力，為中國爭光榮。……最要者即在表現我國家民族固有禮義廉恥之精神於世界之類，……諸君此次參與世運，在道義精神與紀律上，必須為我國家爭光榮，一切態度行動，務當悉依道義，恪守規律，勇而知禮，惟德是爭，隨時隨地，當表現我東亞具有五千年光榮歷史與高尚文化之堂堂大國民的風度。夫然後可以得世界各國人民之敬愛……〔註132〕

二十日）

同在 1933 年召開第十七屆華北運動會，尤其引人注目的也是東北運動員的出場。在七月七日的報導中《申報》就說到：「……其足資紀念者，厥為東北淪亡，收復雖無時日，而東北三省健兒，仍努力參加，期於大會場上使各省旗幟，得以飄揚，藉以激勵國人。」（《申報》中華民國二十二年七月七日，第十六版）1932 年中日關於滿洲國能否參加奧運會的爭執中的焦點人物劉長春，因其東北人的特殊身份，在記者採訪中，談到他們這些東北選手的參加是在使「國人勿忘東北」。（《劉長春談勿忘東北》，《後日開幕之華北運動會》，《申報》中華民國二十二年七月十日，第十五版）

第六屆全國運動大會召開時，開幕式上最讓人難忘的還是東北運動員的出場。東北五省市運動員均穿黑色喪服，所舉旗幟，黑白各半，以示東北地區的白山黑水被日本侵略踐踏，令人黯然淚下。總領隊王阜然說：「東北五省市參加之目的，不在競爭勝負，惟希望國人勿忘東北而已。」（國家体委體育文史工作委員會、中國體育史學會編：《中國近代體育史》，北京：北京體育學院出版社，1989 年 5 月，第 255 頁。）

〔註131〕《六團體歡送遠東會華選手》，《申報》中華民國十二年五月十一日，第十三版。

〔註132〕《蔣院長訓詞》，《世運代表團昨晉京聆訓　蔣院長行授旗禮》，《申報》中華民國二十五年六月二十四日，第十四版。

國家領導者的接見和訓詞，各界社會人士的積極反應和「祝詞」「希望」，成爲一種使運動員身體意義昇華的儀式。這些拔高運動員之代表意義的活動和言論，是在賦予運動員以代表性的權力，運動員的身體在這些滿含民族國家意義的言詞的滲透下，由屬於他自己支配的個體，昇華爲肩負贏取國家民族榮譽使命的令人矚目的「代表」。在蔣介石的訓詞中還有一個值得注意的細節，那就是他對「世運會」（奧運會）要旨的「臆想式」闡述：「世運會之中心要旨，在提倡眞正之尚武精神，即新生活運動所倡導之『禮義廉恥』之精神。具體言之即崇道義、尚公德、守紀律、重秩序、有勇知方，而爭之以禮是也。」〔註133〕蔣介石對「世運會」的理解，是富有個人特色的，更準確地說是富有中國國民黨特色的。他對世運會的理解，完全不同於奧運會本身的宗旨，也不同於當時中國體育家對奧運會的理解。國民黨當時正在進行「新生活運動」，這場運動其實就是國民黨一次意識形態的灌輸。作爲這次國民新生活改造運動的策劃者，國民黨或者說蔣介石在送別奧運代表團的「訓詞」中，表現出對奧運會獨特的意識形態色彩的理解，並且對參加奧運會的中國運動員寄予獨特的政治希望，就很容易理解了。國民黨政權的政治意識形態，決定了它對奧運會之要旨和價值的理解，而這理解又決定了它對參加運動會的運動員的責任和意義的界定。

身體被政治打扮爲「代表」，在運動會時空中活動的是抽象的身體，是國家民族的力量，是種種隨時在侵佔人們的身體的權力話語。在體育提倡者的眼中，國際性的體育比賽正是利用「選手」的身體，補償外交失敗、提升國際地位的機會，是「爲國爭光」或使國家蒙羞的一次機遇。因此，競技場上進行比賽的運動員，就成爲欲一比高低的國家力量的宿主，甚至選手（實際上是其身體）代表誰出場進行比賽的問題，有時也糾纏著國家間的政治鬥爭。1932 年爲參加在美國舉行的第十屆奧運會，中日兩國發生關於滿洲國能否參加，最終又集中到劉長春代表誰參加的爭執。當時距「九一八」事變發生不久，中國本無意參賽，但是，日本堅持要求東北籍的劉長春和於希渭作爲滿洲國的代表參加。日本想藉奧運會來宣傳滿洲國獨立的意圖非常明顯。〔註134〕

〔註133〕《蔣院長訓詞》，《世運代表團昨晉京聆訓 蔣院長行授旗禮》，《申報》中華民國二十五年六月二十四日，第十四版。

〔註134〕《參加世界運動會僞國籍此宣傳》：「據長春消息，僞國資政局所派遣世界運動大會之於希渭、劉長春（？）二選手，由日人齋藤謙吉率領赴會。目下正計劃至開會時散佈一種混淆世人之宣傳品，即（一）滿洲國獨立之插

日本意圖借助奧運會這一國家間的運動會，來讓滿洲國以一種獨立國家的姿態展現在國際社會面前。日本一手策劃了東北地區的獨立，滿洲國成立後，以國聯為代表的國際社會因為日本的侵略事實，在承認滿洲國問題上採取抵制的政策，所以日本一直在尋找機會逐步使滿洲國成為國際社會的一員。而參加奧運會，讓滿洲國以獨立國的姿態和中國同場競技，顯然是一個很不錯的體育外交突破口。

第十屆世界運動會籌備委員會在日本代滿洲國申請參加奧運會後，議決接受滿洲國參加，其理由「為依照菲島（菲律賓）與印度之先例。」〔註135〕這個消息傳到國內後，引起了極大反響，「此驚人消息傳出後，無不一致表示反對」〔註136〕。全國體育協進會名譽幹事沈嗣良在接受記者採訪時，針對世界運動會籌委會以菲律賓印度「均非為世界所承認之獨立國，均早獲得參加大會團體單位權」〔註137〕的先例，進行反駁，認為不能以菲印為例。他說：「滿洲國之參加依援印度菲律賓之前例，然印度菲律賓為附屬國，滿洲國即非附屬國，亦非世界公認之獨立國，例從何來。」〔註138〕所以大會冒昧而許可其參加，是置中國與滿洲之主權關係於不顧的做法。在獲悉日本將為滿洲國報名參加奧林匹克運動會後，中華全國體育協進會的王正廷、張伯苓表示：「可置之不理，或繫日人之宣傳，吾國如果因此而惶惶恐懼，反露柔弱，而中日人之奸計，待其果真參加後，再定步驟。」〔註139〕這顯然是一種消極對待的態度。沈嗣良則是從外交的高度來談這個事情，他指出了這次有關於偽滿洲國是否參加奧運會，及於希渭、劉長春是否將代表滿洲國出席奧運會的糾紛的背後關鍵：

> 果如日人之宣傳，於劉二君或因種種不得已，或被迫不得不往

畫，（二）滿洲國成立之宣言書，使世界與會人士認識滿洲國之性質。」（《申報》中華民國二十一年六月十七日，第十三版。）

〔註135〕《驚人消息——世界運動會竟准偽國派選手參加》，《申報》中華民國二十一年六月十二日，第十三版。

〔註136〕《世界運動會偽國參加 沈嗣良言下唏噓》，《申報》中華民國二十一年六月十三日，第十三版。

〔註137〕《驚人消息——世界運動會竟准偽國派選手參加》，《申報》中華民國二十一年六月十二日，第十三版。

〔註138〕《驚人消息——世界運動會竟准偽國派選手參加》，《申報》中華民國二十一年六月十二日，第十三版。

〔註139〕《滬體育記者歡送宴中沈嗣良發表重要意見》，《申報》，中華民國二十一年六月二十一日，第十三版。

者，其一行一止，自將受日人之處處監視，趣味若何，亦可想見。

至於僞國國旗見於大會場中，此則爲侮辱吾國之外交案，須由外交
當局交涉解決案。〔註140〕

國內外輿論紛紛對國民政府教育部、全國體協負責人發出質詢。身處漩渦中心的運動員劉長春從東北逃出，並於 1932 年 5 月份在《大公報》上發表聲明：我是黃帝子孫，我是中國人，絕不代表僞滿洲國出席第十屆奧林匹克運動會。在強大的輿論壓力下，全國體協決定派由劉長春、於希渭及教練宋君如等組成的代表團赴美參加比賽（於希渭因在東北被日本監視而未能參加）。經多方努力，國際奧委會不得不取消了滿洲國的參賽資格，接納了中國。〔註141〕中國最終出席了奧運會，劉長春乘船中途停在日本神戶，「記者訪劉君於船上，詢以代表中國乎，抑代表滿洲國乎。劉君答曰，自然代表中華民國。」〔註142〕劉長春（或者說中國）出席奧運會，成功地阻擊了日本的陰謀，部分地挽回了國家的尊嚴。從中國第一次參加奧運會比賽的前因後果來看，這次中國出場參賽的決定其政治意義遠大於體育意義。郝更生在談中國參加奧林匹克運動大會的意義時說：「一使滿洲僞國不得參加，不得在國際上得地位；二劉爲東北人，可乘機向全世界青年宣傳日侵略我東北，主持僞國之眞相；三開我國運動史上新紀元，使國旗首次飛揚於世界運動場上；四志在觀摩各國促進我國體育，勝敗非所計。」〔註143〕沈嗣良是中國代表隊的總領隊，他到了美國之後，「每日平均演講二次」，「演講的材料，不出二種，一則關於中國體育界的狀況，一則關於一二八滬變的經過」。〔註144〕而運動員劉長春也備受矚目，他在美國也經常進行演說、接受記者採訪，揭露日本侵略中國的事實。

中國在奧運會中出場了，但是，最終的出場者，又是劉長春這個在外交紛爭中兩個「政治實體」爭著以之爲代表的運動員個體。我們再看這樣的一個細

〔註140〕《滬體育記者歡送宴中沈嗣良發表重要意見》，《申報》，中華民國二十一年
　　　　六月二十一日，第十三版。

〔註141〕高翠：《從「東亞病夫」到體育強國》，成都：四川人民出版社，2004 年，第
　　　　84 頁。

〔註142〕《劉長春抵神戶》，《申報》中華民國二十一年七月十二日，第十二版。

〔註143〕《世界運動會中華選手劉長春昨日安抵上海》，《申報》中華民國二十一年七
　　　　月五日，第十版。

〔註144〕沈嗣良：《第十屆世界運動會和初次參加的我國》，江蘇省立鎮江公共體育場
　　　　《體育研究與通訊》第一卷第一期，中華民國二十一年十二月。

節，郝更生在 7 月 3 日南下到上海過濟南時發表關於中國參加奧運會的意義談話後，又於 7 月 5 日在上海青年會記者招待會上談「劉君赴美意義」：「一攻破日人為偽國之宣傳，二為我國體育史開新紀元，後之來者，可繼續努力，三與世界青年體育界共謀聯絡，四觀摩世界運動之技術。」〔註145〕對比這兩個談話可以看到，實際上它們的意思基本相同：中國參加奧運會的意義，實際上就是劉長春參加奧運會的意義。劉長春就是中國，他的出場就是國家的出場。正是因為這樣的代表性，所以他赴美前舉行的特別送別儀式 —— 授旗禮，「三呼中華民國萬歲」的口號 —— 實際上就是國家即將隨之出場的政治儀式。〔註146〕劉長春負著國旗到美國去了，其任務不僅僅是向世人展示中國的體育，國家還冀望這個中華民國的代表宣傳政治：「敵人之惡意宣傳正蒙蔽世人之耳目，劉君此行，為與世界各國青年接觸之無上機會。劉君果能將一手遮天之真相，告於世界，世界將因劉君而生新的真的認識。」〔註147〕

　　1932 年的關於滿洲國能否參加奧運會的爭執，最後又糾纏成了中日雙方皆認定的候選人，究竟要代表誰參加運動會的問題。外交爭執，突顯了「代表」的政治意義。這次事件的前前後後，典型地體現了國際性運動會中運動員作為代表，代表著國家出場的問題。〔註148〕

〔註145〕《郝更生談劉長春代表赴美使命》，《申報》中華民國二十一年七月六日。

〔註146〕「莊嚴熱烈之授旗禮」：「……九時半中華全國（體育）協進會董事長王正廷，於新關碼頭之上以燦爛之國旗一方，及協進會之三角旗一面，授於劉。劉禮而受之。此國旗將插於世界運動會之場上。王乃致以訓辭，謂中華隊於運動歷史久矣，劉君為我國名將，此去望努力為中國爭光，不負使命云云。劉答謝畢，荷旗直登小輪。……」「……送行者三呼中華民國萬歲，聲激雲霄，激昂雄壯……」（《昨晨黃浦江頭歡送熱烈 劉長春負國旗赴美》，《申報》中華民國二十一年七月十一日）

〔註147〕《威爾遜總統輪今晨送劉長春宋君復赴美》，《申報》中華民國二十一年七月八日。

〔註148〕中日之間有關於滿洲國參加國際性運動會的爭執於 1934 年再次出現，這次激烈外交衝突，最終導致了第十屆遠東運動會後遠東運動會的破裂。其實在中國體育史上，有關國家代表性的爭執一直到 1949 年後仍然存在，而這些爭執其實都是現實的國家利益外交糾紛的反應。1952 年，有關於臺灣或者大陸政權誰代表中國政府出席奧運會，就是一次很值得注意的糾紛。臺灣代表團最終並沒有被排除出奧運會場，中國全國體育總會也沒有順利地被奧委會接納，但是，中國體育代表團團長，仍然在報告中，強烈宣示中華人民共和國和中華人民共和國運動員的代表「中國」出席奧運會的合法性：「只有中華人民和國的體育組織，有權利保持中國過去參加國際奧林匹克委員會的合法權益，同時也只有中華人民共和國的運動員，有資格代表

中國這次（也是第一次）參加奧運會，在中日政治糾葛之外，帶有另一層意義：中國通過體育的形式參與了世界。劉長春在上海碼頭的送別儀式上，接過了即將在奧運賽場上飄揚的國旗；他成了和這面國旗具有同樣意義的符號。讓我們來看看《申報》對「中國」——代表者乃劉長春和青天白日旗——之參加奧運會開幕式的報導：

> 至二時五十分時，二千餘之參加選手，相將入場。其前列為亞林匹克發祥國之希臘，而殿以主宰國之美國，其間之各國選手，以 ABC 之順序，排列前後，繞場一周。中華選手劉長春君，高舉王正廷所授予之青天白日國旗，隨以宋君復君，同列於各國選手組中……日選手及華選手入場之際，日本應援團及華僑等各皆歡呼。……各選手……各以各國旗在前，排列於各所定地位。……〔註149〕

通過運動會，通過運動會中的國旗和運動員，中國「進入」了世界，成為世界的一分子。因為是國家的「代表」，所以身體在運動會中意義突出，身體的競技表演是它所代表的國家政治的顯示。於是國際性的運動會，既是運動員身體的對抗，也是圍繞在賽場內外、附著在運動員身體上的國家間暗角。〔註150〕按國家地區建立代表團，分成不同的團隊方陣整齊地入場，每個代表團有整齊劃一的服裝，各個團體相異的服裝使「代表」（運動員）即使混雜在一起也能明顯地辨認出來——身體之間形成了疆界，衣服上有國旗，所有的人又都在作為國家象徵符號的旗幟下行進，觀眾把自己的目光、熱情投向他

中國參加國際奧林匹克運動會。」（榮高堂：《中國體育代表團關於參加第十五屆奧運會的報告（摘要）》，《體育史料》第 2 輯，1980 年）瞭解中日之間有關於滿洲國參與運動會的爭執歷史，顯然有助於我們去理解包括 1952 年的爭執在內的大陸與臺灣之間的有關於參與奧運會的糾紛。

〔註149〕《第十屆世界運動會昨開幕　劉長春參加發揚國光》，《申報》中華民國二十一年七月二十一日，第十版。

〔註150〕二戰爆發前夜，在戰雲彌漫之下的德國舉行了第十一屆奧運會，署名為「遂之」的作者，在運動會結束後，把運動場上運動員的激烈競賽和現實擴軍備戰的緊張國際局勢聯繫了起來，這樣寫到：「在戰雲彌漫之下，第十一屆世界運動大會是熙熙攘攘地在德國柏林舉行完畢了；各國『英雄』選手競賽的激烈，正像各國黷武主義者的競擴軍備同樣地起勁！」正是因為運動場經常被這樣影射為國際政治軍事鬥爭的場所，所以運動員作為運動會中最突出的競技表演者，往往也被不斷地賦予國家間實力一爭高下的意義。

們熟悉的同胞並歡呼〔註151〕。所有的這些都在說明，身體在運動會中充滿了

〔註151〕關於國旗，我們有「後續報導」及記錄，可以研究其在引起國民之情緒反應上的作用。沈嗣良作為中國參加第十屆奧運會代表團的成員之一，歸國後撰寫了報告，其中就有不少關於中國國旗飄揚於運動會場的記述：
「……會場裏破天荒第一次的忽然發現了大中華民國的國旗，和參加的代表，這是何等足以使世界注意驚奇而稱道的一件事！更是何等足以使國人欣慰而自豪的一件事！」
「……這番我國的參加，使中華民國的國旗在會場中占著一個地位，確乎鼓起大會無限的精神，同時也使全世界注意到老大的中國，還保存著少年的精神，要在運動界裏與列強角逐，絕沒有自棄的觀念，和任人宰割的可能。」
「……我們的國旗和其他四十六個參加國的國旗，互相印輝於大會會場中，我們具著只要參加而不求勝利的目標，只求同世界各國聯合共進，而不求銀盃、銀盾為意的願望，深受開幕禮中十萬五千觀眾同情的歡迎。……」
「中國這次參加大會，使洛杉機的萬國旗中，顯揚著青天白日旗，喚起世界的注意，何等有意思。……」
（以上所引均來自沉嗣良的報告《第十屆世界運動會和初次參加的我國》，見成都體育學院體育史研究所：《中國近代體育史資料》，成都：四川教育出版社，1988年7月。）
這些記述飽含著當時的中國人，在看到國旗飄揚於世界運動場時，心中不由自主生出來的民族國家認同感和自豪感。愛國情感，在世界運動場這一特殊的時空裏，被與世界各國國旗一同飄揚的青天白日旗激發了出來。世界運動會，這樣的「聚會」場合，對中國人來說是特殊的，因為它是「全球矚目」的，是不同國家共同出場的場所。中國在近代由於弱者、被排斥在世界體系之外，於是懷著強烈的參與加入世界的期望：參加運動會，實際上是中國參與「世界會議」的一種形式。趙晉卿在談體育外交時，高度評價世界運動會的價值。他說：「世界之會議多矣，洛桑會議也，軍維會議也，國聯會議也，不勝枚舉。然而謀世界之和平實難，而以真誠相見，以和洽之精神，求技術之互相切磋，表現其各國之奮鬥精神，惟世界運動會有之。而在此全球矚目之世界運動會中，不論何國，苟能得一錦標，或一冠軍，其國之國際地位及榮譽，頓時增高不少，而為全球所敬仰。」世界運動會和其他國際會議一樣，是各國共同參與的。如果從那些看重體育與外交的關係的體育家的思路來思考關於參加世界運動會的問題，那麼，很容易就能理解這樣的推論：既然國際會議是各國外交榮譽得失的較量場所，那麼，世界運動會同樣也是體育外交之榮譽得失的較量場所。中國人對世界運動會正是抱著這樣的想法，所以在參加世界運動會時，心態很特殊。像沈嗣良所記述的那種與會時的情感，既有參與世界，在聚會中展示自己的興奮，也有弱者證明自身於強者面前的渴望。我們應該理解中國人的這種情感，中國人希望在運動會場收穫一些外交成果。
在有「他者」存在的場合，國旗的激發情感作用是非常巨大的，尤其是像沈嗣良這樣的身處世界運動會會場中，看到萬國國旗一同飄揚。他者可以增強對自我的認同，世界運動會會場，萬國國旗，這些「他者」符號，強烈地激發著中國人內心裏的民族國家認同感。愛國情緒在世界運動會場中得到張

符號、意義、象徵、權力的存在，身體被霸佔身體的力量決定。每個人都是貼著國家標籤在行動，而這些行動又在運動場漫延的時空裏被解釋評論，不在場的人通過現代媒介實現在場，積極地議論歡呼——爲他們國家的代表「身體」的勝利歡呼，爲他們「敵國」的身體的勝利而妒忌甚至懷恨。〔註152〕

揚，與之相似的情形可以在邊疆戰士抒發對國旗的情感中看到。「邊疆」和世界運動會一樣，是一個自我與他者共同存在，甚至互相衝突的場域。運動員的國徽、國旗，使運動員之間的形成了邊疆國界，每個運動員都會因爲這些符號而帶有政治上的國別區分，這和國與國之間的地理邊界在本質上有相同的意義。以下這篇守衛邊疆的戰士所寫的《國旗》，其濃厚的愛國情感，或許有助於理解中國人在步入世界運動會會場，面對「世界各國」，與各國比肩時的強烈情緒。《我們的國旗》：

「我們所敬愛的，就是我們的國旗。我們所負的責任，就是守我們的國旗在邊疆上。敵寇想毀損我們的國旗，想鯨吞我們的國土，這種陰謀已經蓄的很久了；但是我們不能讓它這樣做，因爲國旗的生命，就是我們的生命。

在星月交輝的夜晚，我們的國旗在狂風中飄揚，我們並沒有懷念故鄉的父母，也沒有追想優閒的生活；我們伏在戰壕中，手裏握著長槍，胸前插著手榴彈，雖然迎面吹著烈風，在平時這烈風吹進我們的鼻管，也許會停止我們的呼吸，凍斷我們的手指，使我們僵臥待死。但是今朝呵今朝，我們有勇氣準備決死！我們有心火在內燃燒！我們一點也不畏縮！我們一點也不怕冷！我們每個人就是一團火焰！

在黃沙遍野中，四顧茫茫，我們卻沒有鬆懈了精神，都睜大了眼睛。看見敵寇進襲的時候，我們起先也不去驚動它，等到敵寇行近，我們便排槍齊發，於是有些敵寇倒地了，有些敵寇逃竄了。有時候我們熱血沸騰，便躍出戰壕，不管道路是怎樣的崎嶇，飛步向敵衝殺，擁護著我們的國旗，向前邁進！國旗是我們的靈魂，我們要謀我們的靈魂自由解放。國旗在我們的面前，給我們以鼓勵、安慰。國旗一日存在，我們的精神就不會死。」（閻重樓：《我們的國旗》，《申報·春秋》中華民國二十五年十二月二十二日，第十七版）

〔註152〕唐豪在《考察日本武術的報告》中記載了一次在日本的親身經歷，這次經歷和魯迅看「畫片」有些相似：「兄弟留居日本時的時代，曾去看過幾次電影。有一次正片之前，開映一張第八屆遠東運動大會的新聞片，是日本人在上海大會會場內攝取的。日本選手所得的光榮，充滿於這張影片之上，那是毋須說的。中國選手所得的屈辱，充滿於影片之上，那也是無須說的。運動成績不如別人，我們看了這種帶刺激性的影片，未嘗不可借來鼓勵策勉自己。」（國術統一月刊社《國術統一月刊》第一卷第二期，中華民國二十三年八月一日）

這個材料包含著這樣的信息：一、新聞影片這種現代傳媒手段，使運動場外的人得以間接地去關心體育比賽，實現「在場」並激發情緒；二體育競賽無法避免民族主義情緒之類的外界因素的影響，不同國別的運動員的比賽，總是被民族主義情緒、對抗的政治立場包圍著，從而影響「比賽在場者（包括運動員、觀者及閱讀體育競賽新聞報導的人對競賽的解讀。影片給唐豪的屈

這就是國家間較量的盛會，又是民族國家時代身體的必然表現。身體在行動，在表演，國家也在行動也在表演，萬眾矚目的運動員的身體在為國家而比賽，在展示著國家的強大與弱小，在收穫與失去國家的榮譽與恥辱。中國通過運動員身體在運動會中的展示，參與了世界，劉長春對中國的意義即在於此。他又用他的身體表現、競技成績，讓中國人感覺到自己國家的強弱狀況。劉長春在奧運會比賽中失敗了，他和他所代表的國家的參賽經歷，被編織進了「東亞病夫」的屈辱史中。

在中國運動會史上具有重要意義的遠東運動會，與奧運會一樣充滿了運動員的身體與國家的政治糾纏。杜庭修在為即將參加遠東運動會的中國選手「進言」時說：

> ……（選手）宜知應付之責也：諸君代表世界上最大最古老之民族。換言之，即諸君為歷史最長、開化最早、文明古國之新領袖也。故立身運動場上，赳赳而無野氣，彬彬而又大勇，勝而不驕，敗而不辱，矜而不爭，群而不黨，卒然臨之而不驚，無故加之而不怒，進則發強剛毅，退則寬裕溫柔，勝己不怒，敗己者不輕，使遠東選手同仁，與列國參觀代表，因諸君之文明舉動，道德精神，而曉然於我中華民族之不以利為利，以義為利也。〔註153〕

參與世界的強烈願望，體現在對運動員代表的深切期望中。而這種期望又包含著展示國家形象、獲得國際地位、收取國家民族榮譽等等複雜的民族主義情感。中國參加國際性的運動會，確實滿足了中國參與世界的欲望，這被認為是一種可行的、為中國創造新形象、爭取國際認同的體育外交手段；在體育家看來，這比政治家的正式外交更為有效。沈嗣良在歸國後所作的報告中，特別談到中國運動員參加奧運會「貢獻」，就抱著這樣的觀點：「全世界的眼光，現在正集中在中國，我們相信運動比賽是一個最有效的方法，可以使世界各國知道中國正在猛進中，而不是他們平常所想像的那樣老大。派遣有能力的代表，赴各國用正式的外交手腕，來得到他們的同情，固然是正

辱感受，就是唐豪被愛國的民族主義情感主導的結果。而日本人拍攝這個影片，顯然也是出於「日本」的榮譽感的支使，在日本影院播放，其目的也是要引起日本觀眾的光榮感受。

〔註153〕杜庭修：《為本屆遠東運動會中國選手諸君進一言》，體育雜誌社《體育》第二期，中華民國十六年六月。

當途徑。但是運動的友誼比賽，也能得到相當的感應，而且友誼非正式的接觸，事實上他的感應力，能達到各國的人民，或者較近於與少數執政者的交接，還要得力。」〔註154〕在中國派出劉長春參加第十屆奧運會後，署名爲「屏述」的作者在《體育與國際地位》中，極力肯定這次雖然慘敗卻極有意義的參與決定。他認爲運動員在「代表」國家出席運動會時對中國國際地位的意義，是屢屢失敗的外交所不能達到的。「在此全球矚目之世界運動會中，不論何國，苟能得一錦標，獲一冠軍，其國之國際地位及榮譽頓時增高不少，而爲全球所敬仰。故體育大使之成功，每往往百倍於尋常外交家所不能成功者。中國今日外交失敗常矣，然苟能於體育外交口中，爭一席光榮地位，則中國之國際地位及榮譽，必一躍而升。……此次世界運動會（即奧運會）中，中國選手雖只有一人出席，而在國際上是印象及意義則極大，即表示在萬國之中，我中華亦居其一，得失勝負，原非所計，而其所實現者，即爲我中華民族，亦有始終奮鬥之勇敢精神，而爲萬國之一。苟此次而不參加，則世界人士，直將不知中華在地球之何處矣。故雖在成績上無所得，而在國際外交上，已收穫豐滿。……」〔註155〕屏述顯然高估了中國在奧運會中出現的成果了。實際上，還帶著東亞病夫帽子的中國，在運動場上的屢無成果只會增加「東亞病夫」的分量。代表中國人的運動選手在運動競賽中的失敗，首先就引起中國人對自身運動能力和體格體能的懷疑了。中國選手慘敗於 1936年柏林奧運會後，《體育研究與通訊》的編輯在「編者瑣話」中說到：「（世運會）代表隊，乃我國青年體格的典型，他們既是有了這種現象（指比賽失敗），那我們民族的孱弱，可想而知那，這是一件寒心的事。」〔註156〕而在同一期的《世運會後感言》中，作者劉雪松認爲，中國在賽場的失敗，其實

〔註154〕沈嗣良：《第十屆世界運動會和初次參加的我國》，江蘇省立鎮江公共體育場《體育研究與通訊》第一卷第一期，中華民國二十一年十二月。

〔註155〕屏述：《體育與國際外交》，南京體育場月刊編輯委員會《體育月刊》第一期，中華民國二十一年十月。屏述實際上就是全國體育協進會董事趙晉卿，這篇文章是根據他一篇談話整理而成。1932年第十屆奧運會閉幕後，記者在詢問趙晉卿對於中國參加奧運會之感想和意見時，他發表談話盛讚中國參加運動會的「體育大使」之成就，高於一般的政治外交家，中國國際地位必然因此而上升。（該文見《趙晉卿談體育外交》，《申報》中華民國二十一年九月十三日，第十版）

〔註156〕《編者瑣話》，江蘇省鎮江公共體育場《體育研究與通訊》第三卷第四期，中華民國二十五年九月。

反應了中國人體格的不如人：「我非無優異材也，百公尺之賽，半程時劉長春非不能並肩而馳也；足球之賽，非不能爭得平手也，竟覆滅者，何也？後勁不足耳。吾胡不濟？先天使然也。」作者進一步分析為什麼中國人先天體力不如人：「科舉遺毒，千百年來，國人皆重文輕武。『萬般皆下品，唯有讀書高』一明證也。做好文章，則青雲有路。練好武藝，只能當武官，武官說是武牛，至於武官之地位，可於『好鐵不打釘，好男不當兵』預見之。如斯風尚，及今未泯，長袍闊褂，文縐縐之習仍在，娉婷嬝娜，弱不禁風之姿猶存。人謂健體健國，又曰民乃國之本，是則孱弱之父母，焉有強健之國民？更何由強國。故我之一敗塗地，蓋先天積弱，體格之不如人遠矣。」〔註157〕中國人自己批評反思，外國人更是嘲笑諷刺。1949 年之前，中國運動員參加了 3 屆奧運會，每次都鎩羽而歸，一牌未得。1936 年在赴柏林奧運會時，經過新加坡，當地一家報紙刊出了這樣的一幅漫畫：奧運五環旗下，一群蓄著長辮、身穿長袍馬褂、形容枯槁的中國人，扛著一個碩大無比的鴨蛋，畫題為「東亞病夫」。這種侮辱和嘲諷，反映了舊中國在國際上毫無地位。

中國之參與國際性的運動會，是抱著弱者渴望證明自己的心態在參加的。〔註158〕運動員以「中國人」和「中國」之代表的姿態踏入國際競技比賽運動場，對外國人來說，他們是中國的「名片」，是認識中國人、中國的標本；對中國人自己來說，他們又是一面鏡子，通過運動員的競技表現，認識自己這個民族這個國家的屈辱榮譽。中國始終身處「東亞病夫」的陰影之下。運動員的身體承載著贏取國家「強健」之榮譽的重任，但是，近代體育史卻最

〔註157〕劉雪松：《世運會後感言》，江蘇省鎮江公共體育場《體育研究與通訊》第三卷第四期，中華民國二十五年九月。

〔註158〕例如參加 1917 年在日本舉行的第三屆遠東運動會後，分期登載在《申報》上的《遠東運動會紀》在第二期專章記述了中國運動員在日本以赳赳偉丈夫的形象，展示了中國人積極「國民本色」。這段對中國運動員以健康身體在日本造成正面影響的記載，滲透著中國在「病夫」的恥辱下，渴望用運動員的身體展示以改變外人對中國「病國人民」壞印象的急切心態。

《遠東運動會紀（二）》：「……遠東運動會之目的謂為競技，無寧謂為聯絡感情；謂為選手爭勝，無寧謂為為國爭光。而選手競技者，達此目的之手段，歷來舉行二次，俱有相當之成績可觀。而今次運動會期以前之情形已有足道者。此間留學生或屈腰曲背，或則瀟灑軼群，日人統名之曰支那人，或曰病國人民。乃吾選手來茲，日人見此赳赳偉丈夫，歎曰中國亦有是耶。未成蔑也！東報記載我邦人物，鮮不嘲諷，而於選手，則盛稱之。日來各報滿載照相及個人談話，此二者足以徵遠東運動會，有增進國際感情，發揮國民本色之效力也。……」（《申報》中華民國六年五月十日，第六版）

終書寫成了「東亞病夫」——中國人是病夫，中國是病夫國——的屈辱史。可以這樣說，中國之重視體育外交價值的努力，並沒有爲中國之「尊嚴」贏取最終勝利。代表中國出征的運動員以失敗的成績增加了中國「東亞病夫」的恥辱，參與世界、贏取國際地位、重塑「健康」的民族國家形象也失敗了，留在中國體育史記憶中的始終是「東亞病夫」的體育、身體、國家的恥辱記憶。當然，還有在失敗的刺激下，種種發展體育鍛鍊改造身體的熱切追求。如何不「吃鴨蛋」，如何拋掉「東亞病夫」的帽子，成爲體育家們和有責任感的愛國者的救國任務。

> 誠思有足以霸遠東者，國民之意氣當若何。意氣既壯，精神自來，其影響於國家各種事業者，何若？日本之強非以民氣蓬勃耶，中國之老大之譏，非以民氣消沉耶。而大運動會者，除強民種之外，尤足以振精神也，大教育家，曷共起而圖之？〔註159〕

在柏林奧運會後，有人針對中國代表團吃鴨蛋，提出警惕：

> 《新聞報》《新園林》「獨鶴」有一段談話說的是「吃鴨蛋」……我們認爲聽見了我國選手在世運會失敗的消息，應有一種警惕。……以代表全國的青年選手，體力的表現，都在水準以下，那麼全中華民族的體力，更可想而知是差許多了。立國於今日的世界，正需要強有力的民族，所謂「強有力」，不獨是智力要強，體力也要強。在這個世界大戰的前夕，如果全民族都是很柔懦，很文弱，沒有堅強的體力，如何能擔當未來的責任？如何能應付未來的危難？想到這一層，其意義又何等嚴重呢？〔註160〕

作者說，警惕不是消極的慨歎，而是要因此而覺醒，爲了民族的復興，嚴格鍛鍊民族體格。

運動會的舉辦，不管是國際性的，還是國內的，都是在最集中的一個時空裏，演繹身體與國家的複雜關係。身體健康與國家富強、民族復興的直接關聯，使得中國體育界在發展體育時，有了充分的理由。作爲發展體育事業最顯著成績的運動會，凝聚著各種操作的政治聲音。運動會場，運動會舉辦時的諸多演講、會場布置等等，深深地透射出主導它們的政治力量的政治意識形態宣教，摻雜著各種各樣現實或者理想的政治目標及與之相關的身體關

〔註159〕《遠東運動會紀（續）》，《申報》中華民國六年五月二十日，第六版。
〔註160〕馮治奎：《世運鱗爪拾集》，江蘇省鎮江公共體育場《體育研究與通訊》第三卷第四期，中華民國二十五年九月。

注改造欲望。而中國之參與國際性的競技運動會，在當時人的闡釋下，其目的意義，以及收穫的成果，同樣體現著中國這個「東亞病夫」急切地改變自己，證明自己的民族國家欲求。中國參與國際競技體育的成就，並沒有達到其所寄託的目標，我們在評述中國對外體育的成就時，已經習慣把它那些糟糕的成績，當成和中國民族國家之境況互相印證的絕佳材料了。

運動會運動的是身體，既然身體是事關國家民族之命運的，那麼運動會圍繞著各種改造民眾之身體以期望貢獻於民族國家的言論就不足爲奇了。正是這樣，運動會的歷史，作爲中國體育史中極爲重要的一部分，也深刻地體現了中國近代身體生成史的豐富意涵。儘管存在具體表述方式的差別，儘管因爲不同時期有不同的追求目標，但是「強種救國」這個中國體育發展史上貫穿始終的欲求，同樣也是理解中國近代運動會史的鑰匙。運動會前後的各種言論，運動會中各種細節，充滿了對「運動員」，更本質的是對國民「身體」的強烈改造欲望，並且表現了政治權力對身體的支配事實。在《告青年運動員》裏，作者「仲華」的一番議論，可以讓我們重溫中國近代體育運動會、中國近代體育，在始終以救亡圖強爲時代主題的歷史中，改造國民之身體以「貢獻於社會國家」的強烈欲求。

> 數星期前，在本屆的雙十節，一個非常大規模的全國運動會開幕於南京的全國運動場……

> ………

> 在年來所舉行的國內運動會以至國際運動會——如遠東運動會、夏令匹克運動會，等等——的時候，我非常深刻地感覺著：中國的青年體育的不發達正如她的國勢的不發達一樣；中國運動員的不能插足於世界的競技場，正如她在國際政治舞臺上的不能與人角力一樣。從這種情形，我們更明確地感悟著，無論是保衛疆土，或革新社會，我們都需要矯健活潑的身體。

> 爲了這樣的理想，在每一次運動會開幕時，我們總是以熱切的希望放在青年運動員的身上。

> 然而，在這兩年來，我們的希望有時熱切到超乎單純的體育目的以上了。這兩年來，帝國主義者對我國的侵略以加速度的步驟進展，我國的淪落也成正比地顯示出急轉直下的趨勢。在去年雙十節，因爲國難的深重，原定的大規模舉行的全國運動會也不能不延擱下

來。這顯示出當敵人兵臨城下之際，我們已無暇再從容地練習體育了。在今年熱河淪陷，敵騎深入河北，國難只有較之去年更深一層，那麼，顯然打起笑顏在南京舉行全國的大規模運動會，我們希望青年運動員所具有的情緒一定是不平常的。

………

希望從事體育的青年，不僅要有了手與足的發展，同時也有著心與腦的發展。這樣你們總能貢獻最大的力量於社會國家！〔註161〕

這正是中國近現代體育的特徵——不僅敏感地對一些實際的政治局勢做出直接的反應，也有觸發於中國現實境況的深遠目標追求，其發展史，就是國家民族政治力量干預中國身體之改造方向的身體塑造史：強種救國，健康的身體服務於國家的富強目標。體育、運動會、身體、國家，這些在近現代中國的體育運動發展史中，展現了互相膠結的局面。亡國救國的政治呼聲，總是滲透進體育、身體的訓練、運動會的參與及成績的種種關注與敘述中。《全國國民對於三大運動會應有之努力》中，對「世界運動會」、「遠東運動會」、「全國運動會」的成績進行了比較分析，高呼：「於斯千鈞一髮之際，危如累卵之秋，正宜自決，淬勵圖強，挽既倒之狂瀾，等斯民於衽席，效蘇俄突厥之刷新自拔，復興民族，實為千載難得之機會，其多難興邦之謂乎？全國國民總動員，群起力謀體育之進展，以斯新事業之建設，而達民族於健康之域，立黨國於強固之地，臥薪嘗膽，秣馬厲兵，亡羊補牢，猶未為晚！」〔註162〕這是在三十年代的呼聲，但所體現的那種強種救國的心聲在中國體育發展史中是普遍存在的。許肖傅仿《陋室銘》作的《體育銘》最後幾句，幾乎可以說是中國近代體育發展過程中種種體育歷史現象的概括：

求雄偉之民族，求積極之衛生；遠東運動盛，亞林匹克驚。新民云：病夫何有！〔註163〕

〔註161〕仲華：《告青年運動員》，中學生雜誌社《中學生》第三十九期，中華民國二十二年十一月。

〔註162〕《全國國民對於三大運動會應有之努力》，南京體育場月刊編輯委員會《體育月刊》第四期，中華民國二十二年一月。

〔註163〕許肖傅：《體育銘》：「體不在大，健康則名；育不盡養，鍛鍊則成。斯是體育，惟吾俊英。研究有學理，既能歸求精；球角若陷陣，比賽如龍爭。可以增經驗，壯性情。求雄偉之民族，求積極之衛生；遠東運動盛，亞林匹克驚。新民云：病夫何有！」（見南京體育場月刊編輯委員會《體育月刊》第四期，中華民國二十二年一月）

　　「病夫何有！」這是中國近代體育所努力去追求的。新民的改造，要強病夫之身體，救病夫之國家！病夫是一種政治症狀，使病民病國健康是一種政治任務，救治手段是發展體育。運動會，是新民、新中國的揚威之所。而在這個歷史過程中，處於核心地位的是：身體的關注和身體的改造。身體的生理衰弱或健康狀態，被民族國家政治話語浸潤成具有政治意義的民族國家命運的表徵。整個近代中國體育史，充滿了對身體的改造干預欲望，因此是我們理解近代中國身體生成的一個重要窗口。

餘　論

一位體育提倡者在《從政治上觀察世界各國的提倡體育》中說：

> 有許多人常常這樣的說著：「體育自然是超然的事業，決不可
> 牽涉到政治上去，否則根本就走不上軌道！」可是事勢不能允許它
> 站在超然的地位，……有許多政治家正在那裡深謀遠慮的計算著，
> 要利用體育做政治中心，去施展他強國強種，開拓疆土，報仇雪恥
> 等政策。所以世界各國的政府和政治家那一個不是抱著這種思想，
> 要用政治的能力去提倡體育。〔註1〕

中國近代體育起源於西方體育運動的傳入，伴隨體育運動技術而來的是
各種體育思想和理論。日本、德國、瑞典、美國等國家不僅爲中國體育發展
提供了運動技術、思想理論、制度政策參考資源，而且其成功的強國經驗也
爲中國提供了求強的政治樣板。〔註2〕近代體育倡導者總是不遺餘力地去介紹
這些現有國際秩序中的強者，並幾乎是用想像來構造這些國家國民身體與國
家軍事政治強大的關係。中國對自己「病夫」的政治化想像，決定了中國人

〔註1〕　陸翔千：《從政治上觀察世界各國的提倡體育》，江蘇省立鎮江公共體育場《體
　　　　育研究與通訊》第一卷第一期，中華民國二十一年十二月。

〔註2〕　介紹西方國家國家強盛與發展體育的關係的文章在近代很爲普遍，這說明人
　　　　們對體育的提倡，其心理很大一部分就是在救亡圖存的危亡時局下，對成功
　　　　國家榜樣的推崇。例如「克英」在《貢獻於全運會諸君》中，力倡要發展強
　　　　國強種的體育，他說：「現代體育之趨勢已非單獨養成少數選手以炫耀，其最
　　　　大目標即在普遍於全體國民，使成爲強國強種之工具。……現歐美各國對於
　　　　體育的實施，不但使體育軍事化與軍事體育化，且日漸趨向廢除錦標比賽，
　　　　而注重普遍的強種強國之運動。」（克英：《貢獻於全運會諸君》，南京時論旬
　　　　刊社《時代旬刊》第三號，中華民國二十四年十月八日）

對西方列強的一系列有關於身體強健與國家強盛之間的關係的認識也是被政治力量主導的政治想像。如何理解「東亞病夫」是關鍵，只有準確地解讀了「東亞病夫」所包含的政治意義，才能理解近代中國爲何會如此沉迷「東亞病夫」的記憶，才能理解知識分子爲何對身體會有如此強烈的批判興趣，也才能理解體育的提倡、身體的改造爲何會成爲一個關係民族國家興亡的嚴肅政治任務。「東亞病夫」從描述身體的意義上來說，是想像的結果，但問題在於，「東亞病夫」又是指病國的，在這個充滿想像意味的詞裏面，身體和國家政治的關係密不可分。它的生成，是身體被國家政治俘虜的結果，身體成爲思考國家命運的人找到的一個替罪羊。強大的文化政治力量一直在表述、干預身體，它所創造的話語一直在包裹著身體，支持著身體形象在知識體系中意義的形成。鴉片製造了一批身體上醜陋的煙民，全民皆煙鬼的錯覺，在中西文化話語權全面向西方傾斜後，成了一個種族、一個國家全面病夫化的重要實證。中西方力量在一呼一應地重複著「東亞病夫」的敘述，「東亞病夫」的意義，已經不是簡單的弱民衰朽身軀的描繪了，它在突出的身體形象背後夾雜了與政治經濟軍事文化激蕩起浮相關的聲音。身體述說著國家的現狀與命運，國家也被擬人化，成爲一個衰朽或強健的身體。梁啓超高呼「少年中國」，寄存了改造國家身體的宏願，他的新民說對「病夫」國民的強烈改造欲望，和其他啓蒙者一樣，是混雜著改造國民的國家化身體與改造如身體一般的國家的深刻內容的。

正如黃金麟所說，「雖然民國時期的局勢充滿了大小不同的政治、經濟、軍事和意識形態的鬥爭，但在這些浮動的權力傾軋之下，卻有著一股綿綿不絕的規訓性力量在進行各項的身體征服工作。在這些規訓性力量的縱橫交錯下，身體與國家的關係一步一步被釐定出來，最後形成一個國家高於個人、統攝個人的權力狀態。這種知識分子覺醒在前，然後透過各種不同的論述與社會文化運動在後的身體國族化發展，最後終使中國作爲一個民族國家的基礎條件 —— 人民身體的國家化與工具化 —— 在亡國的氛圍中開展開來。」〔註3〕從人民之身體與國家一同承擔起「東亞病夫」的政治定性以來，知識分子就試圖用各種方案來試驗於身體，對身體進行最終導向國家化政治化的改造。擺脫「東亞病夫」的恥辱，追求健康，是一種政治欲望，這意味著需

〔註3〕黃金麟：《歷史身體國家：近代中國的身體形成（1895～1937）》，臺北：連經出版事業公司，2001年，第104～105頁。

要改造的不僅僅是肉軀身體，還有民族國家這樣的「政治身體」。這就決定了對那些成功國家的體育的認識，其視角是「政治」的，體育與政治成功的聯繫是這些國家吸引觀察者的最醒目的地方，於是，學習榜樣的結果就是提倡體育要光明正大地政治化。作為強身健體之手段的體育，不管在思想家的思想中，還是在實幹家的推廣中，身體都被置於承擔「強種救國」使命的地位。中國近代體育的發展毫無疑問是服務於政治的，「強種救國」就是它的存在目的的最簡要概括。大量的身體言論，集中了對國民身體素質的批評和對發展體育塑造健全國民的呼吁，它們都建基於這樣的身體政治信念：強種（強身）可以強國。體育史中充滿了對身體的干預和管理欲望。瞭解這樣的身體改造欲望，是我們認識近代中國身體塑造生成史的重要途徑。簡單地說就是：只要我們知道了我們的前人曾經怎樣關注身體、想怎樣改造身體，我們就能更好地去研究身體在歷史中曾經被如何改造，而這種改造生成的過程對我們現在的身體又具有何種意義。

　　因此，本文所作的研究工作更多地是去挖掘體育史中的這一部分：身體如何被關注，人們如何在身體上展示批評和干預欲望，而這種干預又是如何導向政治並預示著身體的被規訓和被政治化。近代中國體育與政治的關係僅是表面問題，體育史的核心問題在於，它是一種身體被關注、被規訓、被政治化的身體政治。這是本研究所要呈現的。和體育思想言論同樣豐富的具體的身體規訓實踐（體育教學實踐、發展體育的政策制度、發展體育的成效等等），將又是一個非常有趣的研究課題，但已經不是筆者現在所能完成的了。

　　在本研究所涉及的體育與身體、國家政治的問題，正是要表明身體國家化與工具化的被規訓狀態。求強求富的欲望，使身體在近代化的發展過程中，一直是國家化、政治化、工具化的生成過程。即使是像新文化運動這種以解放人為目標的改造運動，也僅是在用自己的方案主宰從傳統政治文化束縛中解放出來的身體。魯迅那一代人，試圖用他們的新文化來改造身體，使人成為新文化定義下的真正的人。但是這種文化努力面臨著政治軍事的現實，政治力量也在力圖支配身體的改造。政治的發展使新文化的改造國民計劃中斷，黨治的國家成為身體改造運動主持人。國民政府推行三民主義的黨化教育，意在塑造符合黨國政治利益的身體。共產黨也在用毛式馬克思主義、革命的意識形態主導民眾符合其政治利益的身體的生成。共產黨的勝

利，使馴順的人民生成了，共產黨的部分失敗，也使身體部分地被解放出來。如今我們的身體帶著近現代身體生成史所沉澱下來的特徵，這就是歷史的力量。我們的身體也正在被引導著帶上新的內容，這是發展的力量。只要是社會的身體，屈從馴順就絕對是身體的本性，而正是這樣的本性，使得改造、控制身體的歷史得以存在。

國家民族在體育所要開發其功能和潛力的身體面前，可能是「站在被動的地位遮拾其中的部分成果」，但是國家民族卻不像黃金麟所說的那樣缺席。黃金麟說：「福科所謂的國家作為一種後設權力，以統合和支應各種微觀權力機制的日常運作現象，並不存在於中國。這個缺席的事實說明國家作為一種隱而不顯的後設權力的說法，不能被當成是一個普遍的社會學聲稱。」〔註4〕這個結論，顯然和他自己研究國民身體之改造時發現的國家化政治化現象相矛盾。在救國緊迫任務的推動下，各種改造身體的方案，是一個正在形成中的民族國家，通過知識分子這個途徑來控制身體、發揮權力的表現。國家意志、國家權力在「形成中國家」裏，始終在指揮著包括知識分子思想在內的各種生成過程。身體作為一種包含多層意義，並可以隨時被填充進意義以實現改造的存在，在近代史中的形成，尤其能體現國家權力的決定性作用。體育對身體的改造欲望實際上體現了福柯所說的「權力管理生命的兩種形式」之一，即權力對單個身體的訓練和管理——身體的解剖政治學。〔註5〕「權力在設法保持身體的健康，在投資身體，權力圍繞著生命，沿著生命的過程建立自己的支點。」〔註6〕體育中的身體改造，國家始終是一個後設權力。

用身體政治的視角來理解近代體育史是合適的，用來理解1949年以來的社會主義體育史也是合適的。毛澤東在青年時代發表了《體育之研究》，這篇文章和當時體育界的言論一樣，體現了這位日後成為偉大政治家的青年在身體訓練與國家命運之間的關係的思考。1949年後他和他所領導的政權，對體育的重視，同樣帶有強烈的政治意圖。在1952年，毛澤東為全國體總籌委會創辦的《新體育》題詞：「發展體育運動，增強人民體質。」1954年中共中央

〔註4〕 黃金麟：《歷史身體國家：近代中國的身體形成（1895～1937）》，臺北：連經出版事業公司，2001年，第98頁。

〔註5〕 有關福柯的身體政治學的研究參見汪民安的《身體轉向》，見汪民安著《身體、空間與後現代性》，南京：江蘇人民出版社，2005年12月。

〔註6〕 汪民安：《身體轉向》，汪民安著《身體、空間與後現代性》，南京：江蘇人民出版社，2005年12月，第24頁。

發出關於加強人民體育運動工作的指示，明確提出：「改善人民的健康狀況，
增強人民體質，是黨的一項重要政治任務。」〔註7〕如何訓練人民身體為建設
社會主義服務，是毛澤東時代中國體育的政治任務，這種對體育與身體的態
度，緣於近代的體育，並一直到現在持續著它的影響力。身體在國家籠罩下
的政治化，在當下的體育發展中同樣存在。1984 年，許海峰的那一槍所引發
的歡騰，中國參加奧運會所引發的各種評論，北京獲得奧運會舉辦權所激發
的民族主義情感，都是近代體育身體政治的延續。北京奧運會被認為是中國
崛起的一個機遇，其意義就在於中國最終獲得緣於西方體育文化的奧運會的
主辦權，中國也因此獲得了融入西方文化主導的世界體系的機會。「同一個世
界 同一個夢想」，這是北京奧運會精心挑選的口號，這樣的口號實際上是中
國人藉奧運會向西方文化表示認同的謙卑「稱述」。這是百年來長期處於弱者
地位的中國，力圖以強者姿態進入西方構建好的世界體系的獻辭。74 年前，
孤獨的劉長春長途跋涉到美國奧運會場，他的出現，引起了中國人各種踏入
世界舞臺的興奮想像；74 年後，中國以東道主的身份，迎來世界各國，搭臺
唱戲的中國運動員被國家寄予深切的厚望：身體又將為中國與西方「列強」
平等而盡綿薄之力。彭紅在《運動員群體的歷史使命》中，闡述了中國運動
員在 21 世紀的「為國爭光」的永恒境界。他對運動員的使命的闡釋，揭示了
運動員在當下中國這樣的國家政治生態中被愛國主義、民族主義包圍，為國
家而奮鬥的工具性存在。因此不妨將之全段摘錄下來：

　　21 世紀，運動員群體在將滿腔熱血轉化為報效祖國的實際行
動時，為國爭光是他們在愛國主義旗幟下體現的最高精神境界。競
技體育的最高奮鬥目標與社會青年對運動員群體的期望和運動員群
體自身的精神追求是一致的，就是在國際賽場升國旗、奏國歌。隨
著奧林匹克運動在全球的發展，運動員群體將精神追求的最終目標
對準奧運會和世界性大賽。在奧運會上取得金牌，對每個運動員形
成的心理衝擊是巨大的，但帶給社會青年的震撼也是無法估量的。
由此，運動員群體在精神境界中的最高追求變得至高無尚，不少運
動隊設立了項目世界冠軍光榮榜；有的運動員在宿舍內張貼奧運明
星、世界頂級球星的像片，這種「無形」的光榮史冊，給運動員群
體的激勵作用是潛移默化而久遠的。我國申辦 2008 年奧運會之舉，

〔註 7〕 轉引自劉暉：《新中國體育法制建設的回顧》，《體育文史》1995 年第 1 期。

對運動員群體形成了強有力的號召，一旦申辦成功，能在祖國的國土上實現爲國爭光的宿願具有特殊的多重意義，愛國主義精神將會得到充分的弘揚。而這一事實，對社會青年也同樣具有極強的號召力。通過運動員的拼搏，實現民族精神的昇華，勢必大大振奮青年一代的報國之心。由此可見，在 21 世紀，運動員群體在實踐中華體育精神的歷史舞臺上爲社會青年樹立起一面高高飄揚的愛國主義旗幟，從而感召一代青年共同攜手爲國爭光，爲振興中華出力。這是歷史賦予運動員群體的神聖使命。〔註8〕

百年來的體育史，百年來身體的記憶，形成了我們對身體和體育特殊的政治期望。我們的身體仍將被特殊的國家政治欲求支配著。

〔註 8〕 彭紅：《運動員群體的歷史使命》，《體育文史》2001 年第 3 期。

參考文獻

一、論　文

1. 白春育：《華北運動會上的一次風波》，《體育史料》1980 年第一輯。

2. 白剛：《論德、智、體教育之先聲 —— 尚力思潮的興起及發展》，《西南民族學院學報（哲學社會科學版）》2001 年第 6 期。

3. 白剛：《中國近代體育史中的兵操、體操與體育》，《上海體育學院學報》第 23 卷增刊，1999 年 12 月。

4. 崔樂泉：《中國體育史學研究的歷史與現狀》，《體育文化導刊》2002 年第 1 期。

5. 程大力：《陳獨秀早期體育觀點及其發展階段研究》，《體育文史》1992 年第 3 期。

6. 陳晴：《軍國民教育與中國近代體育》，《武漢體育學院學報》1996 年第 1 期。

7. 陳晴、趙勇：《教會教育與中國近代體育》，《武漢體育學院學報》1997 年第 3 期。

8. 陳融：《新中國體育思想發展的階段特徵》，《體育文史》1999 年第 1 期。

9. 常波、楊曉卉：《論嚴復的體育思想》，《淮南職業技術學院學報》2004 年第 2 期。

10. 陳新生、李寧：《中國近代教育的發展與近代體育的興起》，《武漢體育學院學報》1997 年的 3 期。

11. 陳蘊茜：《論清末民國旅遊娛樂空間的變化 —— 以公園爲中心的考察》，《史林》2004 年第 5 期。

12. 鄧河：《中國近代社會的尚武思潮》，《山西師大學報（社會科學版）》

1999 年第 1 期。

13. 鄧俊武、鄧星華：《美國實用主義教育思想對中國近代體育教育的影響》，《體育文史》1998 年第 1 期。

14. 馮青山：《簡論楊賢江的體育思想》，《體育文化導刊》2003 年第 12 期。

15. 馮珠娣（Judith Farquhar）、汪民安：《日常生活、身體、政治》，《社會學研究》2004 年第 1 期。

16. 傅硯農：《清末民初「軍國民」思潮主導學校體育的政治原因探析》，《煙臺師範學院學報（哲學社會科學版）》1994 年第 2 期。

17. 高策、楊小明：《社會達爾文主義近代中國人的憂慮與抗爭》，《科學技術與辯證法》2002 年第 1 期。

18. 樊炳有：《中國近代教育制度的變革對學校體育的影響》，《江西社會科學》2001 年第 6 期。

19. 黃力生、胡立虹、黃惠玲、陳海嘯：《毛澤東體育思想的真諦》，《體育科學研究》第 6 卷第 4 期，2002 年 12 月。

20. 黃順銘、陸勇：《救贖神話‧身體政治——對一副普利策新聞獎照片的評析》，《新聞愛好者》2005 年第 7 期。

21. 暨愛民：《「新民」與「新國」——關於梁啓超民族主義的内涵》，《吉首大學學報（社會科學版）》2003 年第 4 期。

22. 姜建芳：《試論毛澤東的體育觀》，《南京體育學院學報》第 18 卷第 1 期，2004 年 2 月。

23. 姜萌：《試析 1903～1911 年間中國的尚武思潮》，《東嶽論壇》2004 年第 2 期。

24. 姜少敬：《陳布雷與民國時期四屆全運會「宣言」》，《體育文史》1988 年第 6 期。

25. 劉長林：《論〈新民說〉對近現代人格的初步構建》，《學術界》1998 年第 4 期。

26. 劉東：《毛澤東對近代中國先進體育思想的繼承與發展》，《北京黨史》2003 年第 6 期。

27. 劉德佩：《新中國體育五十年》，《解放軍體育學院學報》，1999 年第 3 期。

28. 陸華：《東南大學民國時期的軍事教育》，《東南大學學報（哲學社會科學版）》2002 年第 3 期。

29. 李建軍：《近代中國學校體育思想尋蹤》，《體育與科學》2002 年第 1 期。

30. 呂利平：《陳獨秀的早期體育觀》，《安慶師範學院學報（社會科學版）》

第 19 卷第 1 期，2000 年 2 月。

31. 李連友、姜允哲：《近代以來體育教育思想的演變及其走向》，《東疆學刊》第 16 卷第 1 期，1999 連 1 月。

32. 魯牧：《我國近代體育的開創者 —— 馬約翰先生 120 週年誕辰紀念》，《體育文化導刊》2002 年第 3 期。

33. 李寧：《「東亞病夫」的緣起及其演變》，《體育文史》1987 年第 6 期。

34. 林曉軍、黃爲根：《近代中國軍事體育的演變及特點研究》，《解放軍體育學院學報》第 21 卷第 2 期，2002 年 6 月。

35. 劉新蘭、林生華：《從我國學校體育思想的發展軌迹展望 21 世紀學校體育》，《西安體育學院學報》1997 年第 4 期。

36. 劉雪松：《〈新青年〉與體育》，《體育文史》1987 年第 5 期。

37. 梁義群：《簡評〈軍國民篇〉》，《安徽史學》1997 年第 2 期。

38. 劉志敏、孫曉春：《我國近代學校體育的初步形成與發展》，《體育文化導刊》2002 年第 4 期。

39. 馬岳良：《青年毛澤東體育意識及其寶貴啓示》，《漢江大學學報》1994 年第 2 期。

40. 彭紅：《運動員群體的歷史使命》，《體育文史》2001 年第 3 期。

41. 培蘭：《蔡元培「五育並舉」的教育思想》，《歷史教學》1995 年第 3 期。

42. 潘麗霞、孔令鶴：《試論近代兩種教育思想對我國學校體操發展的影響》，《山東體育科技》1999 年第 3 期。

43. 潘年英：《想像是現實的延伸》，《書屋》2004 年第 3 期。

44. 秦篤訓：《新中國「國防體育」始末》，《體育文史》1997 年第 3 期。

45. 史芳樹：《論梁啓超〈新民說〉中改造國民性的思想》，《道德與文明》1999 年第 6 期。

46. 孫振華：《毛澤東時代雕塑中的身體政治》，《藝術探索》2005 年第 2 期。

47. 宋允清、張馳：《試析新中國成立後群眾體育思想的發展進程》，《成都體育學院學報》1998 年第 2 期。

48. 蘇競存：《三十年代的體育軍事化思想》，《體育文史》1987 年第 4 期。

49. 束景丹、丁峰、單美玲：《中國體育文化價值取向的演進》，《體育文化導刊》2994 年第 6 期。

50. 譚鋒、樂鍾萍：《試述中國近代女子體育教育》，《西安體育學院學報》第 21 卷第 2 期，2004 年 3 月。

51. 唐孝祥：《略論近代中國尚力思潮與審美理想的變革》，《華南理工大學學報（社會科學版）》1999 年第 1 期。

52. 王炳起、陳寒鳴：《梁啓超的民權思想與其「新民」理想觀》，《理論與現

代化》2003 年第 3 期。

53. 王昊：《影像中的蔡元培和張伯苓》,《讀書》2005 年第 8 期。

54. 王華倬：《我國近代學制建立前體育課程發展概況──兼論中國近代體育課程的淵源》,《西安體育學院學報》第 21 卷第 1 期，2004 年 1 月。

55. 王健、鄧宗琦：《中國近代體育教師教育課程模式的發展》,《華中師範大學學報（人文社會科學版）》第 39 卷第 3 期，2000 年 5 月。

56. 〔臺灣〕王建臺：《麥克樂對近代中國體育的影響》,《體育文史》1994 年第 3 期。

57. 王敏：《啓蒙與反思──論梁啓超的新民思想》,《史林》2003 年第 3 期。

58. 吳慶華：《我國近代軍國民教育的報曉聲──蔡鍔尚武思想述論》,《武漢體育學院學報》1999 年第 2 期。

59. 吳慶華：《強國之道 教育爲本──徐一冰體育思想述評》,《武漢體育學院學報》2002 年第 6 期。

60. 武泉華：《論中國近代體育教育思想的形成與發展》《山西師大體育學院學報》第 17 卷第 4 期，2002 年 12 月。

61. 烏曉東、愛華、李英：《梁啓超之「尚武精神」》,《體育文化導刊》2004 年第 4 期。

62. 王曉天：《剃髮·蓄辮·剪辮子──關於辮子的歷史》,《書屋》2003 年第 4 期。

63. 王玉立、王獻軍：《略析蔡元培的體育教育思想》,《山東體育科技》2000 年第 4 期

64. 王中江：《進化主義原理、價值及世界秩序觀──梁啓超精神世界的基本觀念》,《浙江學刊》2002 年第 4 期。

65. 蕭沖：《清末留日學生對「歐化」的日本體育傳入中國所起的作用》,《體育文史》1987 年第 3 期。

66. 向常水：《清末民初湖南的軍國民教育思潮》,《湖湘論壇》2001 年第 2 期。

67. 笑非：《從「東亞病夫」到體育強國──中國在亞特蘭大奧運會上能保持金牌第四名嗎？》,《炎黃春秋》1996 年第 7 期。

68. 徐方平：《清末民初軍國民教育思想成因探析》,《湖北大學學報（哲學社會科學版）》1999 年第 3 期。

69. 徐慧：《槍口下、中國功夫及其他》,《書屋》2003 年第 3 期。

70. 徐劍雄、王加強：《淺析我國近代體育思想的演變及其内涵》,《浙江萬里學院學報》2000 年第 2 期。

71. 薛其林：《梁啓超「新民說」的邏輯起點及其現代價值》,《唐都學刊》

1998 年第 1 期。

72. 謝世誠、伍野春、華國梁：《民國時期的體育節、音樂節、戲劇節與美術節》,《民國檔案》1999 年第 1 期。

73. 蕭武：《身體政治的烏托邦》,《讀書》2004 年第 3 期。

74. 夏曉陵：《中國近代女子體育與近代婦女運動》,《體育文化導刊》2002 年第 6 期。

75. 蕭煥禹：《近代中日兩國學校體育的回顧與反思》,《上海體育學院學報》第 23 卷第 1 期,1999 年 2 月。

76. 辛宗河：《國民身體素質的跨世紀思考——紀念本刊創刊 45 週年座談會側記》,《新體育》1995 年第 7 期。

77. 俞祖華、趙慧峰：《近代來華西方人對中國國民性的評析》,《東嶽論叢》2002 年第 1 期。

78. 于影：《20 世紀初「新民」思想的倡導與超越——梁啓超與青年魯迅改造「國民性」思想之比較》,《廣州大學學報（社會科學版)》,2003 年第 11 期。

79. 閆運運：《對近代體育科學形成與發展的再認識》,《南通師專學報（社會科學版)》第 14 卷第 2 期,1998 年 6 月。

80. 岳志勇：《學校體育興起的背景與歷史條件的比較》,《安徽體育科技》1998 年第 3 期。

81. 趙川、王墨林：《藝術與身體的政治》,《讀書》2004 年第 7 期。

82. 曾鳳春：《青年毛澤東的體育思想》,《內江師範學院學報》第 19 卷第 1 期。

83. 張洪潭：《體質論與技能論的矛盾論——百年學校體育主線索釐澄》,《體育與科學》2000 年第 1 期。

84. 周建超：《梁啓超與〈新民說〉》,《江蘇社會科學》1997 年第 4 期。

85. 張繼輝、翟林：《西方教會學校對中國近代學校體育的影響》,《湖北體育科技》第 23 卷第 2 期,2004 年 4 月。

86. 張久利：《嚴復的體育思想及其影響》,《唐山師範學院學報》第 25 卷第 2 期,2003 年 9 月。

87. 張九州：《論中國近代學校體育的發展》,《北京科技大學學報（社會科學版)》第 15 卷第 3 期,1999 年 9 月。

88. 章亮：《清末民初日本體育書籍的譯介與地方近代體育的傳入》,《浙江體育科學》1994 年第 3 期。

89. 周敏：《論梁啓超的體育思想與實踐》,《山西師大體育學院學報》1998 年第 1 期。

90. 周寧：《西方的中國形象史研究：問題與領域》，http://www.cc.org.cn，2005 年 9 月 10 日 20：20。

91. 周寧：《「義和團」與「傅滿洲博士」：二十世紀初西方的「黃禍」恐慌》，《書屋》2003 年第 4 期。

92. 周寧：《世紀末的中國形象：莫名的敵意與恐慌》，《書屋》2003 年第 12 期。

93. 周寧：《中國異托邦：二十世紀西方的文化他者》，《書屋》2004 年第 2 期。

94. 周寧：《海客談瀛洲：帝制時代中國的西方形象》，《書屋》2004 年第 4 期。

95. 周寧：《天下辨夷狄：晚清中國的西方形象》，《書屋》2004 年第 6 期。

96. 張念：《身體政治與女性公民》，《天涯》2004 年第 3 期。

97. 朱萍華：《中國近代體育報刊考》，《中國體育科技》第 34 卷第 10 期，1998 年 10 月。

98. 趙諓華：《論自然體育及其對中國近代體育的影響》，《體育文史》1998 年第 3 期。

99. 張清華、李旭強、任永傑：《對我國學校體育思想形成的歷史分析》，《克山師專學報》2000 年第 3 期。

100. 張興成：《民族幻覺與中國人的自畫像》，《書屋》2004 年第 6 期。

101. 朱義祿：《論梁啓超的「新民説」》，《同濟大學學報（社會科學版）》1998 年第 4 期。

102. 張錫勤：《梁啓超〈新民説〉論綱》，《求是學刊》1996 年第 5 期。

103. 張賢松：《西方文化對中國近代體育的影響》，《體育學刊》第 9 卷第 6 期，2002 年 11 月。

104. 趙曉陽：《強健之路：基督教青年會對近代中國體育的歷史貢獻》，《南京體育學院學報》第 17 卷第 2 期，2003 年 4 月。

105. 趙曉陽：《美國春田學院與近代中國體育人物》，《南京體育學院學報》第 18 卷第 1 期，2004 年 2 月。

106. 張衍前：《近代國家觀：梁啓超新民思想的理論基礎》，《理論學刊》1995 年第 5 期。

107. 張永新：《簡論嚴復「鼓民力、開民智、新民德」的教育觀》《教育評論》1997 年第 1 期。

108. 趙延益：《龍騰蛟舞 波譎雲詭——對我國早期的〈運動會歌〉注釋》，《體育文史》1987 年第 4 期。

109. 張岩岩：《略論晚清「新民思潮」》，《遼寧師範大學學報（社會科學版）》

2003 年第 3 期。

110. 鄒政:《新文化運動時期陳獨秀的體育觀》,《池州師專學報》第 16 卷第 4 期,2002 年 11 月。

111. 鄭志林:《識「東亞病夫」》,《浙江體育科學》第 21 卷第 2 期,1999 年 4 月。

112. 鄭志林、俞愛玲:《洗刷「東亞病夫」恥辱的心聲 —— 讀〈國民體育學〉》,《體育文化導刊》2001 年第 4 期。

二、論　著

1. 〔美〕安德魯・斯特拉森著,王業偉、趙國新譯:《身體思想》,瀋陽:春風文藝出版社 1999 年。

2. 〔英〕阿綺波德・立德著,王成東、劉雲浩譯:《穿藍色長袍的國度》,北京:時事出版社,1998 年。

3. 〔英〕布萊恩・特納:《身體與社會》,瀋陽:春風文藝出版社,2000 年。

4. 陳伯熙:《上海軼事大觀》上海:上海書店出版社,2000 年。

5. 陳誠:《體育之目的與我國體育的改進 —— 致湖北省立教育學院全體同學》,湖北省政府教育廳編印,中華民國三十一年四月出版。

6. 陳東林:《體育之話》(中華文庫初中第一集),中華書局,中華民國三十六年十二月發行。

7. 程大力:《中國武術:歷史與文化》,成都:四川大學出版社,1995 年。

8. 成都體育學院體育史研究室編著:《中國近代體育史簡編》,北京:人民體育出版社,1981 年。

9. 成都體育學院體育史研究所:《中國近代體育史資料》,成都:四川教育出版社,1988 年 7 月。

10. 陳煥五:《體育講義》,出版社缺,出版時間不祥(在抗戰勝利後)。

11. 陳季同:《中國人自畫像》,貴州人民出版社,1998 年,第 5 頁。

12. 崔樂泉:《中國近代體育史話》,中華書局,1998 年。

13. 陳映芳:《在角色與非角色之間 —— 中國的青年文化》,南京:江蘇人民出版社,2002 年 9 月。

14. 蔡元培:《蔡孑民先生言行錄》,濟南:山東人民出版社,1998 年。

15. 陳掌諤:《體育漫談》(東南日報體育叢書),東南出版社,中華民國三十七年四月出版。

16. 〔俄〕D・馬克戈萬著,脫啓明譯:《塵埃:百年前一個俄國外交官眼中的中國》,長春:時代文藝出版社,2004 年。

17. 〔美〕E.A.羅斯著，公茂虹、張浩譯：《變化中的中國人》，北京：時事出版社，1998年。

18. 〔英〕馮客著，楊立華譯：《近代中國之種族觀念》，南京：江蘇人民出版社，1999年。

19. 福柯：《規訓與懲罰》，北京：生活·讀書·新知三聯書店，1999年。

20. 〔美〕費約翰著，李恭忠譯：《喚醒中國：國民革命中的政治、文化與階級》，北京：生活·讀書·新知三聯書店，2004年。

21. 高翠編著：《從「東亞病夫」到體育強國》，成都：四川人民出版社，2003年。

22. 葛紅兵、宋耕：《身體政治》，上海三聯書店，2005年10月。

23. 國家体委體育文史工作委員會、中國體育史學會編：《中國近代體育史》，北京：北京體育學院出版社，1989年5月。

24. 黃金麟：《歷史身體國家：近代中國的身體形成（1895～1937）》，臺北：聯經出版事業公司，2001年。

25. 〔美〕何天爵著，鞠方安譯：《眞正的中國佬》，北京：光明時報出版社，1998年8月。

26. 洪治綱主編：《梁啓超經典文存》，上海：上海大學出版社，2003年。

27. 〔美〕簡·蓋洛普著，楊莉馨譯：《通過身體思考》，南京：江蘇人民出版社，2005年。

28. 劉秉果：《插圖本中國體育史》，上海：上海古籍出版社，2003年。

29. 凌波、王昌瑞著：《一代宗師——中國武術名家》，南京：南京大學出版社，1989年5月。

30. 劉德超：《體育概論》，商務印書館印行，中華民國三十三年十一月出版。

31. 梁啓超：《中國之武士道》，上海：上海廣智書局，清宣統三年四月廿二日出版。

32. 梁啓超：《少年中國說》，北京：東方出版社，1998年。

33. 李時岑等著：《體育之進行與改造》，上海商務印書館發行，中華民國十四年十二月初版。

34. 羅士珍：《體育》，奉天作新印刷局，康德二年三月三日發行。

35. 魯迅：《吶喊》，北京：人民文學出版社，1973年。

36. 羅一東：《體育學》，中華書局，中華民國十八年四月五版。

37. 林語堂：《吾國與吾民》，北京：寶文堂書店，1988年。

38. 〔美〕明恩溥著，匡雁鵬譯：《中國人的特性》，北京：光明時報出版社，1998年8月。

39. 〔英〕麥高溫著，朱濤、倪靜譯：《中國人生活的明與暗》，北京：時事

出版社，1998 年版。

40. 馬冀等選編：《新青年選粹》，瀋陽：遼寧大學出版社，2001 年。

41. 〔美〕馬森著，楊德山譯：《西方的中華帝國觀》，北京：時事出版社，1999 年。

42. 解本亮：《凝視中國：外國人眼裏的中國人》，北京：民族出版社，2004 年。

43. 〔英〕吉伯特‧威爾士、亨利‧諾曼著，劉一君、鄧海平譯：《龍旗下的臣民：近代中國社會與禮俗》，北京：光明日報出版社，2000 年 5 月。

44. 江良規：《體育原理》，商務印書館印行，中華民國三十四年重慶初版（中華民國 35 年上海初版）。

45. 宋君復：《體育原理》，商務印書館印行，中華民國二十三年四月初版。

46. 體育院系教材編審委員會、中國近代體育史編寫組編：《中國近代體育史》，北京：人民體育出版社，1985 年。

47. 王復旦：《中學生運動會指南》，勤奮書局發行，中華民國二十二年六月出版。

48. 王濂：《中國體育》，合肥：安徽教育出版社，2003 年。

49. 汪民安：《身體、空間與後現代性》，南京：江蘇人民出版社，2005 年 12 月。

50. 汪安民主編《身體的文化政治學》，開封：河南大學出版社，2003 年。

51. 吳圖南：《國術概論》，北京市中國書店，1984 年 3 月。

52. 王學政：《體育概論》，商務印書館印行，中華民國三十四年九月再版。

53. 王學政：《體育與教育》，商務印書館印行，中華民國三十四年十一月初版。

54. 王學政：《體育之基本原理與實際》，商務印書館印行，中華民國三十二年九月初版。

55. 王雲五主編、陳詠身著：《體育概論》，商務印書館印行，中華民國二十三年一月初版。

56. 王振亞編著：《舊中國體育見聞》，北京：人民體育出版社，1987 年 10 月。

57. 徐舒、務農：《武術家蔡龍雲》，杭州：浙江大學出版社，1989 年。

58. 薛學海：《體育論文集》，東南出版社，中華民國三十七年四月出版。

59. 徐元民：《中國近代知識分子對體育思想之傳播》，臺北：師大書苑有限公司，中華民國 88 年（1999）。

60. 約‧羅伯茨：《十九世紀西方人眼中的中國》，北京：時事出版社，1999 年，第 94 頁。

61. 郁慕俠：《上海鱗爪》，上海：上海書店出版社，1998 年。

62. 中國第二歷史檔案館：《中華民國史檔案資料彙編》第五輯第一、二編，文化，南京：江蘇古籍出版社，1998 年。

63. 章輯五：《體育概論》（中央訓練團中國童子軍教導人員訓練班講義，出版時間不祥，大概在抗日時期出版）。

64. 周寧：《契丹傳奇》，北京：學苑出版社，2004 年。

65. 周寧：《大中華帝國》，北京：學苑出版社，2004 年。

66. 周寧：《世紀中國潮》，北京：學苑出版社，2004 年。

67. 周寧：《「龍」的幻象》，北京：學苑出版社，2004 年。

68. 周寧：《鴉片帝國》，北京：學苑出版社，2004 年。

69. 周寧：《歷史的沉船》，北京：學苑出版社，2004 年。

70. 周寧：《孔教烏托邦》，北京：學苑出版社，2004 年。

71. 周寧：《第二人類》，北京：學苑出版社，2004 年。

三、報刊資料

1. 《體育》，體育雜誌社，第 2、4、5 期，1927 年 6 月～1929 年 5 月。

2. 《體育與衛生》（原名體育季刊），中華全國體育研究會，第 3 卷第 1、3、4 期，1924 年 3～1924 年 12 月。

3. 《體育與健康教育》，體育與健康教育研究社，第 1 卷，1941 年 5 月～1942 年 3 月。

4. 《體育月刊》，南京體育場月刊編輯委員會，第 1～9 期，1932 年 10 月～1933 年 7 月。

5. 《體育雜誌》，國立中央大學體育科，第 1～3 期，1929 年 6 月～1931 年 6 月。

6. 《體育雜誌》，南京中央大學體育研究社，第 1 卷，1935 年 4 月～1935 年 10 月。

7. 《體育季刊》，中華全國體育協進會，第 1 卷 1～3 期（1935 年 1 月～1935 年 7 月），第 2 卷 1～4 期（1936 年 1 月～1936 年 12 月）。

8. 《體育季刊》，中華全國體育研究會，第 2 卷 2～4 期，1923 年 7～12 月。

9. 《體育研究與通訊》，江蘇省鎮江公共體育場，第 1～4 卷，1932 年 12 月～1936 年 9 月。

10. 《國術統一月刊》，國術統一月刊社，第 1 卷，1934 年 7 月～1935 年 3 月。

11. 《東方雜誌》，東方雜誌社。

12. 《民鐸》，民鐸雜誌社，第 1～10 卷，1915 年～1929 年。

13. 《婦女雜誌》，婦女雜誌社，第 1～17 卷，1915 年～1931 年。

14. 《婦女共鳴》，第 1～60 期（1929 年～1931 年），第 1～13 卷（1932 年～1944 年）。

15. 《新教育》，中華教育改進社，第 1～33 卷。

16. 《新教育旬刊》，四川省政府教育廳出版 教育廳研究設計委員會主編，第 1 卷，1938 年。

17. 《新青年》

18. 《教育世界》，第 1～26 號，1901 年～1902 年。

19. 《教與學月刊》，中正書局教與學月刊，第 5 卷第 3 期，1940 年 5 月。

20. 《教育與民眾》，江蘇省立教育學院研究實驗室，第 1～11 卷，1930 年～1947 年。

21. 《教育雜誌》，教育雜誌社。

22. 《新民叢報》

23. 《學生之友》，學生之友月刊社，第 1～9 卷，1940 年～1945 年。

24. 《學生生活》，第 2 卷 4～8 期，1934 年 10～1934 年 12 月。

25. 《學生叢刊》，省立嶺東高級商業學校學生叢刊社，第 24～36 期，1923 年 5 月～1924 年 12 月。

26. 《學生雜誌》，學生雜誌社，第 1～24 卷，1919 年～1947 年。

27. 《中學生》，中學生雜誌社，1930 年～1953 年。

28. 《中華學生界》，上海中華書局發行，第 1～2 卷，1915 年 7 月～1916 年 6 月。

29. 《中華教育界》，中華教育界社，第 1～14 卷，1912 年～1924 年。

30. 《健力美》，上海健身學院，第 3 卷 3～6 期，第 4 卷 1～6 期，1946 年 12 月～1948 年 11 月。

31. 《健與力》，趙竹光主編，第 1～3 卷（1939 年 2 月～1941 年 8 月），第 4～6 卷（1943 年～1947 年）。

32. 《華風》，南京華風社，第 1 卷 1～24 期，1935 年 6 月～1936 年 6 月。

33. 《華年》，華年周刊社，第 1～6 卷，1932 年～1937 年。

34. 《時代教育》，北平社會局第三科編印，第 1～3 卷，1933 年～1935 年。

35. 《時事月報》，時事月報社，第 1～23 卷，1933 年～1935 年。

36. 《時代旬刊》，南京時論旬刊社，第 1～8 號，第 11～38 號，1935 年 9 月～1936 年 9 月。

37. 《體育文摘》，武漢體育學院，1984 年～1985 年。

38. 《體育文史》，國家体委體育文史工作委員會、全國體總文史資料編審委員會，1983 年～1994 年。

39. 《體育史料》，體育文史資料編審委員會，第 1～7 輯，1980 年～1982 年。

40. 《申報》。

41. 《大公報》。

42. 《人民日報》。